四川社科成果服务系统建设及影响力分析

彭国莉 罗仲平 吕先竞 黄 兵 程 路等 著

国家图书馆出版社

图书在版编目(CIP)数据

四川社科成果服务系统建设及影响力分析/彭国莉等著. --北京：
国家图书馆出版社,2017.12
ISBN 978 - 7 - 5013 - 6333 - 9

I.①四… Ⅱ.①彭… Ⅲ.①社会科学—科技成果—情报服务—信息系统—研究—四川 Ⅳ.①C127.1 - 39

中国版本图书馆 CIP 数据核字(2017)第 308169 号

书　名	四川社科成果服务系统建设及影响力分析
著　者	彭国莉　罗仲平　吕先竞　黄　兵　程　路 等 著
责任编辑	张　顾

出　版	国家图书馆出版社(100034　北京市西城区文津街 7 号)
	(原书目文献出版社　北京图书馆出版社)
发　行	010 - 66114536　66126153　66151313　66175620
	66121706(传真)　66126156(门市部)
E-mail	nlcpress@ nlc. cn(邮购)
Website	www. nlcpress. com ⟶投稿中心
经　销	新华书店
印　装	北京鲁汇荣彩印刷有限公司
版　次	2017 年 12 月第 1 版　2017 年 12 月第 1 次印刷

开　本	880 毫米×1230 毫米　1/32
印　张	10.75
字　数	280千字

书　号	ISBN 978 - 7 - 5013 - 6333 - 9
定　价	58.00元

序

　　四川省是社会科学研究大省,有 30 多万社会科学工作者,已积累数十万份哲学社会科学研究成果。坚持理论联系实际,促进四川哲学社会科学成果的转化是落实"四个全面"战略布局、深入实施"三大发展战略"、奋力推进"两个跨越"的必然要求,关乎具有中国特色、巴蜀风格的哲学社会科学学科体系、学术体系、话语体系的构建。2014 年起,四川省社会科学界联合会和四川学术成果分析与应用研究中心(以下简称"中心")开始整理收藏社科成果档案资料,构建四川社科成果服务系统及社科获奖成果库、社科规划项目成果库、国家社科基金四川项目成果库。在这些资源库的基础上,中心成员进行了深入细致的研究分析,取得了丰硕成果,本书就是其中之一。作为中心的学术委员会主任,我见证了他们为四川社科成果资源建设与研究分析所做的辛勤劳作,十分赞赏,所以当他们邀请我为该书写个序,我欣然接受,并写上几句对该书的感受。

　　本书不仅介绍了四川社科成果服务系统,总结了社科成果影响力分析的理论基础,并在该理论的指导下,借助四川社科成果资源,对四川社科成果的影响力进行深入分析,其特色体现在以下几个方面。

　　一、初步形成社科成果数据库建设及影响力分析的基本理论体系

　　作者系统研究社会科学、社会科学成果、社会科学成果服务系统、社会科学成果影响力分析的基本概念及类型,初步形成社科成果数据库建设及影响力分析基本理论体系。

　　二、研究并建立四川社科成果服务系统

　　作者广泛调查我国社科成果服务系统的建设现状和相关标准,摸清了社科成果服务系统建设实情,建立了四川社科成果服务系统。该系统是国内第一个集获奖成果、规划项目成果于一体的社科成果公共服务平台,为推动四川省哲学社会科学的学科体系建设、科学研究、研

究管理、成果转化等工作，打造更多高水准的精品学术项目提供了数据资源及服务保障。

三、研究并分析四川社科成果影响力

作者深入调查我国社科成果影响力分析工作现状，摸清社科成果影响力分析工作的实情，分析四川社科成果影响力。作者从社科成果被期刊论文、学位论文、会议论文引用的角度，全面客观地分析四川省社科成果的学术影响力，对纵深推进四川省哲学社会科学学科建设具有重要意义。

四、提出提高四川哲学社会科学成果影响力的诸多对策

作者立足于建设四川社科成果服务系统和分析四川社科成果影响力的实践，提出加强一流哲学社会科学学科建设、进一步优化四川省哲学社会科学评奖制度和全面推进四川社科成果开放共享的对策，形成了有决策参考价值的研究成果。

总之，该书形成的社科成果服务系统建设、社科成果影响力分析、社科获奖专著的调研成果、四川社科成果服务系统的建设成果、四川社科成果的学术影响力分析成果以及提高四川社科成果影响力的对策必将有力推动四川省哲学社会科学的发展，为治蜀兴川做出新贡献。落笔之余，为作者辛勤劳作所结出的丰硕之果表示祝贺。

是为序。

苏新宁

2017 年 11 月 10 日于南京

目　录

前　言

　　四川省社会科学界联合会(以下简称"四川省社科联")高度重视社科研究成果的应用及科学化管理,明确提出要实现四川各类社科成果数字化及社科研究管理信息化。为此,四川省社科联和四川省社会科学重点研究基地"四川学术成果分析与应用研究中心"(以下简称"中心")联合开发了"四川社科成果服务系统",期望通过本系统的建设,为加快构建具有中国特色巴蜀风格的哲学社会科学体系提供保障。

　　自2012年起,中心获得多项四川省社科规划项目资助,对四川社科成果服务系统及影响力分析的相关内容开展研究,如四川省哲学社会科学学术著作学术影响力分析研究(SC12B028)、四川哲学社会科学学术成果数据库建设(SC13E074)、四川省社会科学成果数字化及数据分析研究(SC15E075)、四川学术著作联合书目数据总库建设与应用研究(SC16E071)、四川社会科学学术著作书目数据RDA化研究(SC16E072)、基于RDA的四川社科获奖图书引文数据库建设与应用研究(SC16E070)等。与此同时,中心也资助了"四川省哲学社会科学学术成果信息整合平台研究"等课题开展相关的研究。

　　自2014年起,中心与四川省社科联签约开始共建"四川社科成果服务系统"。在四川社科成果服务系统建设过程中,我们调研了国内的社科成果相关数据库和国内外的元数据标准,进行了用户需求分析,制定了四川社科成果服务系统的元数据,设计了四川社科成果数据库及系统平台,建设了四川社科成果服务系统。

　　建成四川社科成果服务系统后,我们开始分析研究四川社科成果的学术影响力。我们研读国内外相关文献,确定数据采集方案,采集社科成果的引证数据,分析四川社科成果的影响力,并提出提高四川社会科学成果影响力的对策。

本书共分四部分七章。第一部分是四川社科成果服务系统建设与影响力分析概论(第一章),第二部分是四川社科成果服务系统建设(第二、三、四章),第三部分是四川社科成果影响力分析(第五、六章),第四部分是提高四川社会科学成果影响力的对策(第七章)。

本书由彭国莉拟定大纲并负责撰写工作的组织与协调。各章的撰写具体分工如下:第一章彭国莉、罗仲平、黄兵、覃梦河,第二章黄兵、罗仲平、朱庆华,第三章李明伍、刘凡新、刘文君、吕先竞、彭国莉,第四章罗仲平、黄兵、吕先竞、程路,第五章彭国莉、程路、吕先竞,第六章程路、彭国莉,第七章吕先竞、罗仲平、黄兵、彭国莉。彭国莉、吕先竞、程路、李明伍、朱庆华、刘凡新、刘文君、覃梦河的工作单位为西华大学,罗仲平、黄兵的工作单位为四川省社会科学界联合会。

在"四川社科成果服务系统"建设过程中,我们得到四川省社科联和西华大学发展规划处、科技处的关怀与指导,得到西华大学图书馆的关心和支持,在此表示衷心的感谢。此外,我们还要感谢西华大学图书馆的郑邦坤研究馆员、乔强副研究馆员、宋玉忠副研究馆员、范佳副研究馆员等就"四川社科成果服务系统"元数据、平台搭建提出的建议,感谢参与"四川社科成果服务系统"建设与四川社科成果影响力分析的全体成员,感谢所有参考文献作者,感谢国家图书馆出版社的支持和辛勤付出。正是有了来自各方的支持、指导、帮助、建议、鼓励和参与,本书才得以顺利出版。

本书涉及的问题多而复杂,限于能力、条件,难免有不足与疏漏之处。恳请各位专家、学者和读者批评指正。

彭国莉

2017 年 12 月 16 日于西华大学

第一章　四川社科成果服务系统建设及影响力分析概论

第一节　社会科学学术成果相关概念

一、社会科学概念及其学科分类

学界有"社会科学""人文社会科学""哲学社会科学"的说法。

《辞海》中将"社会科学"一词界定为："以社会现象为研究对象的科学。"①

"人文社会科学"是"人文科学"与"社会科学"的总称。联合国教科文组织 1977 年制订的《教育分类国际标准》将史学、文学和哲学划入"人文科学"，对此，世界各国基本上都参照这一标准界定人文科学的分类②。因此，人文社会科学是以人类的经济活动、政治活动和精神文化活动等社会现象为研究对象，旨在揭示人类社会及人的精神、文化艺术世界等人类社会发展规律的科学。

"哲学社会科学"是人们认识世界、改造世界的重要工具，是推动历史发展和社会进步的重要力量，其发展水平反映了一个民族的思维能力、精神品格、文明素质，体现了一个国家的综合国力和国际竞争力③。中国特色哲学社会科学涵盖历史、经济、政治、文化、社会、生态、

---

① 辞海编辑委员会.辞海：第六版普及本［M］.上海：上海辞书出版社，2010：3437.

② 杨云香.社会科学研究管理导论［M］.郑州：河南人民出版社，2009：3.

③ 习近平.在哲学社会科学工作座谈会上的讲话（全文）［EB/OL］.［2017 - 10 - 21］.http://politics.people.com.cn/n1/2016/0518/c1024-28361421-2.html.

军事、党建等各领域，囊括传统学科、新兴学科、前沿学科、交叉学科、冷门学科等诸多学科。本书认为"哲学社会科学"是"人文社会科学"的另外一种说法。

本书采用《中国大百科全书》提出的"广义社会科学"的概念，倾向于把人文科学各学科并入通常意义上的社会科学之中[①]。本书认同将科学分为自然科学和社会科学两大类。其中，自然科学以自然界为研究对象，最终揭示自然界的客观运动规律；社会科学以社会和人自身为研究对象，最终揭示社会运动变化及人的思维活动的本质。与自然科学相比，社会科学主要发挥着认识世界、传承文明、创新理论、咨政育人和服务社会的重要作用，承担着思想文化功能、政治功能、社会管理功能以及决策咨询等社会功能[②]。

本书将"社会科学""人文社会科学""哲学社会科学"视为等同概念。

根据全国哲学社会科学规划办公室提供的学科分类，社会科学包含 26 个学科，分别是：马列·科社、党史·党建、哲学、理论经济、应用经济、统计学、政治学、法学、国际问题研究、社会学、体育学、人口学、民族问题研究、宗教学、中国历史、世界历史、考古学、中国文学、外国文学、语言学、管理学、新闻与传播学、图书馆·情报与文献学、教育学、艺术学、军事学。

根据"高等学校科学研究优秀成果奖"（人文社会科学）相关文件，社会科学包括以下学科：马克思主义、思想政治教育、哲学、逻辑学、宗教学、语言学、中国文学、外国文学、艺术学、历史学、考古学、经济学、管理学、政治学、法学、社会学、民族学与文化学、新闻学与传播学、图书馆·情报与文献学、教育学、心理学、体育学、统计学、港澳台

---

① 中国大百科全书出版社编辑部. 中国大百科全书：简明版[M]. 北京：中国大百科全书出版社，1996：4028.

② 邓惟佳. 中国哲学社会科学成果对外传播：现状与发展[M]. 广州：世界图书出版广东有限公司，2015：5-6.

问题研究、国际问题研究、交叉学科。

根据国家标准《学科分类与代码》(GB/T 13745—2009),人文与社会科学包含以下学科:管理学、马克思主义、哲学、宗教学、语言学、文学、艺术学、历史学、考古学、经济学、政治学、法学、军事学、社会学、民族学与文化学、新闻学与传播学、图书馆·情报与文献学、教育学、体育科学、统计学。

根据学位授予和人才培养学科目录(2011 年版),社会科学包括以下学科:哲学、经济学(含理论经济学、应用经济学)、法学(含法学、政治学、社会学、民族学、马克思主义理论、公安学)、教育学(含教育学、心理学、体育学)、文学(中国语言文学、外国语言文学、新闻传播学)、历史学(含考古学、中国史、世界史)、管理学(含管理科学与工程、工商管理、农林经济管理、公共管理、图书情报与档案管理)、艺术学(含艺术学理论、音乐与舞蹈学、戏剧与影视学、美术学、设计学)。

根据图书情报部门应用最广泛的分类法体系《中国图书馆分类法》,社会科学包括以下学科:A 马克思主义、列宁主义、毛泽东思想、邓小平理论,B 哲学、宗教,C 社会科学总论,D 政治、法律,E 军事,F 经济,G 文化、科学、教育、体育,H 语言、文字,I 文学,J 艺术,K 历史、地理,Z 综合性图书。

本书采用全国哲学社会科学规划办公室的社会科学分类标准。

二、社会科学成果概念及其分类

1. 社会科学成果概念

学界对于社会科学成果的概念进行积极的探讨,其中具有代表性的观点如下:

曹植友(1986)认为社会科学的科研成果是指"人们以认识世界、改造世界为目的,凭借知识和经验,对某项社会问题或现象进行观察、分析、调查、试验,通过理性思维所获得的具有学术意义或实用意义的结论或认识"①。

　　么大中(1986)认为社会科学研究成果是指"在大量调查研究(包括文献调查)、收集资料的基础上,以探索未知、推进社会和经济发展、深化认识为目的,多数研究的问题经过周密分析、论证,提出的带创造性的意见,经鉴定具有一定理论意义和应用价值的新思想、新观点、新结论。形式表现为专著、论文、研究报告、工作建议等"②。

　　王晓明(1989)认为"鉴定社会科学成果的标准,应该是,也只能是:对社会科学领域一切未知的、理论的、实践的问题进行探索和研究而取得,并对社会的发展和人类精神文明的进步发生了积极作用的创造性结果"③。

　　夏禹龙(1989)认为社会科学研究成果是指"针对具体课题,通过收集资料、调查研究和推理论证活动等所取得的具有学术价值或实践应用意义的创造性成果。这些成果的特征包括两个方面:一是新颖,具有新的思想、方法、理论、观点或资料;二是价值,具有学术的、经济的或社会影响"④。

　　唐德章(1990)认为"社会科学研究成果是研究人类社会生活、行为的精神产品,即是在社会实践中,以各种社会现象为研究对象,运用科学方法收集、加工社会信息和信息资料所得到的具有一定学术价值、社会价值的创造性劳动成果"⑤。

　　何畏、何云峰(1991)认为"作为人类思维的一种高级形式,社会科学研究应被视为知识生产过程。在科学知识中一般可分为基础知识和前沿知识。基础知识是为大多数人所接受,已经过验证的知识,它

---

　　①　曹植友.试谈社会科学的科研成果及其分类[J].科学与管理,1986(4):14－16.

　　②　么大中.关于社会科学优秀成果评选标准问题[J].科研管理,1986(1):63.

　　③　王晓明.社会科学科研管理概论[M].北京:中国展望出版社,1989:277.

　　④　夏禹龙.社会科学学[M].武汉:湖北人民出版社,1989:303.

　　⑤　唐德章.社会科研成果的界定、分类及其关系[J].浙江社会科学,1990(1):65－67.

是某一学科进行思维必不可少的基础和前提。前沿知识则是指仅仅被少数人所了解,尚未广泛传播,未经确实验证的知识,它通常是科学研究的新产品。前沿知识随着时间的推移逐渐转化为基础知识,而基础知识随着时代的变迁也有可能被人们重新加以界定,转化为新的前沿知识。凡是社会科学研究,就必须生产前沿知识。所以社科研究成果与非社科研究成果的区别在于它是否包含前沿知识"①。

卢渝(1992)认为社会科学研究成果主要是指"在社会科学相关领域内对尚未了解的理论与实践问题进行研究的、并对经济社会发展和两个文明建设产生积极促进作用的创造性成果"②。

张武(1993)认为社会科学成果是"在大量收集资料的基础上,运用科学的方法,经过智力加工创造出来的知识产品,是学术研究活动的结晶③。

么大中(1995)进一步提炼了其社会科学研究成果的观点:"科研成果是在社会实践中,收集、分析、利用资料信息,通过理性思维,运用科学方法,生产出的具有新的价值的知识产品"④。

卜卫、周海宏、刘晓红(1999)认为社会科学成果是"课题研究人员运用科学方法收集、加工、研究与社会科学有关的信息所得到的具有一定学术价值、社会价值的成果。它既包含纯粹意义上的学术研究的结果,也包含那些为学术研究提供资料或使研究成果获得普及的工作结果"⑤。

---

① 何畏,何云峰.社会科学研究成果定量评价二议[J].社会科学管理,1991(4):47-48.

② 卢渝.社会科学研究成果分类标准及其量化途径[J].社会科学,1992(4):73-76.

③ 张武.社会科学管理理论与实践[M].武汉:湖北人民出版社,1993:4.

④ 么大中.社会科学成果管理[M].哈尔滨:黑龙江人民出版社,1995(4):30-31.

⑤ 卜卫,周海宏,刘晓红.社会科学成果价值评估[M].北京:社会科学文献出版社,1999:106

朱孔来(2002)认为社会科学研究成果是"研究社会经济生活、人类行为的精神产品,即在社会和经济发展的实践中,以各种社会经济现象为研究对象,运用科学方法收集、加工社会经济信息和信息资料所得到的具有一定学术价值、社会价值的创造性劳动成果"①。

张国春(2003)认为社会科学科研成果指"系统地搜集资料,运用科学方法,通过创造性智力劳动研究社会发展或科学进步中的问题而产生的具有学术价值和社会价值的知识产品,通常以专著、论文、研究报告、译著、软件等形式体现出来"②。

喻承久(2005)等认为社会科学成果是指"研究社会和人的科学活动中所产生的理性知识系统,它具有对社会与人的命运的关怀、前途的导引的特点,其学术价值和社会的价值体现在具有理论内容的创新性、思想的和实践的材料的原则的可检验性、解释性和体系的自洽性等学术规范性上的品格"③。

陈开先(2007)认为哲学社会科学的研究成果主要是"通过发表学术论文、出版学术专著等在社会上传播自己的学术观点,推动各学科发展,为解决社会现实问题提供理论支撑"④。

任全娥(2010)认为人文社会科学研究成果是指"在人文社会科学研究领域,运用科学的研究方法与学术规范,通过创造性劳动生产出的具有一定价值含量及传播渠道的科学文献"⑤。

---

① 朱孔来.新世纪统计与经济热点问题研究[M].济南:山东省地图出版社,2002:98.

② 张国春.社会科学科研成果的界定和分类[J].社会科学管理与评论,2003(4):30-32.

③ 喻承久,张勇.论社会科学成果及其划分[J].空军雷达学院学报,2005(1):73-75,78.

④ 陈开先.论哲学社会科学学术成果的前沿性特征[J].当代法学,2007(5):159-160.

⑤ 任全娥.人文社会科学成果评价研究[J].北京:中国社会科学出版社,2010(8):163-164.

　　陈宇翔(2012)认为社会科学成果是指"那些在社会科学领域新涌现出来的成果"。这些成果具有的主要特点是新颖性、先进性和实用性①。

　　本书认为,社会科学成果可分为广义社会科学成果和狭义社会科学成果。广义社会科学成果指社会科学工作者通过自己的智力活动创造出的成果。狭义社会科学成果仅指社会科学工作者在完成社会科学研究课题与项目中形成的,具有学术意义和实用价值的创造性研究成果。在社会科学研究项目设计、立项、研究及成果转化、鉴定、评价、统计、归档、奖励、交流、利用与评价等各个环节,社会科学研究者及管理部门会生产和获取到各种社会科学成果信息。本书研究狭义社会科学成果。

　　社会科学成果具有以下特点②:

　　①综合性。社会科学成果是通过脑力劳动创造出来的知识产品,是科研人员从事创造性活动的结晶。

　　②创造性。社会科学研究的本质是探索和创新,社会科学成果必须体现出人们对社会,对社会现象的本质认识,体现出对知识的发展、更新和创造,因此必须提供出前人和他人未曾提出过的新思想、新观点或创造性的对策、方案。

　　③科学性。社会科学成果符合实事求是的原则,是在严谨的逻辑思维活动前提下得出的科学结论。社会科学成果的产生,需要经历一个合理的研究过程与研究手段,研究结论的获得,是有据可依与可证的。

　　④价值性。社会科学成果具有学术价值、社会价值或经济价值。

　　⑤规范性。社会科学成果须遵守学术研究规范,具有正式的传播渠道与一定的交流方式,能与社会政府或学术共同体进行正常对话,

---

　　①　陈宇翔.马克思主义与社会科学方法论[J].长沙:湖南大学出版社,2012:7.

　　②　么大中.社会科学成果管理[M].哈尔滨:黑龙江人民出版社,1995:30-31.

成为知识传承或价值实现的一个环节。

2. 社会科学成果分类

对学术成果进行分类是组织社会科学成果信息并建立成果数据库，并按照类别对社会科学成果进行影响力分析的一项基础性工作，也是为用户基于分类方式系统访问和检索学术成果信息提供重要手段。

中国社会科学院有关部门将科研成果分为专著、论文、研究报告、学术资料、古籍整理丛书、论文及译文译著、工具书、学术普及读物、软件、综述、一般文章、教材、影视片等①。

根据《国家社会科学基金管理办法》、全国哲学社会科学规划办公室各年度的各种类型国家社会科学基金项目申报公告等，项目的成果形式包括专著、译著、论文集、研究报告、工具书、电脑软件、资料汇编、资料集、数据库、其他，项目的类型有重大项目、年度项目、青年项目、后期资助项目、中华学术外译项目、西部项目、特别委托项目等，项目的研究类型包括基础研究、应用研究等。

根据《教育部人文社会科学研究项目管理办法》、教育部人文社会科学研究项目申报公告等，项目的成果形式包括著作、论文、咨询报告、电子出版物、软件、数据库、专利和其他，项目的类型包括重大课题攻关项目、基地重大项目、一般项目（规划项目、专项任务项目）等，项目的研究类型包括基础研究、应用研究等。

综合《国家社会科学基金管理办法》《教育部人文社会科学研究项目管理办法》等，依据出版形式，项目成果包括专著、译著、工具书、论文集、研究报告、电脑软件、资料汇编、资料集、数据库、其他；依据项目的类型，项目成果包括重大项目成果、一般项目成果等；依据项目的研究类型，项目成果包括基础研究成果、应用研究成果等。

---

① 张国春.社会科学科研成果的界定和分类[J].社会科学管理与评论，2003(4):30－32.

根据《高等学校科学研究优秀成果奖（人文社会科学）奖励办法》①和《第七届高等学校科学研究优秀成果奖（人文社会科学）实施办法》②,社科参评成果包括以下类型:著作（含专著、编著、译著、工具书、古籍整理作品等）、学术论文、研究报告（含调研报告、咨询报告等）以及普及类成果（教材、教辅和文学艺术类作品除外）。从其评奖标准看,获奖成果具有如下内容特征:①基础研究类。其内容应在理论上有所建树,在学术上有所创新,能填补本研究领域的某些空白,可推动学科建设和理论发展。②应用研究类。应在解决国家和区域经济社会发展中的重大现实问题上有所突破,能为党和各级政府有关部门、企事业单位提供具有重要参考价值的决策咨询意见和建议,可产生显著的经济效益和社会效益。③普及类。应具有较强的科学性、知识性和可读性,在宣传党的创新理论、阐释解答人民群众关心的热点难点问题以及人文社会科学知识传播普及方面,能产生良好社会效果。

综合《高等学校科学研究优秀成果奖（人文社会科学）奖励办法》《第七届高等学校科学研究优秀成果奖（人文社会科学）实施办法》等,依据出版形式,社会科学获奖成果可以分为著作、学术论文、研究报告等;依据研究的类型,社会科学获奖成果可以分为基础研究类、应用研究类、普及类成果。

三、四川社会科学成果概念及其分类

四川社会科学成果主要是四川社会科学工作者在完成哲学社会科学研究课题与项目及解决社会重大问题中形成的,具有学术意义和实用价值的创造性研究成果。四川社会科学成果包括两层含义:一是

---

① 教育部关于印发《高等学校科学研究优秀成果奖（人文社会科学）奖励方法》的通知［EB/OL］.［2017 – 10 – 21］. http://www. moe. edu. cn/s78/a13/sks_left/moe_2557/moe_2558/tnull_45350. html.

② 第七届高等学校科学研究优秀成果奖（人文社会科学）实施办法［EB/OL］.［2017 – 12 – 19］. https://wenku. baidu. com/view/2092f263a76e58fafab003e2. html.

四川学者的研究成果,可以是中文成果,也可以是非中文成果;二是以解决四川问题为出发点或研究目的的科学研究成果。四川是社会科学研究大省,经长期积累,已经拥有大量的社会科学成果。

根据《四川省哲学社会科学规划项目管理办法》等,项目的成果形式为研究报告、论文、专著等,项目的类别有重大委托(或招标)项目、年度(重点、一般、青年)项目、社科研究基地项目、市州项目、后期资助项目等,项目的研究类型有基础研究和应用研究等。

根据《四川省教育厅科学研究项目管理办法》等,项目的成果形式为专著、论文、研究报告等,项目的类型有重点项目、青年基金项目、重点研究基地项目等。

综上,依据出版形式,四川的项目成果包括研究报告、论文、专著等;依据项目的类别,四川的项目成果包括重大委托项目成果、年度项目成果等;依据项目的研究类型,四川的项目成果包括基础研究类、应用研究类成果等。此外,由四川的社会科学工作者完成国家社科基金项目所取得的成果,本书称为国家社科基金四川项目成果。

根据《四川省社会科学优秀成果评奖办法》和《四川省社会科学优秀成果评奖实施细则》[①],参评成果包括以下类型:学术论文、研究报告、图书(专著、译著、古籍整理、工具书)、科普读物(教材、文学作品、新闻报道、领导讲话、工作总结、年鉴、辑集的人物传略与回忆录及简单剪辑转抄等类图书不在参评范围)。从其评奖标准看,获奖成果具有如下内容特征:①基础理论研究成果。选题有意义,对某项学科原有理论或方法有创新和发展,有学术水平,对学科建设有贡献。②应用研究成果。选题系经济、政治、文化、社会发展中需研究和解决的问题,经过系统周密的调查和研究,形成的成果有理论与应用价值。③科普读物。观点正确,科学性强,对普及社会科学知识起到了重要作用。④工具书(含资料书)。成果具有学术和应用价值,对理论研

---

① 四川省社会科学优秀成果评奖实施细则[EB/OL].[2017 – 10 – 21]. http://www. scskl. cn/News/NewsDetails. aspx? ClassID = 30201&NEWSID = 24765.

究、学术交流具有重要作用。⑤译著(含少数民族文字翻译)。成果选题新颖,意义重大,译文质量高。⑥古籍整理成果。底本恰当,版本齐全,校订精密,考据精详,立例精当,方法科学,具有突出的新意和创见,学术价值高。

根据《四川省教育厅关于第十二届四川省教育厅哲学社会科学科研成果评审申报工作的通知》(川教函〔2017〕176号)等,参评成果包含著作类、论文类、研究报告类。

综合《四川省社会科学优秀成果评奖办法》《四川省社会科学优秀成果评奖实施细则》和《四川省教育厅关于第十二届四川省教育厅哲学社会科学科研成果评审申报工作的通知》等,依据出版形式,四川的社会科学获奖成果可以分为著作、学术论文、研究报告等;依据研究的类型,四川的社会科学获奖成果可以分为基础研究类、应用研究类、科普读物类成果等。

本书研究对象为四川社会科学获奖成果、四川社会科学规划项目成果、国家社科基金四川项目成果。

四、四川社会科学成果档案资料及分类

本书主要研究四川社会科学获奖成果、四川社会科学规划项目成果、国家社科基金四川项目成果的档案资料。四川社会科学获奖成果档案资料包括历届获奖成果的各种档案信息资料,含评奖申报书、支撑材料及获奖成果。四川社会科学规划项目成果档案资料包括四川哲学社会科学规划项目结题的各种档案信息资料,含申报书、结题材料、成果简介及研究报告等。国家社科基金四川项目成果档案资料收录四川社科研究人员完成的国家社科基金项目结题的各种档案信息,含申报书、结题材料、成果简介及研究报告等。

五、四川社会科学成果服务系统

四川省是社会科学研究大省,经长期发展,已积累大量的社会科学成果档案信息资源。四川省委、省政府高度重视四川哲学社会科学的繁荣发展,高度重视四川哲学社会科学学术成果的应用及科学化管理,明确提出要为四川省哲学社会科学打造新的平台,注入新的内涵,实现四川各类社科成果数字化及科研管理信息化,满足四川省社科研究人员查阅下载各类学术成果全文与获取各类成果统计数据需求,满足社科管理部门科学立项、结题、评奖、规划、决策、咨询等对学术成果各种统计数据的需求。

为充分展示四川优秀社科成果、传承四川优秀文化、优化四川哲学社会科学信息资源环境、进一步推动四川社科成果的转化与利用、进一步提高四川社会科学研究与管理水平,四川省社科重点研究基地"四川学术成果分析与应用研究中心"与四川省社会科学界联合会联合开发了四川社会科学成果服务系统。

该系统主要由"四川社科获奖成果库""四川社科规划项目成果库""国家社科基金四川项目成果库"等构成。"四川社科获奖成果库"收录历届获奖成果的各种档案信息资料,含评奖申报材料及获奖成果;"四川社科规划项目成果库"收录四川哲学社会科学规划项目结题的各种档案信息资料,含申报书、结题材料、成果简介及研究报告等;"国家社科基金四川项目成果库"收录四川社会科学研究人员完成的国家社科基金项目的各种档案信息,含申报书、结题材料、成果简介及研究报告等。

四川社会科学成果服务系统为四川社科界构建了一个用于开展信息交流,实现社会科学成果展示与利用的成果服务平台。该平台的建设,对于推进学术资源的公益使用、开放共享,推进社会科学研究创新,推进社科成果普及转化,推动哲学社会科学繁荣发展等具有重要意义。四川社科成果服务系统是国内第一个集获奖成果、规划项目成果于一体的社科成果公共服务平台,为国内开发利用社科获奖成果及项目研究成果提供了范例。

六、社会科学成果影响力

学术成果的影响力分为学术影响力和社会影响力。学术影响力的评价方法大致可以分为三类,即定性评估、定量评估、定性与定量相结合的评估。定量评估中,典型的方法有引文分析法。该方法是对学术成果的引证与被引证现象进行统计、归纳、比较、抽象、概括等分析,以揭示知识信息内容的继承和利用,标志着学术研究的进展。引文分析评价具有事实上的客观性、数量上的可累积性、学科上的公平性、实践上的易操作性等特点。本书采用引文分析方法分析四川社会科学学术成果学术影响力。

第二节　我国社科成果服务系统建设及学术影响力分析现状

一、我国社会科学成果服务系统建设现状

本书调研全国哲学社会科学规划办及各省(自治区、直辖市)社科联、教育部及各省(自治区、直辖市)教育厅(局)、中国社会科学院及各省(自治区、直辖市)社会科学院、中央党校及各省(自治区、直辖市)委党校等机构的社会科学成果相关服务系统建设现状,旨在为四川社会科学服务系统建设提供借鉴,高起点地建设该系统。

1. 全国哲学社会科学规划办及各省(自治区、直辖市)社科联社会科学成果相关服务系统建设现状

(1)全国哲学社会科学规划办

1991 年 6 月,中央决定在全国哲学社会科学规划领导小组下设全国哲学社会科学规划办公室。全国哲学社会科学规划办公室(http://www. npopss-cn. gov. cn/)建立了国家社科基金项目数据库、国家社科基金同行评议专家数据库、中国文化海外传播动态数据库、国家社科基金选题征集系统等,如图 1 - 1 所示。

图 1-1 全国哲学社会科学规划办公室建立的数据库

此外,全国哲学社会科学规划领导小组批准建设,中国社会科学院(具体责任单位为中国社会科学院图书馆的调查与数据信息中心)承建的"国家哲学社会科学学术期刊数据库"〔如图 1-2 所示,简称"国家期刊库(NSSD)"〕是国家级、开放型、公益性哲学社会科学信息

图 1-2 国家期刊库

平台。国家期刊库作为国家社会科学基金特别委托项目,于2012年3月正式启动,系统平台于2013年7月16日上线开通。国家期刊库旨在建设成为我国最大的公益性社会科学精品期刊数据库,最大的社会科学开放获取平台,实现学术资源的开放共享,为学术研究提供坚实的基础,促进学术成果的社会传播,推动我国哲学社会科学繁荣发展、走向世界。

(2)各省市社会科学界联合会

本书调查了我国各省(自治区、直辖市)社会科学界联合会网站,截止日期为2017年10月。调查发现,部分省(自治区、直辖市)的社会科学界联合会基于工作需要已经开始着手建立社会科学成果相关数据库。

下面列出建设有数据库的社会科学界联合会网站的相关信息。

①北京市

北京市社会科学界联合会(http://www.bjskl.gov.cn/)建立了"北京社科学术数据服务平台",如图1-3所示,该库未向公众开放。

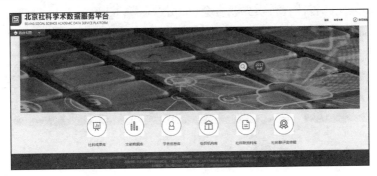

图1-3　北京社科学术数据服务平台

北京社科学术数据服务平台包括五个数据库:社科成果库、文献数据库、学者信息库、组织机构库、社科联资料库;另外一个"社科联评奖申报"则是北京市社科联评奖申报系统的入口。

"社科成果库"内容分为两部分:课题成果库和基金成果库。课题成果库包括北京市中国特色社会主义理论体系研究中心立项课题、北京市社科联决策咨询课题、北京市社科联青年人才资助项目等。基金成果库包括北京社科理论著作出版基金常规资助书目、北京社科理论著作出版基金重点资助书目等。

"文献数据库"分"年鉴库""期刊库""优秀成果库"。年鉴库、期刊库包括《北京社会科学年鉴》《当代北京研究》《北京社科联》《理论信息》等文献。优秀成果库包括北京市哲学社会科学获奖优秀成果。

"学者信息库"提供社科名家和专家学者的信息检索、学术名片展示。

"组织机构库"包括社会组织、高等院校、科研院所三类机构,能够进行机构信息检索,查看机构学术名片,展示机构基本信息、机构专家、学术活动等信息。

"社科联资料库"提供北京社会科学界联合会大事记、档案资料的检索及浏览。

②黑龙江省

黑龙江省社会科学界联合会(http://www.hljskl.gov.cn/)建立了"黑龙江省哲学社会科学研究规划管理系统",如图1-4所示,未向公众开放。

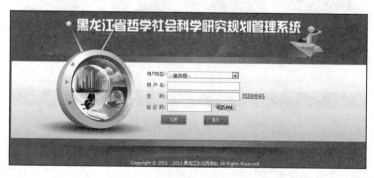

图1-4　黑龙江省哲学社会科学研究规划管理系统

③上海市

上海市社会科学界联合会(http://www.sssa.org.cn/)建立了"社科获奖申报评审""民间组织管理系统""学者信息维护平台"等数据库,如图1-5所示,未向公众开放。

图1-5　上海市社会科学界联合会建立的数据库

④湖北省

湖北省社会科学界联合会(http://www.hbskw.com/)建立了学者库、项目库、优秀成果库等,如图1-6所示,可浏览并检索,但只提供简要信息。

图1-6　湖北省社会科学界联合会建立的数据库

⑤广东省

广东省社会科学界联合会(http://www.gdskl.com.cn/)建立了"广东省社科规划项目申报与评审系统""广东省社科优秀成果奖申报与评审系统""广东省社科专家数据库""广东省社科成果数据库",如图1-7所示,但只提供简要信息。

图 1-7　广东省社会科学界联合会建立的数据库

⑥四川省

四川省社会科学界联合会(http://www.scskl.cn/)建立了申报管理系统、四川社科成果服务系统,如图 1-8 所示,未向公众开放。

图1-8　四川省社科联官网

⑦云南省

云南省社会科学界联合会(http://www.ynskl.org.cn/)建立了社科评奖申报系统,如图1-9所示,未向公众开放。

⑧宁夏回族自治区

宁夏社会科学界联合会(http://www.nxskl.net)建立了"社科专家库",如图1-10所示,未向公众开放。

图1-9　云南省社会科学界联合会网站

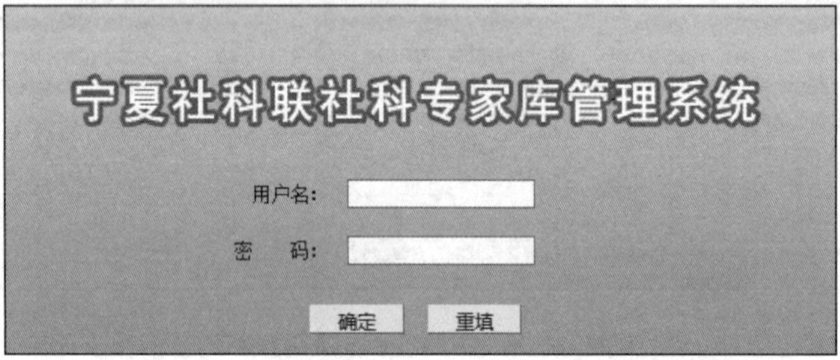

图1-10　宁夏社会科学界联合会建立的专家库

2. 教育部及各省(自治区、直辖市)教育厅(局)社会科学成果相关服务系统建设现状

教育部设立了中国高校人文社会科学文献中心,为高校哲学社会科学教学和研究提供文献保障服务,旨在最终成为"国家哲学社会科学资源平台"。教育部社会科学司指导建立了中国高校人文社会科学信息网,建立了教育部项目成果库。我国各省(自治区、直辖市)教育厅(局)未建立社会科学成果相关数据库或服务系统。

(1)中国高校人文社会科学文献中心

中国高校人文社会科学文献中心(China Academic Social Sciences

and Humanities Library,简称 CASHL)是在教育部的统一领导下,本着"共建、共知、共享"的原则和"整体建设、分布服务"的方针,为高校哲学社会科学教学和研究而建设的文献保障服务体系,是教育部高校哲学社会科学"繁荣计划"的重要组成部分,也是全国性的唯一的人文社会科学文献收藏和服务中心,其最终目标是成为"国家哲学社会科学资源平台"。

CASHL 的建设宗旨是组织若干所具有学科优势、文献资源优势和服务条件优势的高等学校图书馆,有计划、有系统地引进和收藏国外人文社会科学文献资源,采用集中式门户平台和分布式服务结合的方式,借助现代化的网络服务体系,为全国高校、哲学社会科学研究机构和工作者提供综合性文献信息服务。

CASHL 于 2004 年 3 月 15 日正式启动并开始提供服务,如图 1 – 11 所示。目前已收藏有 11 796 种国外人文社会科学领域的核心期刊和

图 1 – 11　中国高校人文社会科学文献中心首页

重要期刊,1799 种电子期刊以及 28 万种早期电子图书,52 万种外文图书,"高校人文社科外文期刊目次库"和"高校人文社科外文图书联合目录"等数据库,提供数据库检索和浏览、书刊馆际互借与原文传递、相关咨询服务等。任何一所高校,只要与 CASHL 签订协议,即可享受服务和相关补贴。

CASHL 目前已拥有 600 家成员单位,包括高校图书馆和其他人文社会科学研究机构。个人用户近 50 000 个,机构(团体)用户逾 3000 家。期刊/书目接受检索逾 4000 万次,提供文献传递服务 56 万余次。

CASHL 的资源和服务体系由两个全国中心、五个区域中心和十个学科中心构成,其职责是收藏资源、提供服务。

(2)中国高校人文社会科学信息网

中国高校人文社会科学信息网(以下简称社科网)是在教育部社会科学司指导下建设的为人文社会科学服务的专业性门户网站,以服务人文社会科学研究、服务社科研究管理、服务人文社科资源及成果推广应用为宗旨。社科网建设的"教育部人文社会科学研究管理平台",如图 1 - 12 所示,含项目申报系统、项目评审系统、项目中后期管理等 3 个功能模块。

图 1 - 12　社科网建设的"教育部人文社会科学研究管理平台"

社科网建设的"项目成果库",如图 1 - 13 所示,提供项目分类浏览和学科分类浏览服务,主要收录教育部人文社会科学研究项目的相关成果。用户可免费检索到项目成果的项目基本信息、成果基本信息和最终成果摘要报告。作为教育部人文社会科学基础设施和信息化建设计划的重大举措的中国高校人文社会科学信息网的项目成果库为人文社科成果资源推广应用提供了平台。

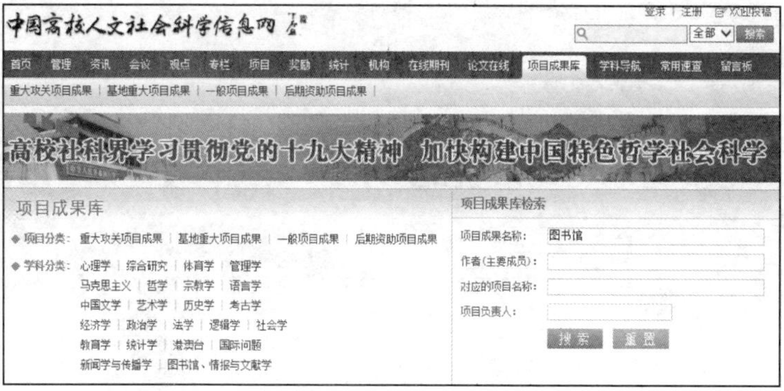

图 1 - 13 社科网建设的项目成果库

社科网在"学科导航"栏目下,提供快速查询服务,内容包括全国高校学校代码、高校人文社科研究人员、高校人文社科研究机构、教育部重点研究基地、学科分类与代码、高校人文社科研究成果、学术会议在线、会议信息检索、高校人文社科研究项目、项目招标信息查询等。

3. 其他机构社会科学成果相关服务系统建设现状

中国社会科学院是中国哲学社会科学研究的最高学术机构和综合研究中心。其以学科齐全、人才集中、资料丰富的优势,在中国改革开放和现代化建设的进程中进行创造性的理论探索和政策研究,肩负着从整体上提高中国人文社会科学水平的使命。其以学术著作、科学论文、调查研究报告、资料翻译和文献整理等形式向社会各界提供科研产品。中国社会科学院(具体责任单位为中国社会科学院图书馆的调查与数据信息中心)承建了"国家哲学社会科学学术期刊数据库"。

我国各省(自治区、直辖市)社会科学院,有不到 10 家提供科研项目、获奖成果等信息。其中,天津社会科学院(http://www.tass-tj.org.cn:8088/Page/Default.aspx)建立了科研成果、科研课题、获奖成果数据库,如图 1 - 14 所示,未提供检索服务。

图 1 - 14　天津社会科学院数据库首页

本书还调研了中共中央党校、四川省委党校、成都市委党校、四川大学、电子科技大学、西南交通大学、四川师范大学等单位,调研发现党校及普通高等学校均未建立社会科学成果相关数据库或服务系统。

二、我国社会科学成果学术影响力分析的现状

本书调研了我国研究社科成果影响力或社科成果评价的文献。调研发现,相关文献较多,其中关于社科成果评价方法、评价标准、评价制度的研究最为集中。胡敏中、宋淑英(2005)研究了 CSSCI 与社科成果评价标准①。闫增强(2006)剖析了当前我国社科成果评价制度,探究其中导致产生诸多问题的主、客观原因,并对比国外社科成果评价的经验,提出了改进我国社科成果评价制度的对策和建议②。张慧颖、张卫滨、张颖春(2007)比较研究了同行评议法、引文分析法和指标

---

① 胡敏中,宋淑英.CSSCI 与社科成果评价标准[J].学术界,2005(2):162 - 166.

② 闫增强.论改进我国社科成果评价制度[D].天津:天津大学,2006.

综合评价法,提出了我国社会科学成果评价的方法采纳与取舍原则①。刘建辉(2007)探讨了社会科学学术成果评价方法②。虞文、周亚霆(2008)采用数量指标和质量指标相结合的评价方法,分析了网络环境下进行社科成果转化评价的对策和方法,建立了基于网络平台的社科成果转化评价体系③。虞文(2009)研究了社科成果评价与社科成果转化评价比较研究④。张书晔、余学军、史玉成(2009)研究了学术腐败治理与科研成果评价机制的完善问题⑤。王瑜(2009)研究了我国高校人文社科研究成果的评价实践情况,分析了同行专家评议法、刊物级别评价法、被引情况评价法以及代表性成果评价法,并以深圳大学科研创新奖评奖办法为例,提出了将代表性成果评价法与其他几种评价方式相结合的一种新的人文社科研究成果评价办法⑥。庞秀平、赵宇(2010)研究了采用因特网技术建立一个分布式的网站平台并统一组织全国高校学者进行同行评价的方法⑦。杨力、刘俊、王肖(2009)研究了刚性评价与柔性评价、即时评价与延时评价、行政性评

① 张慧颖,张卫滨,张颖春.哲学社会科学学术成果评价方法的比较研究[J].理论与现代化,2007(1):108-113.

② 刘建辉.社会科学学术成果评价方法探析[J].湖南大学学报(社会科学版),2007(3):125-127.

③ 虞文,周亚霆.网络环境下社科成果转化评价体系研究[J].科技管理研究,2008(1):100-101.

④ 虞文.社科成果评价与社科成果转化评价比较研究[J].科技管理研究,2009(11):153-154,150.

⑤ 张书晔,余学军,史玉成.论学术腐败治理与科研成果评价机制的完善[J].西北师大学报(社会科学版),2009,46(6):109-114.

⑥ 王瑜.中国高校人文社科研究成果评价新探[J].技术与创新管理,2009,30(4):448-451.

⑦ 庞秀平,赵宇.高校人文社科学术成果评价方法的新思维[J].学术论坛,2010,33(1):185-188.

价与学术性评价相结合问题①。刘俊(2011)研究了高校社科成果的同行评议、量化评价、综合评价等三种评价方法,研究了影响高校社科成果评价的学术规范缺失、学术心态浮躁、研究资源短缺、社会文化传统等现实因素,研究了有高校社科成果评价对高校社科发展的影响②。王星、袁卫(2012)研究了人文社会科学学术成果跨界影响力,基于读者、作者通过文献搜索所建立的学术跨界联系,探讨了几种跨界关系矩阵模式发现算法,比较了三种前沿统计网络估计方法在跨界影响力上的应用③。叶青、彭辉(2013)探讨了人文社会科学学术成果评价的定性评价和定量评价两类传统评价方法,并探讨了其发展趋势④。景婷(2014)探讨了我国社会科学学术成果的评价工作,提出了基于灰色聚类方法的社会科学学术成果评价方法⑤。杨红艳(2014)系统探讨了中国人文社科学术成果评价体系中应予以管理和控制的关键因素及其作用关系和内在机理,指出应围绕评价信度、效度和调和度三个关键维度,确定管控的内容、方式和手段,建立有效的评价管理控制机制⑥。龙海明、王志鹏、文倩(2015)阐述了社科研究成果综合绩效评价方法发展趋向,研究了社科研究成果综合绩效评价的标准选择和指

①　杨力,刘俊,王肖.试论高校社科成果评价的"三结合"[J].科技管理研究,2009,29(12):196-198.

②　刘俊.高校社科成果评价对高校社科发展的影响研究[D].湘潭:湘潭大学,2011.

③　王星,袁卫.人文社会科学学术成果跨界影响力研究[J].中国人民大学学报,2012,26(4):134-143.

④　叶青,彭辉.人文社科领域学术成果认定与评价方法的研究进展[J].社会科学,2013(3):98-105.

⑤　景婷.基于灰色聚类方法的社会科学学术成果评价研究[D].大连:辽宁师范大学,2014.

⑥　杨红艳.不同评价角色对人文社科成果评价的认识差异——基于问卷调查的分析[J].甘肃社会科学,2016(1):104-109.

标设计以及社科研究成果综合绩效评价应用的关键技术①。龙海明(2015)选择更能体现成果价值与质量的评价标准作为指标设计的参照,构建了包含信息子系统、执行子系统和监督与控制子系统三大模块的分类综合绩效评价体系②。在此基础上,重构了一套以独立的评价执行机构、多元化的经费来源和科研成果影响的长期考察为核心的社科研究成果绩效评价执行机制。张艳丽、蔡继辉(2016)以社会科学文献出版社应用性研究成果"皮书"的内容评价为案例,对"皮书"的评价指标、评价方法进行分析,提出可依据学术图书的表现形式进行分类评价、对专家的信度进行实证评估、学术出版社可作为第三方评价机构等建议③。

随着大数据时代的到来,有学者研究大数据对社科成果评价的影响。蒋玲、杨红艳(2015)分析了大数据时代人文社会科学成果评价所带来的变革内容,同时对其机遇、挑战、优劣势等进行了分析④。蒋玲、施立红、苗林(2016)从"从随机样本到全体数据""从精确性到混杂性""从因果关系到相关关系"等角度阐述了大数据对人文社科成果评价方法所带来的转变,从人文社会科学科研成果独创性的评价、社会效益评价、科学价值评价等角度探讨了大数据对人文社会科学科研成果评价的贡献,指出大数据对人文社科成果评价的不足,应理性并扎实地推进人文社科成果评价改革⑤。

---

① 龙海明,王志鹏,文倩.社科研究成果综合绩效评价方法体系研究[J].湖南社会科学,2015(6):82－87.

② 龙海明.社科研究成果的评价维度与执行机制[J].求索,2015(9):74－78.

③ 张艳丽,蔡继辉.学术图书评价实证研究——以应用性研究成果皮书内容评价为例[J].出版广角,2016(14):36－38.

④ 蒋玲,杨红艳.大数据时代人文社科成果评价变革探析[J].情报资料工作,2015(3):92－97.

⑤ 蒋玲,施立红,苗林.大数据对人文社科成果评价的价值研究[J].新世纪图书馆,2016(3):90－93.

　　有学者从学科的角度研究社科成果的影响力。王永斌、康淑琴(2016)基于历届教育部高校人文社科优秀成果奖的基础数据,考察马克思主义理论研究获奖成果数量、成果类型、高校分布等数据,分析评价具有重要学术影响的著作和论文,揭示马克思主义理论研究的学术影响力①。周源(2009)基于中国《世界大学学术排行榜》数据,应用网络信息计量学的方法,探讨了中国管理科学研究成果在国际上的影响②。

　　有学者从机构的角度研究社科成果的影响力。姜颖(2008)以宁波大学人文社科成果为案例研究了地方高校人文社科成果评价问题并提出了相关对策③。侯小云(2011)评价研究了东北地区省立图书馆学术成果④。崔宇红(2011)从学术成果产出数量和学术影响力两个维度,对我国30所"985"工程大学图书馆从核心期刊发文数量和分布情况、论文被引数量和频次、论文的基金资助情况和论文国际化程度进行量化分析,并对一流大学图书馆的整体学术能力进行了综合评价和排名⑤。刘刚、牛改芳、李亚红(2011)比较分析研究了林业高校学术成果与学术影响力⑥。李修波(2010)研究高校图书馆学术成果

---

　　① 王永斌,康淑琴.高校马克思主义理论研究学术影响力分析——以教育部高校人文社科优秀成果奖为中心[J].马克思主义研究,2016(11):74－84.

　　② 周源.中国《世界大学学术排行榜》国际影响力的研究——网络信息计量学评价中国研究成果实证分析[J].中国制造业信息化,2009,38(3):64－69.

　　③ 姜颖.地方高校人文社科成果评价研究——以宁波大学为例[D].上海:华东师范大学,2008.

　　④ 侯小云.东北地区省立图书馆学术成果评价[J].图书馆工作与研究,2011(5):92－95.

　　⑤ 崔宇红.大学图书馆学术成果评价研究[J].图书馆论坛,2011,31(2):37－39.

　　⑥ 刘刚,牛改芳,李亚红.林业高校学术成果与学术影响力比较分析[C]//Intelligent Information Technology Application Association. Proceedings of the 2011 Second ETP/IITA Conference on Telecommunication and Information(TEIN 2011 V2),2011:193－196.

客观性评价的特点并提出了对策①。张天文（2013）研究了艺术院校专业教师学术成果评价方式②。姚乐野、王阿陶（2015）基于"985"高校在 Web of Science 期刊发文引文研究了我国高校人文社会科学学术成果的国际影响力③。周春雷、曹玲静（2017）研究了河南省社会科学优秀成果奖学术影响力④。乔强、彭国莉（2017）研究了四川省哲学社会科学优秀成果获奖专著学术影响⑤。

　　从样本的选择来看，学者们选择某学科、某机构的数据，还选择获奖成果数据、大学排行榜数据对社科成果影响力进行研究。王永斌（2007）基于第四届中国高校人文社会科学研究优秀成果奖数据研究高校社科成果学术影响力⑥。王永斌、康淑琴（2016）基于历届教育部高校人文社科优秀成果奖的基础数据揭示马克思主义理论研究的学术影响力⑦。乔强、彭国莉（2017）基于四川省哲学社会科学优秀成果

---

　　① 李修波.高校图书馆学术成果客观性评价的特点及对策［J］.图书馆界，2010（2）：52－54.

　　② 张天文.艺术院校专业教师学术成果评价方式研究［D］.成都：四川师范大学，2013.

　　③ 姚乐野，王阿陶.我国高校人文社会科学学术成果的国际影响力分析——基于"985"高校在 Web of Science 期刊发文引文的研究［J］.四川大学学报（哲学社会科学版），2015（1）：111－120.

　　④ 周春雷，曹玲静.河南省社会科学优秀成果奖学术影响力研究［J］.中国科技期刊研究，2017，28（8）：748－756.

　　⑤ 乔强，彭国莉.四川省哲学社会科学优秀成果获奖专著学术影响力分析［J］.四川图书馆学报，2017（3）：81－85.

　　⑥ 王永斌.高校人文社会科学研究学术影响力报告——基于第四届中国高校人文社会科学研究优秀成果奖的实证分析［J］.中国地质大学学报（社会科学版），2007（6）：60－65.

　　⑦ 王永斌，康淑琴.高校马克思主义理论研究学术影响力分析——以教育部高校人文社科优秀成果奖为中心［J］.马克思主义研究，2016（11）：74－84.

获奖专著数据研究社科成果的学术影响力①。周源（2009）基于中国《世界大学学术排行榜》数据研究中国管理科学成果的国际影响力②。

从研究方法来看，大多学者采用文献调查法，也有学者采用了问卷调查法研究社科成果影响力。杨红艳（2016）基于问卷调查方法对人文社科成果评价开展了研究③。叶继元（2007）通过问卷，调查研究了人文社会科学学术期刊及研究成果评价问题④。

从研究内容看，有学者开始研究社科成果影响力的评价主体，杨红艳（2016）研究了不同评价角色对人文社科成果评价的认识差异问题⑤。

有机构基于自己积累的基础数据连续发布系列人文社会科学成果评价报告。如：中国人民大学自 2001 年起，每年 3 月定期发布"复印报刊资料"转载排名等系列人文社会科学成果评价报告，在人文社会科学研究领域和学术成果评价领域具有重要影响，历来受到人文社会科学界、期刊出版界和高等院校科研院所的广泛关注⑥。2017 年 3月 28 日，中国人民大学人文社科成果评价发布论坛暨学术评价与学科发展研讨会在北京召开，该论坛发布了中国人民大学人文社会科学学术成果评价研究中心和中国人民大学书报资料中心联合推出成果《2016 年度复印报刊资料转载指数排名研究报告》《复印报刊资料重要转载来源作者（2016 年版）》。该排行榜和研究报告在一定程度上反映了我国人文社科期刊阵营学术研究的发展态势，受到期刊界、教

---

① 乔强,彭国莉.四川省哲学社会科学优秀成果获奖专著学术影响力分析[J].四川图书馆学报,2017(3):81－85.

② 周源.中国《世界大学学术排行榜》国际影响力的研究——网络信息计量学评价中国研究成果实证分析[J].中国制造业信息化,2009,38(3):64－69.

③⑤ 杨红艳.不同评价角色对人文社科成果评价的认识差异——基于问卷调查的分析[J].甘肃社会科学,2016(1):104－109.

④ 叶继元.人文社会科学学术期刊及研究成果评价的调查分析[J].学术界,2007(4):61－69.

⑥ 向长艳.2015 年"复印报刊资料"转载指数成果发布会暨人文社科成果评价论坛在北京召开[J].学习论坛,2016,32(4):81.

学科研机构和广大人文社科研究者的高度关注。该论坛讨论了经济学管理学的学术研究与学术评价,学术评价与中国社会学的学科发展,学术评价与历史学科发展,法政学科发展与期刊选题评估,人文社科学术评价的问题与改进等主题①。

三、我国社科成果服务系统建设及学术影响力分析的现状小结

据以上调研结果可知,本书所述的四川社科成果服务系统是国内第一个集获奖成果、规划项目成果于一体的社科成果公共服务平台,是四川省内唯一一个社科成果公共服务平台,为国内开发利用社科获奖成果及项目研究成果提供了示范。

本书通过分析四川省社科成果的学术影响力,可以丰富文献计量学、网络计量学的内容,可以指导四川省各级各类图书馆的文献信息资源建设及四川省优秀学术成果的汇编,可以促进四川社科研究大省向社科研究强省迈进和加快构建具有中国特色巴蜀风格的哲学社会科学的学术体系。

四川社科成果服务系统建设及社科成果学术影响力分析对于坚定文化自信和推动社会主义文化繁荣兴盛具有重要意义,对于繁荣发展哲学社会科学具有重要意义。

第三节　四川社科成果服务系统建设及学术影响力分析的意义

一、四川社科成果服务系统建设的意义

1. 建设四川社科成果服务系统,对于坚定文化自信和推动社会主义文化繁荣兴盛具有重要意义

---

① 郑琼.中国人民大学人文社科成果评价发布论坛暨学术评价与学科发展研讨会在北京召开[J].中州学刊,2017(4):2.

习近平同志在中国共产党第十九次全国代表大会上所做的报告《决胜全面建成小康社会　夺取新时代中国特色社会主义伟大胜利》中指出:"文化是一个国家、一个民族的灵魂。文化兴国运兴,文化强民族强。没有高度的文化自信,没有文化的繁荣兴盛,就没有中华民族伟大复兴。要坚持中国特色社会主义文化发展道路,激发全民族文化创新创造活力,建设社会主义文化强国。"

建设四川社科成果服务系统,可以丰富互联网内容建设,丰富中国特色的新型智库,推进四川社会科学成果的传播、利用、转化、传承、创新,推进"中国文化走出去",对于坚定文化自信和推动社会主义文化繁荣兴盛具有重要意义。

2. 建设四川社科成果服务系统,对于哲学社会科学的发展繁荣具有重要意义

习近平同志《在哲学社会科学工作座谈会上的讲话》①指出"发挥我国哲学社会科学作用,要注意加强话语体系建设……扶持面向国外推介高水平研究成果","构建中国特色哲学社会科学是一个系统工程……要实施哲学社会科学创新工程,搭建哲学社会科学创新平台,全面推进哲学社会科学各领域创新……要运用互联网和大数据技术,加强哲学社会科学图书文献、网络、数据库等基础设施和信息化建设,加快国家哲学社会科学文献中心建设,构建方便快捷、资源共享的哲学社会科学研究信息化平台"。

《中共中央关于进一步繁荣发展哲学社会科学的意见》②指出"要充分发挥报刊、图书、广播电视、互联网等大众媒体的作用,大力宣传哲学社会科学研究的优秀成果,扩大优秀成果的社会影响力,推动优秀成果更多更及时地应用于实际","把我国优秀的哲学社会科学成果

---

① 习近平:在哲学社会科学工作座谈会上的讲话(全文)[EB/OL].[2017 – 10 – 21].http://politics.people.com.cn/n1/2016/0518/c1024-28361421-2.html.

② 中共中央发出关于进一步繁荣发展哲学社会科学的意见[EB/OL].[2017 – 10 – 21].http://www.gov.cn/test/2005-07/06/content_12421.htm.

推向世界是哲学社会科学对外开放的重要组成部分。要大力实施哲学社会科学'走出去'战略，采取各种有效措施扩大我国哲学社会科学在世界上的影响"。

《教育部关于深入推进高等学校哲学社会科学繁荣发展的意见》①指出深入推进高等学校哲学社会科学繁荣发展主要有 5 项任务，其中的第三项是"提升高等学校哲学社会科学科研创新能力和社会服务水平，加强哲学社会科学基础研究，强化哲学社会科学综合研究，推进哲学社会科学成果的转化应用，提高哲学社会科学信息化水平，实施哲学社会科学走出去战略"。

"高等学校哲学社会科学繁荣计划"②指出了主要任务："推进哲学社会科学成果的转化应用，强化哲学社会科学育人功能，普及哲学社会科学知识，大力开展决策咨询研究，积极发挥思想库和智囊团作用，构建哲学社会科学社会服务体系，全面提升社会服务水平。适应信息化、数字化发展趋势，加强图书文献、网络、数据库等基础设施和信息化建设，构建方便快捷、资源共享的哲学社会科学研究条件支撑体系，全面提高保障水平。有步骤、有层次地推进高等学校哲学社会科学走向世界，推动中华文化'走出去'，增强我国国际话语权。""高等学校哲学社会科学繁荣计划"指出了重点建设内容："加强哲学社会科学基础支撑和信息化建设。加强高等学校社会调查、统计分析、基础文献、案例集成等专题数据库建设，推进人文社会科学优秀学术网站建设，加强与现有信息服务机构的衔接，推动哲学社会科学研究信息资源的共建共享。"

数字化四川社会科学成果并建设四川社会科学成果服务系统，属

---

① 中共中央办公厅、国务院办公厅转发《教育部关于深入推进高等学校哲学社会科学繁荣发展的意见》［EB/OL］.［2017 - 10 - 21］. http://www.edu.cn/gao_jiao_news_367/20111114/t20111114_705922_1.shtml

② 教育部 财政部关于印发《高等学校哲学社会科学繁荣计划（2011—2020年）》的通知［EB/OL］.［2017 - 10 - 21］. http://www.moe.gov.cn/srcsite/A13/s7061/201111/t20111107_126304.html.

于"构建方便快捷、资源共享的哲学社会科学研究信息化平台"范畴，属于"哲学社会科学话语体系"建设范畴，属于"构建方便快捷、资源共享的哲学社会科学研究条件支撑体系"范畴，属于"哲学社会科学基础支撑和信息化建设，加强专题数据库建设"范畴。建设四川社会科学成果服务系统，可以加大宣传四川社会科学工作者产出的哲学社会科学研究优秀成果，可以扩大其社会影响力及国际影响力并推动其更多更及时地应用于实际与走向世界，是把四川优秀的哲学社会科学成果推向世界的基础工程，对于繁荣发展哲学社会科学具有重要意义。

3. 建设四川社科成果服务系统，有利于四川社科成果转化及国内外影响力的提升，对于四川省哲学社会科学的建设具有重要意义

四川省社科界每年有大量的成果问世，仅国家社科基金课题成果，每年就有上百项，省社科规划课题成果数百项，申报参评每两年一届的省政府社科优秀成果奖的成果接近 10 000 项。建设四川社会科学成果服务系统，对于整合四川社科成果资源，推进四川社科成果的公益使用、开放共享，推进学术研究方法和手段创新，推进科研成果普及转化，推动哲学社会科学繁荣发展等具有重要意义。

建设四川社会科学成果服务系统，旨在为四川哲学社会科学研究与管理者提供成果全文保障与数据支撑服务；旨在为全省社科界提供体现四川省文化强省建设的重要窗口和展示四川省社科事业繁荣发展成就和实力的重要的网络空间；旨在遵循服务四川文化强省建设、服务社会、服务大众、服务社科界的目的，积极适应四川省哲学社会科学繁荣发展的新形势和文化强省、社科强省建设的新要求。是进一步提升社会科学的影响力，扩大社会科学知识的交流、传播、应用，推动社会科学走向社会、走出四川、走向世界，提升四川省文化软实力的重要举措，是增强四川社科界在全国社科界的影响力和话语权、加快构建具有中国特色巴蜀风格的哲学社会科学体系的重要举措。

二、四川社会科学成果学术影响力分析的意义

1. 分析研究社会科学成果学术影响力，对于繁荣发展哲学社会科

学具有重要意义

习近平同志《在哲学社会科学工作座谈会上的讲话》①指出:"要建立科学权威、公开透明的哲学社会科学成果评价体系,建立优秀成果推介制度,把优秀研究成果真正评出来、推广开。"

《中共中央关于进一步繁荣发展哲学社会科学的意见》②指出:"建立和完善哲学社会科学评价和激励机制。评价哲学社会科学要注重原创性,注重实际价值,推动理论创新,推动理论与实际结合。要完善哲学社会科学成果的奖励制度,把奖励与充分调动哲学社会科学工作者的积极性、主动性和创造性结合起来,与鼓励多出优秀成果、多出优秀人才结合起来,与促进理论成果更充分地运用于党和政府决策、运用于经济社会发展结合起来。奖励在哲学社会科学领域做出突出贡献的个人和重大科研成果。"

《高等学校哲学社会科学繁荣计划》③的重点建设内容部分指出:"进一步完善高等学校哲学社会科学研究优秀成果奖励制度,建立健全成果分类评价标准,探索建立政府、社会组织、公众等成果受益者参与的多元多方评价机制。"

《教育部关于深入推进高等学校哲学社会科学繁荣发展的意见》④指出,深入推进高等学校哲学社会科学繁荣发展主要有 5 项任务,第四项任务是"创新高等学校哲学社会科学科研体制机制,深化科

---

① 习近平:在哲学社会科学工作座谈会上的讲话(全文)[EB/OL]. [2017 - 10 - 21]. http://politics. people. com. cn/n1/2016/0518/c1024-28361421-2. html.

② 中共中央发出关于进一步繁荣发展哲学社会科学的意见[EB/OL]. [2017 - 12 - 17]. http://www. gov. cn/test/2005-07/06/content_12421. htm.

③ 教育部　财政部关于印发《高等学校哲学社会科学繁荣计划(2011—2020 年)》的通知[EB/OL]. [2017 - 10 - 21]. http://www. moe. gov. cn/srcsite/A13/s7061/201111/t20111107_126304. html.

④ 中共中央办公厅、国务院办公厅转发《教育部关于深入推进高等学校哲学社会科学繁荣发展的意见》[EB/OL]. [2017 - 10 - 21]. http://www. edu. cn/gao_jiao_news_367/20111114/t20111114_705922_1. shtml.

研管理体制改革,创新科研组织形式,完善以创新和质量为导向的科研评价机制,完善科研经费投入和使用机制"。

《教育部关于进一步改进高等学校哲学社会科学研究评价的意见》①要求:"进一步改进哲学社会科学研究评价,促进高等学校哲学社会科学健康发展……充分认识改进哲学社会科学研究评价的重要意义……确立质量第一的评价导向……实施科学合理的分类评价……完善诚信公正的评价制度……采取有力措施将改进科研评价工作落到实处。"

开展科学有效的科研评价,是推动科研管理创新,优化研究资源配置,构建现代科研管理制度的重要内容。哲学社会科学研究评价工作在探索中前进,在改进中发展,有效调动了广大哲学社会科学工作者的积极性、主动性和创造性,有力推动了我国哲学社会科学的繁荣发展。但与时代和事业迅速发展的要求相比,仍然存在一些亟待解决的问题。主要表现在:注重理论创新和实际应用价值的质量评价导向有待进一步强化,符合哲学社会科学特点和发展规律的分类评价标准有待进一步完善,科学合理、诚信公正的评价制度有待进一步健全,重数量轻质量、重形式轻内容的评价方法亟待根本扭转,重人情拉关系、本位主义、门户之见等不良现象亟待有效遏制。

本着求真务实的科学精神分析研究四川社会科学成果学术影响力,可以为全国的哲学社会科学研究评价提供客观依据,对于构建中国特色哲学社会科学的学术体系具有重要意义,对于树立良好学术风气和提升研究质量和创新能力进而繁荣发展哲学社会科学具有重要意义。

2. 分析研究四川社会科学成果学术影响力,对于加快构建具有中国特色巴蜀风格的哲学社会科学的学术体系具有重要意义

分析研究四川省哲学社会科学领域的学术成果的学术影响力,可

---

① 教育部关于进一步改进高等学校哲学社会科学研究评价的意见[EB/OL].[2017 – 10 – 21]. http://old. moe. gov. cn//publicfiles/business/htmlfiles/moe/A13_zcwj/201111/126301. html.

更为客观地展示四川省哲学社会科学各学科的重要学术成果,促进其推广应用与传承;可从中发现各学科的优秀人才与后备人才,促进哲学社会科学人才交流与集聚,更充分地发挥各学科人才的作用;可发现四川省及有关机构的优势特长学科及存在问题的学科,促进四川省及有关机构优化配置学科资源,促进四川省及有关机构哲学社会科学学科建设与发展。分析研究四川社会科学成果学术影响力,对于推进四川向社科研究强省迈进和加快构建具有中国特色巴蜀风格的哲学社会科学的学术体系具有重要意义。

3. 四川社会科学成果学术影响力的分析结果,可用于指导四川省各图书馆及有关部门的文献信息资源建设及四川省优秀学术成果的汇编

提供良好的文献信息保障是提高四川省哲学社会科学研究水平、推动四川省哲学社会科学学科发展的必要条件。本书所取得的研究成果,可为四川省各图书馆及有关部门采购和补充与本单位哲学社会科学重点学科、优势学科、特色学科相关的文献信息资源提供依据。汇编四川省哲学社会科学优秀学术成果,是四川省文化传承与哲学社会科学发展的需要。本书所取得的研究成果,可为汇编四川省哲学社会科学优秀学术成果提供客观遴选依据,提供资料准备。

第二章 四川社科成果档案整理及其统计分析

第一节 四川社科成果档案的整理

四川省已积累了大量的社会科学成果档案信息资源。本章以四川省哲学社会科学优秀成果评奖获奖成果档案的整理为例总结了四川社科成果档案的整理情况。

档案整理是档案实体整理和档案内容整理的统称,是档案管理的一项重要内容①,是对档案材料按照既定原则和方法进行分类、排列、编号、编目和装盒的一种条理化、有序化工作。

一、档案整理

1. 整理内容

四川省哲学社会科学评奖获奖成果档案整理的目的在于把丰富的档案材料(指获奖项目的评审表、申报成果、佐证材料等)用科学的方法进行系统有序清理,充分反映出档案材料的历史联系和本来面貌,为档案材料的安全管理和便捷利用创造良好条件,为"四川社科获奖成果数据库"的建立打下良好基础,进而有效发挥四川省哲学社会科学评奖获奖成果档案材料的利用价值。

四川省哲学社会科学评奖获奖成果档案具有六个特点。一是档案总量多,共有5616卷;二是时间跨度大,从1978年到2016年,涉及17届获奖成果;三是奖项设置全,四川省哲学社会科学优秀成果评奖设有荣誉奖、一等奖、二等奖、三等奖和优秀奖(第1届设四等奖);四

---

① 曾驿涵.谈档案的整理工作[J].赤子,2012(8):143-143.

是学科涵盖广,几乎包含哲学社会科学所有学科;五是成果形式多,包括专著(含编著)、译著、论文(含论文集、系列论文)、研究报告(含调研报告)、科普读物、工具书(含资料书)、古籍整理,包括公开发表出版和未公开发表出版的研究成果;六是档案材料多样,包括申报成果、评审表、佐证材料(含省部级及以上领导或党政机关采用、推广所出具的证明;已经结题的国家社科基金、省社科规划项目的结项证书;与成果有直接关联的文章、书评、收录证明)等。

就四川省哲学社会科学评奖获奖成果档案整理的内容而言,具体有四项工作:一是纸质成果目录数字化。由于历史和计算机应用的原因,四川省第1—5届哲学社会科学评奖获奖成果,其目录信息只有纸质文件。我们需要先期进行数字化,为后面的分类、组合、排列、编号、编目工作做好准备工作,也为形成获奖成果数据库打下基础。二是获奖成果目录的电子文件收集与校对。四川省社会科学界联合会网站的"获奖目录"栏目以 WORD 文件形式公布了6—17届获奖成果的目录信息,我们需要将其与纸质目录比较,有错字、漏项问题,需要二者对照勘误。三是文档转换。由于 WORD 文件在分类、组合、排列、编号、编目、统计以及数据库文件转换方面没有 EXCEL 文件便捷好用,需要在 WORD 文件中的字段间插入制表符转换成 EXCEL 文件,然后对每届的获奖项目分别进行档号分类、排序与编号。四是档案材料条理化。需要做好档案袋贴目与排序,根据获奖成果材料通过电子文件查找档号和分类组卷,最后将所有相关材料(包括获奖项目的评审表、申报成果、佐证材料等)装入相应档案袋并放回原序列,保持档案案卷排列有序化,这是档案整理工作最重要的一环,需要仔细对照和复核,保证档案材料的完整性和对应性。

2. 整理原则

四川省哲学社会科学评奖获奖成果档案属于科研档案的一种,是科学研究过程中形成的具有保存价值的文字、图表、数据等形式载体的文件材料,是科学研究活动的真实记载,也是一项重要的信息资源和知识宝库,更是对四川省经济、政治、文化、社会和学科发展有重要作用的宝贵财富。对于档案整理来说,尊重和维护档案的本质特性,保持档案之间的有机联系是档案整理工作的根本性原则①,在案卷构建中应做到:保持主体构件之间的有机联系,方便档案管理和利用,切实可行,经济高效②。对于获奖成果档案来说,按照国家科委、国家档案局《科学技术研究档案管理暂行规定》③加强科研档案管理工作,充分发挥科研档案在社会主义现代化建设中的作用的要求,四川省哲学社会科学评奖获奖成果档案的整理原则确定为安全规范原则、标准统一原则和分步实施原则三大原则。

(1)安全规范原则

安全规范是四川省哲学社会科学评奖获奖成果档案整理的基本原则,要求规范整理获奖成果档案,切实维护档案材料的完整性,有效保证档案材料得到安全管理。在获奖成果档案材料的筛选过程中,应充分研究利用每袋评审材料的原有基础和本来面貌,通过评审表信息查找获奖成果(论文、专著等)和佐证材料等,通过成果名称查找获奖成果档号,同时筛选掉未获奖成果材料。在获奖成果档案材料的整理过程中,尽量保持每袋评审材料的原有体系和联系,切忌同时打开多袋评审材料打乱重整,这是提高获奖成果档案整理工作质量和效率的有效途径。在获奖成果档案材料的管理过程中,需要对破损档案材料进行及时修复,并对缺失的获奖成果(论文、专著等)另行争取经费购买补充。

(2)标准统一原则

标准统一是四川省哲学社会科学评奖获奖成果档案整理的重要原则。档案整理工作是一项重复使用规则的共通性活动,在档案整理

① 张娟,李加才.事由原则与来源原则在本质理念上的统一 ——工程项目档案整理引发的思考[J].档案学通讯,2011(2):84 - 87.

② 伍振华,关小川,郭鹏.案卷是档案的典型微观存在形态——档案整理理论框架重构初探[J].档案学通讯,2007(6):25 - 31.

③ 科学技术研究档案管理暂行规定[EB/OL].[2017 - 12 - 17]. http://chinalawedu.com/falvfagui/fg22598/35295.shtml.

过程中充分应用标准统一原则可以获得最佳秩序和效率,有助于维护档案材料的完整与安全,有助于建立科学规范的档案工作制度,有助于推行档案管理工作标准化,有助于档案信息的便捷利用。统一的标准是获奖成果材料实物、电子文件、档案整理三者之间的有效桥梁。在四川省哲学社会科学评奖获奖成果档案整理过程中,首先应进行排序与编号,即对历届获奖项目的电子文件信息按照统一的数据名称、类型、格式、字段进行处理,以便快速进行编目打印和档号查询,然后进行实物索引、组卷与装袋,即对历届获奖成果材料实物的评审表、成果材料(论文、专著等)、佐证材料(采用证明、结项证书、关联文章、书评、收录证明等)通过电子文件查找档号并进行有序化排列和装袋,保持获奖成果材料实物、电子文件、档案整理三者相关因素之间的有机联系,达到档案整理工作高效率的目的。

(3)分步实施原则

分步实施是四川省哲学社会科学评奖获奖成果档案整理的关键原则。在获奖成果档案整理过程中需要通过分步实施、先易后难、循序渐进的方式进行流程管理,促使每步操作都得到管控,从而保障档案整理程序适用、档案整理材料安全、档案整理工作经济。分步实施的步骤是先下载获奖成果目录文件(第1—5届获奖项目信息需首先进行纸质档案数字化),校对文档信息,转换文件格式,再对每届的获奖成果进行排序与编号,然后对每届的获奖成果材料进行实物索引、组卷与装袋。在文档转换过程中应统一文件格式和数据结构,兼顾数据传输与控制,为数据库的建立打下良好基础。在获奖材料组卷过程中应保持材料的原有基础和有机联系,注意材料的完整与安全,并在电子文件中注明缺少材料的类别,以便统计和补充。在档案材料上架过程中应注意按照获奖成果档案的届次从小到大、奖项从高到低、位置从上到下、顺序从左到右的依次进行排列,达到最优化的分类组合状态,既便于管理也便于利用。

3. 整理方案

为规范整理四川省哲学社会科学评奖获奖成果档案,依据《科学技术档案案卷构成的一般要求》(GB/T 11822—2000)、《归档文件整理规则》(DA/T 22—2000)和《国家重大建设项目文件归档要求与档案整理规范》(DA/T 28—2002)的要求,结合奖获奖成果档案的整理内容、整理原则和实际情况,形成具体的整理方案。

(1)工作目标

采用项目目标管理模式与理念,制定科学合理的整理流程,实行统一的立卷标准,把散乱的材料整理成有序的档案,维护获奖成果档案的完整与安全,达到利于保管、便于利用的目的。

(2)工作内容

一是获奖成果项目排序与编号,包括第1—5届获奖项目信息数字化,第6—17届获奖项目文件下载、信息校对与文档转换,并对每件获奖成果逐类按序编制档号,档号编制须反映获奖成果档案的分类体系和物理位置;二是获奖成果实物索引、分类组卷与入库排架。

(3)整理范围

四川省哲学社会科学评奖第1—17届获奖成果所有奖项,包括荣誉奖、一二三等奖和优秀奖。获奖成果材料包括评审表、成果材料(论文、专著等)、佐证材料(采用证明、结项证书、关联文章、书评、收录证明等)。

(4)整理方法

在整理工作的开展过程中,按照整理流程逐步依次进行,做到实物档案与电子文件一一对应;同一获奖的材料原则上不能分散,一般应装成一袋;材料较多的获奖项目可装多袋,须在档号后加注。在分类组卷时,充分利用每袋评审材料的原有基础筛选出获奖材料,对材料不完整的应在电子文件中备注清楚。

(5)入库排架

整理好的案卷在入库时应面对柜架按档号从小到大,从左到右,从上到下依次排列,并编制出排架位置表,同时注意防火、防尘、防潮和节省空间。

4. 整理流程

四川省哲学社会科学评奖获奖成果档案整理的目的在于更好地保管和利用获奖成果档案,这是获奖成果档案管理的基本出发点,也是开展获奖成果档案整理工作的最终要求。因此,在获奖成果档案整理工作的全过程中,需要始终如一贯彻落实利于管理便于利用的精神。

在四川省哲学社会科学评奖获奖成果档案整理工作的开展过程中,实行项目流程管理十分重要。在项目的起始过程中,需摸清获奖成果档案的基本情况,包括获奖成果档案的总量、届次、奖项设置、材料类型、资料构成等情况;在项目计划过程中,需拟定工作目标、工作计划,明确获奖成果的整理内容,并设计出获奖成果档案整理流程;在项目实施过程中,由于总体工作量巨大,需临时外聘人员来完成这项专业性较强的业务工作,特别是档案材料的完整性判断有难度,因此需要在工作前组织整理人员进行业务培训,布置工作任务,协调人员关系,激励项目团队按时保质完成既定工作计划;在项目控制过程中,需确定获奖成果档案整理的工作原则和步骤,并在过程中根据实际情况采取纠偏措施,对容易出现问题的关键环节要预先筹划并告知全体整理人员,保障项目过程顺利运行,项目目标顺利实现;在项目结束过程中,需做好项目结束的管理工作和活动。这样,整个获奖成果档案整理工作才是持续、协调、流畅的活动,既能避免相互推诿和怠工,有效管控各个流程,又能快速建立相互促进和合作的工作团队,提高项目工作效率。

对于获奖成果档案的整理流程,如图 2 - 1 所示,可分为七个步骤进行。第一步,电子文件下载与信息校对,第 1—5 届的获奖成果信息需对照四川省哲学社科评奖委员会办公室编印的纸质汇编资料数字化,第 6—17 届的获奖成果信息需在四川省社会科学界联合会网站"获奖目录"中下载 WORD 文件,并以每届的纸质汇编资料为准进行校对,做好电子文档的查漏补缺与纠错。第二步,将 WORD 文件转换成 EXCEL 文件,以便更好进行获奖成果分类、组合、排列与统计。第三步,获奖成果排列编号,对每届每件获奖成果按顺序赋予档号编排条目,目的便于对获奖成果档案进行著录和标引,其档号① = 年度号 + 社科档案分类号 + 案卷号,即"评奖年" + "社科档案一级类目代号 SK 与二级类目代号②(届次)" + "奖项代号(荣誉奖为 R、一等奖为 A、二等奖为 B、三等奖为 C、优秀奖为 D)与案卷顺序号③"构成,其中"年度号""社科档案分类号"与"案卷号"之间用连接符号" – "连接,如 1988 年四川省第三届哲学社会科学一等奖第 4 号获奖成果"简明古汉语词典"的档号设定为"1988 – SK03 – A004"。第四步,案卷目录粘贴与排序,筛选获奖成果的档号、成果名称、成果形式和第一获奖人作为档案案卷目录,按照 EXCEL 文件行高 64.5 磅④进行打印、剪裁、粘贴在档案袋上,案卷目录粘贴好的档案袋按奖项级别从高到低、档号从小到大进行排序,以便在档案整理过程中查找和装袋。第五步,获奖材料档号查找,根据每袋相对集中的评审材料实物的成果名称的主题字段通过电子文件查找档号,确认无误后抽取对应的档案袋,对于未获奖的评审材料集中另行按要求处置。第六步,获奖材料组卷,根据查找到的获奖材料,检查卷内文件材料是否齐全后,将档案材料按照评审表、申报成果、佐证材料的顺序依次装入档案袋中,并按档号顺序排架。对于材料不完整的,应在电子文件中备注。获奖项目材料较多,可装多袋,须在档号后加注,如某项获奖成果档案需装袋成三份,应在档案袋案卷目录后依次标注 3 – 1、3 – 2、3 – 3 字样,表示本案卷共有 3 份,分别是第几份。第七步,编制排架位置表,要求位置表与档案实物排列对照,位置详细准确。在具体实施过程中应充分利用每袋评审材料的原有基础,保持袋内材料间的内在联系,由慢到快,由生疏

---

① 档号按照《中国档案分类法——科学研究档案分类表》(档案出版社,1997.12)确定,档号唯一,方便插卷、排架和检索。

② 二级类目代号目前采用"双位制",不足的用数字"0"补齐。

③ 案卷顺序号采用"三位制",不足的用数字"0"补齐。

④ Excel 2003 行高单位是磅,1 英寸 = 25.4mm = 72 磅。

到熟练,循序渐进,注意材料形式、内容、时间方面的固有规律并仔细对照,保证获奖材料与档案编号的对应性。

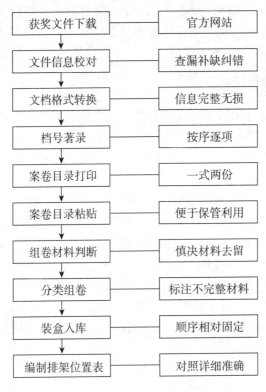

图2-1　获奖成果档案整理

　　档案整理是获奖成果数据库建设中一项承上启下的活动。通过档案整理可以进一步了解获奖成果的概况,检验获奖成果档案收集工作的质量,促进获奖成果档案管理工作的改善与提高。通过档案整理可以进一步促进获奖成果档案的有效保护,既有利于获奖成果档案完整性、安全性的维护,也便于获奖成果档案的查询、统计和利用。通过档案整理可以进一步完善获奖成果档案资源信息,全面体现获奖成果档案的价值,有力规范获奖成果档案的管理,为建立获奖成果档案的多元检索利用体系奠定坚实基础。可见,档案整理工作是获奖成果信息资源开发的重要基础,档案整理流程的标准化程度和科学化水平直接广泛影响获奖成果档案的有效保管与便捷利用,也只有整理好的获奖成果档案,才能更好地促进哲学社会科学研究,更好地发挥出获奖成果档案的社会经济价值。

二、档案的保管

保管是获奖成果档案系统存放和安全保护的一项重要内容,应建立完善的管理制度,配备必要的防护设施,保持获奖成果档案整洁、有序,切实有效地维护获奖成果档案的完整与安全,便于调用。

1. 保管期限

保管期限是鉴定档案保存价值的依据和标准。根据《中华人民共和国档案法》的要求,结合四川省哲学社会科学评奖获奖成果档案的学科专业特点和长远应用价值,保管期限统一全部设定"永久",充分体现获奖成果档案对社会主义事业各项工作以至永世所具有的查考作用,需要采用先进的档案保护技术,防止获奖成果档案的破损、褪色、霉变和散失。对于破损、褪变的档案要及时修补或复制。对于购买补充的获奖成果材料,应严格检查核对和消毒灭菌处理,再按主题内容查找出对应的案卷,插入卷内相应的位置,并在电子文件中标注。档案管理人员应定期除尘,保持库房的清洁卫生,避免获奖成果档案褪色,确保获奖成果档案完好无损。

2. 库房要求

库房是获奖成果档案保护和贮存的重要场所和基础设施,也是获奖成果档案提供利用的中心,需要采用专用库房,并设专人负责管理。库房应符合《档案馆建筑设计规范》(JGJ 25—2010)要求,功能齐全,设施完善,满足获奖成果档案整理、保管和利用工作的需要。库房应有防盗、防火、防潮、防尘、防虫、防鼠、防高温、防强光等设施。库房内不得堆放杂物或与获奖成果档案无关的物品。库房内应具有温湿度控制(温湿度计、除湿机、空调机)和吸尘设备,自动喷淋灭火设施,烟雾报警系统,消毒灭菌设备,窗帘最好深色不透光,照明最好不使用日光灯。库房温湿度控制由专人负责,每天记录,温度保持在14—24℃,相对湿度保持在45%—60%。

3. 安全管理

安全管理是保障获奖成果档案处于安全状态的根本环节,需要在技术上、组织上和管理上采取有力的措施,解决和消除各种不安全因素,防止事故的发生。在库房管理中,应坚持"以防为主,防治结合"的方针和"安全防范,科学管理,利用方便"的原则,做到"专人管理,明确责任,防火防盗,做好记录";在日常管理中,要做到"严禁吸烟,杜绝火种,注意通风,注意避光,搞好清洁,防湿防潮";在人员离岗时,要做到"查库、关窗、关水、断电、锁门",如图2-2所示。同时要求每位进出库房的人员时刻牢记"隐患险于明火,防范胜于救灾,责任重于泰山",努力做到"预防在前,学习在前,预案在前",并定期组织安全检查,发现问题及时解决,并记录在案。

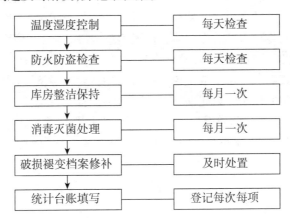

图2-2　获奖成果档案保管流程图

三、档案的开放

档案开放是通过一定方式向社会公开,解除"禁闭",允许用户在履行简便手续后进行检索查阅①。因此应积极创造物质条件、检索条件和制度条件,配备检索工具、阅读场所和复制设施,确立开放期,主动为获奖成果档案的开放提供方便,既有效保护获奖成果的所有权,又有力促进获奖成果的利用、开发和转化工作。档案开放活动的最终目的是通过提供档案信息满足利用者的需求,利用者始终处于核心地位,如果没有利用者的参与,再好的信息内容,再科学的利用手段也是无济于事的②,因此获奖成果档案管理人员应熟悉馆藏,主动热情提供开放服务,充分发挥出获奖成果档案信息资源的功能,不断提高获奖成果档案的社会经济效益。获奖成果管理中心应建立严格的利用登记制度,有效管理获奖成果档案的调阅和归还,如图 2 - 3 所示。在获奖成果档案开放工作中,利用者应按相关规定办理利用手续,填写《获奖成果档案借阅登记表》,对于借出的档案要按期归还,不得损坏或丢失。在获奖成果档案利用结束后,档案利用者应对档案利用开发的社会、经济效益情况如实填写在《获奖成果档案利用效果登记表》上。

四川哲学社会科学成果档案是科学研究的真实记录,是实现科研成果转化为生产力的重要载体。档案信息资源开发是积淀科学技术、传承科技知识、进行科技传播的有效途径③。四川哲学社会科学成果档案具有较高学术水平或重要应用价值,对学科、经济、政治、文化、社会发展有重要作用。因此,四川省社科联和四川省社会科学重点研究基地"四川学术成果分析与应用研究中心"联合在整理四川社科成果档案的基础上联合开发了四川社科成果服务系统,详见第三章和第四章。

---

①　范园园.档案开放利用研究——以中山市档案馆为例[D].广州:中山大学,2010.

②　胡燕.关注利用者——接受理论及其对档案利用工作的启示[J].档案学通讯,2012(6):38 - 41.

③　纪慧梅.论档案信息资源开发的基本规律[D].上海:上海大学,2007.

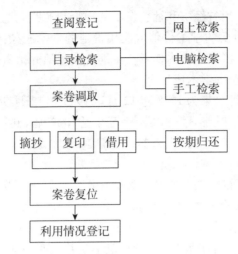

图2-3 获奖成果档案现场查阅流程图

第二节 四川社科成果统计分析

四川省是社会科学研究大省,经长期积累,已形成了大量的社会科学成果档案信息资源。本节统计分析了"四川社科获奖成果""国家社科基金四川项目成果""四川哲学社会科学规划项目成果"。

一、四川社科获奖成果

为推进哲学社会科学学科体系、学术观点和科研方法创新,为党和人民的事业发挥"思想库"作用;为进一步繁荣和发展哲学社会科学,推动科学发展,促进社会和谐;为努力促进四川文化大发展大繁荣,推动文化强省建设和社科强省建设,四川省社科联于1984年开始四川省哲学社会科学优秀成果评奖工作。参评的社科成果包括四川省行政区域内的公民、法人或其他组织,在规定期限内(评奖年的前两年)正式发表、出版(以第一次版、印时间为准)的学术成果;省外、国外的作者,以四川省经济和社会发展的理论和实践问题为主要研究内容,并具有很重要的学术价值或应用价值的学术成果;省内作者与省外或国外作者合作,由省内作者任主编或副主编并由省内作者完成二分之一以上篇幅的学术成果等。

　　第一届参评成果为 1978 年 12 月至 1983 年 12 月期间的,此后,两年一次定期开展并形成工作常态,至今已有 17 届,共评选出荣誉奖、一等奖、二等奖、三等奖、优秀奖(四等奖)等优秀成果 5616 项。本书对优秀成果进行了统计分析。

　　关于获奖等级,四等奖和优秀奖算作一个等级。关于第一获奖单位,由于涉及被合并的单位名、曾用名、简称等,本书查阅了获奖单位的官方网站,按现用名合并。如四川联合大学并入四川大学、成都理工学院并入成都理工大学、南充师范学院并入西华师范大学、四川省社科联并入四川省社会科学界联合会、成都气象学院和成都信息工程学院并入成都信息工程大学、乐山师范高等专科学校和乐山教育学院并入乐山师范学院、成都科技大学出版社并入四川大学出版社等。

　　1. 届次分布

　　四川省哲学社会科学优秀成果评奖工作已开展 17 届,已有 30 多年历史,其获奖成果届次分布如图 2－4 所示。除第一届因多年成果累积数量特别多外,之后每届的获奖优秀成果保持在 200—400 件左右,其中 2010 年的第十四届获奖成果数量最多,为 413 件。总体来看,四川省哲学社会科学优秀成果评奖的获奖成果数量多,达到 5000 多件,呈现出逐届增长到稳定持续的趋势。

　　随着评奖程序的逐步完善,经各学会、市(州)社科联、高校社科联初评筛选掉的成果约占申报到四川省哲学社会科学评奖委员会的 90%,经省评奖委员会评审、复审、终审掉的上报成果约占一半。由此可见,每届以个人、集体、单位名义申报评审的成果近万件,侧面充分反映出四川省哲学社会科学的科研生产力巨大,呈现蓬勃发展的态势。特别是从 2014 年第十六届开始取消优秀奖增加三等奖数量的举措,将会更进一步刺激和调动四川省哲学社会科学研究人员的积极性,生产出更多更好的优秀成果。

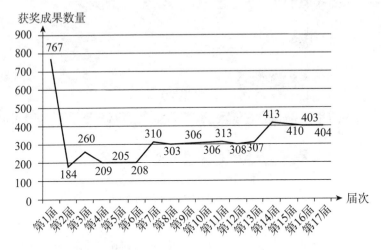

图 2 - 4　获奖成果届次分布

2. 获奖等级分布

四川省哲学社会科学优秀成果评奖设有荣誉奖、一等奖、二等奖、三等奖和优秀奖,其中荣誉奖和一、二、三等奖由四川省人民政府颁发证书奖金,是获奖人员考核、晋级、评审专业技术职称、享受有关待遇的重要依据;优秀奖由四川省社会科学界联合会颁发。

在奖项改革方面,第 1 届设有四等奖,此后改为优秀奖,其中第 5、6 届没有优秀奖,第 16 届开始取消优秀奖增加三等奖数量,这种改革尝试对获奖人更为重要,是对研究成果价值更高的认可,更加有利于促进优秀成果的生产。

由图 2 - 5 可知,获荣誉奖的成果有 72 项,约占整个获奖成果的 1%;一等奖有 164 项,占比约为 3%;二等奖有 785 项,占比约为 14%;三等奖有 3205 项,占比约为 57%;优秀奖和四等奖有 1390 项,占比约为 25% 左右。

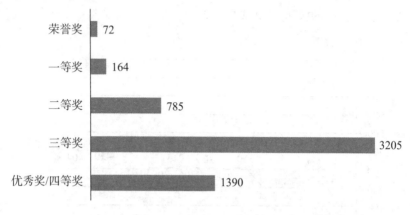

图 2-5　获奖成果等级分布

3. 成果形式分布

获奖成果的形式主要有专著、论文或系列论文、论文集、调研报告、研究报告、资料书、工具书、对策研究、古籍整理、科普读物、译著、编著、普及读物、人物传记、校注。由表 2-1 可知,获奖最多的是专著和论文,两者占获奖成果总量的 80% 多。其中,专著有 2801 本,约占获奖成果总量的 50%;论文 1793(篇或系列),约占 32%。

表 2-1　获奖成果形式分布①

序号	成果形式	数量	百分比（%）	序号	成果形式	数量	百分比（%）
1	专著	2801	49.88	6	工具书	111	1.98
2	论文或系列论文	1793	31.93	7	对策研究	68	1.21
3	调研报告	224	3.99	8	古籍整理	66	1.18
4	研究报告	181	3.22	9	科普读物	55	0.98
5	资料书	153	2.72	10	译著	54	0.96

———————

① 表 2-1 中论文集为论文以单部图书形式出版的成果。

序号	成果形式	数量	百分比（%）	序号	成果形式	数量	百分比（%）
11	编著	49	0.87	14	人物传记	14	0.25
12	普及读物	25	0.45	15	校注	5	0.09
13	论文集	17	0.3				

4. 第一获奖单位分布

四川省哲学社会科学优秀成果评奖的获奖成果涉及的第一获奖单位有1000多家。从获奖成果数量的第一获奖单位分布来看，由表2-2可知，四川大学、四川省社会科学院、西南财经大学、四川师范大学、西南民族大学、西南大学、西华师范大学和四川省委党校获奖的成果占获奖成果总量的50.96%。其中，四川大学有892项，占比15.88%；四川省社会科学院471项，占比8.39%；西南财经大学396项，占比7.05%；四川师范大学393项，占比7.00%；西南民族大学239项，占比4.26%。

表2-2 获奖成果第一获奖单位分布（前20）

序号	机构	数量	百分比（%）	累计百分比（%）
1	四川大学	892	15.88	15.88
2	四川省社会科学院	471	8.39	24.27
3	西南财经大学	396	7.05	31.32
4	四川师范大学	393	7.00	38.32
5	西南民族大学	239	4.26	42.57
6	西南大学	158	2.81	45.39
7	西华师范大学	157	2.80	48.18
8	四川省委党校	156	2.78	50.96
9	西南交通大学	99	1.76	52.72

续表

序号	机构	数量	百分比(%)	累计百分比(%)
10	电子科技大学	86	1.53	54.26
11	西南政法大学	64	1.14	55.40
12	西南科技大学	47	0.84	56.23
13	成都市委党校	40	0.71	56.94
14	成都信息工程大学	39	0.69	57.64
15	成都体育学院	37	0.66	58.30
16	四川农业大学	37	0.66	58.96
17	重庆师范大学	37	0.66	59.62
18	四川省民族研究所	33	0.59	60.20
19	西华大学	33	0.59	60.79
20	西南石油大学	33	0.59	61.38

5. 学科分布

从学科结构上看,四川省哲学社会科学优秀成果评奖共设置了29个一级学科分类。由表2-3可知,获奖成果覆盖的一级学科有马列·科社,党史·党建,政治学,国际问题研究,哲学,宗教学,理论经济,应用经济,统计学,管理学,法学,社会学,人口学,民族问题研究,中国历史,世界历史,考古学,中国文学,外国文学,语言学,体育学,教育学,新闻学与传播学,图书馆、情报与文献学,艺术学,宣传文化类,志书类,综合类,唯有军事学因学科特殊性未列入。

从获奖成果数量的学科分布来看,应用经济、管理学、教育学、社会学、中国文学名列前五,五个学科的获奖成果占获奖成果总量的51.82%。应用经济学科的获奖成果最多,有1043项,占获奖成果总量的18.57%;管理学541项,占比9.63%;教育学494项,占比8.80%;社会学438项,占比7.80%;中国文学394项,占比7.02%。

表2－3　获奖成果学科分布①

序号	学科	数量	百分比（%）	序号	学科	数量	百分比（%）
1	应用经济	1043	18.57	15	民族问题研究	130	2.31
2	管理学	541	9.63	16	新闻学与传播学	88	1.57
3	教育学	494	8.80	17	志书类	82	1.46
4	社会学	438	7.80	18	宣传文化类	80	1.42
5	中国文学	394	7.02	19	考古学	77	1.37
6	法学	244	4.34	20	宗教学	75	1.34
7	中国历史	243	4.33	21	图书馆、情报与文献学	73	1.30
8	综合类	225	4.01	22	外国文学	65	1.16
9	政治学	219	3.90	23	体育学	51	0.91
10	马列·科社	213	3.79	24	理论经济	45	0.80
11	哲学	189	3.37	25	人口学	44	0.78
12	语言学	176	3.13	26	世界历史	30	0.53
13	党史·党建	156	2.78	27	国际问题研究	29	0.52
14	艺术学	143	2.55	28	统计学	29	0.52

6. 地区分布

四川省哲学社会科学优秀成果几乎覆盖了四川省的所有市（州），此外还有重庆市、北京市、上海市、云南省。从获奖成果的地区分布来看，获奖成果集中分布在成都市（4147项，73.84%）、重庆市（487项，8.67%）、南充市（265项，4.72%）、绵阳市（115项，2.05%）、乐山市（91项，1.62%）。

---

① 数据来源：四川省社会科学界联合会、四川省哲学社会科学评奖委员会。一级学科分类按四川省社科评奖管理系统设置划分。

需要特别说明两点,一是四川省的行政区划在近30年的变动很大,同现在的市(州)分布有很大差异,在统计中按原所属地进行;二是近年有部分高等院校向成都市聚集,进一步加剧了四川省哲学社会科学评奖获奖成果的集中程度。

表2-4 获奖成果地区分布①

序号	市(州)	数量	百分比(%)	序号	市(州)	数量	百分比(%)
1	成都市	4147	73.84	13	内江市	30	0.53
2	重庆市	487	8.67	14	广安市	20	0.36
3	南充市	265	4.72	15	遂宁市	19	0.34
4	绵阳市	115	2.05	16	德阳市	18	0.32
5	乐山市	91	1.62	17	阿坝州	16	0.28
6	达州市	63	1.12	18	眉山市	16	0.28
7	雅安市	51	0.91	19	广元市	15	0.27
8	攀枝花	50	0.89	20	甘孜州	10	0.18
9	凉山州	47	0.84	21	巴中市	7	0.12
10	宜宾市	47	0.84	22	资阳市	4	0.07
11	自贡市	47	0.84	23	其他	18	0.32
12	泸州市	33	0.59				

---

① 表2-4中,"其他"包括(空白)11项,5个省外7项(云南省1,北京市3,安徽省1,上海市1,新疆维吾尔自治区1)。重庆市于1997年3月14日批准设立重庆直辖市;遂宁市、广元市于1985年2月8日撤销绵阳地区才成为省辖地级市;渡口市于1987年1月经国务院批准更名为攀枝花市;宜宾地区、泸州市于1983年6月分设,宜宾市于1996年10月撤销宜宾地区改设省辖市;广安市于1978年设置为华蓥工农示范区,于1985年改为华蓥市,于1993年7月2日批准设立广安地区,于1998年7月31日撤地建市;眉山市于1953年3月5日撤销眉山专区成立眉山县,划归乐山专区(于1985年改建为省辖市)管辖,于1997年8月建立眉山地区,于2000年12月撤地建市;资阳市于1998年2月26日调整内江市行政区划时设立资阳地区,于2000年6月14日设立为地级市。

7. 第一获奖人分布

四川省哲学社会科学优秀成果涉及的第一获奖人(个体)有3600多个,表2-5列出了获奖成果8项以上的第一获奖人。从获奖成果数量的第一获奖人分布来看,四川省社会科学院的查有梁、陈永忠、林凌和成都市委党校的刘益飞名列前四,分别获得成果16项、11项、11项、10项。

四川省社会科学院的陈世松、文献良,西南财经大学的丁任重、郭复初,四川省教育学会的纪大海,四川师范大学的吴定初,四川大学的张红伟,四川师范大学的钟仕伦有9项获奖成果。

电子科技大学的邓淑华,四川大学的冯宪光、何一民、杨继瑞、左卫民,四川师范大学的高林远,四川省委党校的江世银、王光华有8项获奖成果。

表2-5 获奖成果第一获奖人分布(前20名)

序号	第一获奖人	单位	数量	序号	第一获奖人	单位	数量
1	查有梁	四川省社会科学院	16	11	张红伟	四川大学	9
2	陈永忠	四川省社会科学院	11	12	钟仕伦	四川师范大学	9
3	林 凌	四川省社会科学院	11	13	邓淑华	电子科技大学	8
4	刘益飞	成都市委党校	10	14	冯宪光	四川大学	8
5	陈世松	四川省社会科学院	9	15	高林远	四川师范大学	8
6	丁任重	西南财经大学	9	16	何一民	四川大学	8
7	郭复初	西南财经大学	9	17	江世银	四川省委党校	8
8	纪大海	四川省教育学会	9	18	王光华	四川省委党校	8
9	文献良	四川省社会科学院	9	19	杨继瑞	四川大学	8
10	吴定初	四川师范大学	9	20	左卫民	四川大学	8

二、国家社科基金四川项目成果

国家社科基金四川项目成果是四川社会科学工作者在完成立项的国家社科基金项目的基础上提交的研究成果。为了解国家社科基金四川项目成果相关数据,我们通过全国哲学社会科学规划办网站提供的"国家社科基金项目数据库"进行了调查。本书从年度、单位、学科、类别、项目负责人专业职称等角度统计分析国家社科基金四川项目成果情况。

关于项目负责人单位,由于涉及被合并的单位名、曾用名、简称等,按项目负责人所在单位的官方网站的现用名合并。

1. 年度分布

由图 2-6 可知,四川社会科学工作者从 1991 年开始获得国家社科基金项目,截至 2017 年,共获得 2291 项。随着时间的增长,项目的数量呈现总体增长趋势,2008 年获得 111 项,首次突破 100 大关;2013 年达到顶峰,获得了 207 项,突破 200 大关。

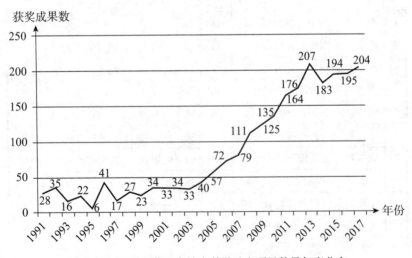

图 2-6　四川省获国家社会科学基金项目数量年度分布

2. 项目负责人单位分布(数量 >4)

四川获得国家社科基金项目的单位共 70 家。由表 2-6 可知,四川大学获得国家社科基金项目 553 项,约占四川获得的国家社科基金项目总量的四分之一(24.14%);其次是西南财经大学,获得 289 项,占比约为 13%;其三是四川省社会科学院,获得 249 项,占比约为 11%;其四为西南民族大学,获得 232 项,占比约为 10%;其五为四川师范大学,获得 176 项,占比约为 8%。

四川大学、西南财经大学、四川省社会科学院、西南民族大学、四川师范大学、西南交通大学、西华师范大学、四川省委党校、成都体育学院、电子科技大学获得的国家社科基金项目项目约占四川省获得的国家社科基金项目总量的 82%。

表 2-6 四川省获国家社会科学基金项目的单位分布(数量 >4)

序号	单位	数量(项)	百分比(%)	累计百分比(%)
1	四川大学	553	24.14	24.14
2	西南财经大学	289	12.61	36.75
3	四川省社会科学院	249	10.87	47.62
4	西南民族大学	232	10.13	57.75
5	四川师范大学	176	7.68	65.43
6	西南交通大学	94	4.10	69.53
7	西华师范大学	93	4.06	73.59
8	四川省委党校	71	3.10	76.69
9	成都体育学院	59	2.58	79.27
10	电子科技大学	56	2.44	81.71
11	成都理工大学	44	1.92	83.63
12	西南科技大学	44	1.92	85.55
13	成都信息工程大学	34	1.48	87.04
14	四川农业大学	24	1.05	88.08

续表

序号	单位	数量(项)	百分比(%)	累计百分比(%)
15	西华大学	21	0.92	89.00
16	西南石油大学	21	0.92	89.92
17	成都市委党校	20	0.87	90.79
18	成都学院	19	0.83	91.62
19	乐山师范学院	17	0.74	92.36
20	成都中医药大学	14	0.61	92.97
21	四川省民族研究所	14	0.61	93.58
22	绵阳师范学院	12	0.52	94.11
23	宜宾学院	12	0.52	94.63
24	内江师范学院	10	0.44	95.07
25	四川文理学院	10	0.44	95.50
26	成都医学院	8	0.35	95.85
27	四川理工大学	8	0.35	96.20
28	成都师范学院	6	0.26	96.46
29	成都市社会科学院	5	0.22	96.68

3. 学科分布

国家社科基金项目设置了26个学科,分别是:马列·科社,党史·党建,哲学,理论经济,应用经济,统计学,政治学,法学,国际问题研究,社会学,体育学,人口学,民族问题研究,宗教学,中国历史,世界历史,考古学,中国文学,外国文学,语言学,管理学,新闻与传播学,图书馆、情报与文献学,教育学,艺术学,军事学。

从学科分布来看,由表2-7可知,四川获得项目最多的前五个学科是应用经济(320项,13.97%)、民族问题研究(202项,8.82%)、中国文学(162项,7.07%)、理论经济(154项,6.72%)、中国历史(139项,6.07%)。

表 2-7　四川省获国家社会科学基金项目的学科分布①

序号	学科	数量	百分比（%）	序号	学科	数量	百分比（%）
1	应用经济	320	13.97	14	马列·科社	74	3.23
2	民族问题研究	202	8.82	15	新闻学与传播学	62	2.71
3	中国文学	162	7.07	16	党史·党建	58	2.53
4	理论经济	154	6.72	17	外国文学	54	2.36
5	中国历史	139	6.07	18	图书馆、情报与文献学	51	2.23
6	法学	124	5.41	19	国际问题研究	36	1.57
7	哲学	118	5.15	20	人口学	31	1.35
8	管理学	116	5.06	21	考古学	29	1.27
9	社会学	108	4.71	22	世界历史	23	1.00
10	宗教学	108	4.71	23	统计学	21	0.92
11	体育学	88	3.84	24	教育学	1	0.04
12	语言学	87	3.80	25	（空白）	39	1.70
13	政治学	86	3.75				

4. 类别分布

国家社科基金设置了重大项目、年度项目（重点项目、一般项目、青年项目）、西部项目、后期资助项目、中华学术外译项目、学术期刊资助、成果文库、教育学项目、艺术学项目、军事学项目等。

从项目类别分布来看，由图 2-7 可知，四川获得的一般项目最多，为958 项，约占四川获得的国家社科基金项目总量的42%；其次是西部项目，为578 项，占比约为25%；其三是青年项目，为484 项，占比约为21%。四川获得的重大项目、后期资助项目、中华学术外译项目、成果文库等很少甚至没有。

---

① 注：本表中"（空白）"为重大项目、重点项目，教育学基金单列。

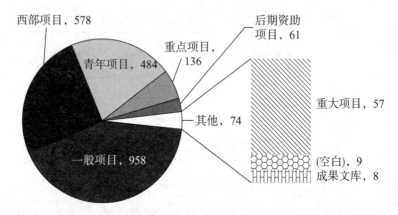

图2-7　四川省获国家社会科学基金项目的类别分布①

5. 项目负责人专业技术职称分布

全国哲学社会科学规划办要求,申报国家社科基金项目的项目负责人需要具有副高级以上(含)专业技术职称,或者具有博士学位。不具有副高级以上(含)专业技术职称或者博士学位的,可以申请青年项目,但必须有两名具有正高级专业技术职称的同行专家书面推荐。

图2-8　四川获得国家社会科学基金项目负责人专业技术职称分布

由图2-8可知,从项目负责人专业职称分布来看,正高级获得的项目最多,为920项,约占四川获得的国家社科基金项目总量的40%;其次是副高级,为726项,占比约为32%;其三是中级,为388项,占比约为17%。

6. 项目负责人分布(数量≥4)

四川社会科学工作者共获得国家社科基金项目2291项,表2-8

①　图中"空白"的项目批准号分别是:02EFX001、02EZJ001、01EFX005、00EJL002、00EKS001、99EJL001、99EKS003、98EJL001、97IJB012。

列出了获得 4 项及以上的学者。获得项目数量最多的是四川省社会科学院的郭晓鸣和四川大学的王国敏,他们都获得了 6 项国家社科基金项目。郭晓鸣在 1992 年至 2010 年期间,获得了 1 项青年项目、1 项西部项目、2 项一般项目、1 项重点项目、1 项重大项目。王国敏在 1994 年至 2015 年期间,获得了 4 项一般项目、2 项重点项目。随着两位专家年龄的增长和国家社科基金项目的经验积累,他们获得项目的级别越来越高。

四川大学的邓玲、蒋永穆、揭筱纹、杨世文、赵昌文、周伟,四川省社会科学院的刘世庆、盛毅,四川师范大学的杜伟,四川省委党校的江世银,西南财经大学的刘锡良都获得了 5 项国家社科基金项目。

四川大学的曹顺庆、傅其林、何一民、姜晓萍、刘复生、徐玖平、张泽洪、左卫民,四川省社会科学院的曾敏、侯水平、杨先农、张克俊、周友苏,四川师范大学的黄开国、祁晓玲、王川,成都市委党校的刘益飞,西南财经大学的庞皓,西南民族大学的秦和平都获得了 4 项国家社科基金项目。

表 2 – 8 四川省获国家社会科学基金项目负责人分布(数量 > 3)

序号	姓名	机构	数量	序号	姓名	机构	数量
1	郭晓鸣	四川省社会科学院	6	10	盛 毅	四川省社会科学院	5
2	王国敏	四川大学	6	11	杨世文	四川大学	5
3	邓 玲	四川大学	5	12	赵昌文	四川大学	5
4	杜 伟	四川师范大学	5	13	周 伟	四川大学	5
5	江世银	四川省委党校	5	14	曹顺庆	四川大学	4
6	蒋永穆	四川大学	5	15	曾 敏	四川省社会科学院	4
7	揭筱纹	四川大学	5	16	傅其林	四川大学	4
8	刘世庆	四川省社会科学院	5	17	何一民	四川大学	4
9	刘锡良	西南财经大学	5	18	侯水平	四川省社会科学院	4

续表

序号	姓名	机构	数量	序号	姓名	机构	数量
17	何一民	四川大学	4	25	秦和平	西南民族大学	4
18	侯水平	四川省社会科学院	4	26	王　川	四川师范大学	4
19	黄开国	四川师范大学	4	27	徐玖平	四川大学	4
20	姜晓萍	四川大学	4	28	杨先农	四川省社会科学院	4
21	刘复生	四川大学	4	29	张克俊	四川省社会科学院	4
22	刘益飞	成都市委党校	4	30	张泽洪	四川大学	4
23	庞　皓	西南财经大学	4	31	周友苏	四川省社会科学院	4
24	祁晓玲	四川师范大学	4	32	左卫民	四川大学	4

三、四川哲学社会科学规划项目成果

为适应四川省改革开放和现代化建设的新形势,促进哲学社会科学研究多出优秀成果,多出优秀人才;为更好地为党和政府决策服务,为推进四川的社会主义物质文明、政治文明、精神文明与和谐社会建设服务,促进四川省哲学社会科学繁荣发展,四川省社会科学界联合会设立了四川省哲学社会科学规划项目(以下简称"省社科规划项目")。省社科规划项目以我国,尤其是四川省改革开放和社会主义现代化建设中全局性、战略性和前瞻性的重大理论问题和实际问题为主攻方向,充分发挥理论指导实际、回答时代课题的作用,大力推动学术观点、学科体系和研究方法的创新,着力推出代表四川省水平的哲学社会科学研究成果,为党和政府决策服务,为社会主义物质文明、政治文明、精神文明与和谐社会建设服务,促进哲学社会科学繁荣发展。省社科规划项目重视四川省具有优势地位的学术领域和学科门类,推动基础学科的发展和建设。

省社科规划项目实行面向社会、公平竞争、专家评审、择优立项的原则。研究领域涉及四川省政治、经济、文化和社会发展,有条件进行

哲学社会科学研究的省内外(境内外)单位和个人,均可申请。

省社科规划项目主要设置重大委托(或招标)项目、年度(重点、一般、青年)项目、社科研究基地项目、市州项目、后期资助项目等。重大委托(或招标)项目主要资助关系四川省改革开放和社会主义现代化建设的重大问题以及关系学科基础建设的重大问题研究。年度项目主要资助一般性基础研究和应用对策研究。社科研究基地项目主要资助四川省社科重点研究基地的主要研究领域、研究方向的重大问题研究;市州项目主要资助当地经济社会发展重大问题的对策性应用研究;后期资助项目主要资助没有先期申请立项,但已接近完成的确有价值的优秀研究成果。

省社科规划课题的选题,主要采用发布四川省哲学社会科学研究五年规划课题指南和年度规划课题指南的方式进行。五年规划课题指南发布时间在规划起始年的第三季度;年度课题指南发布时间在当年的第二季度。五年规划课题指南和年度课题指南,由省规划办向社会广泛征集并组织专家论证和汇总整理,报省社科联党组审定后发布。省社科规划项目每年评审一次。成果形式主要为研究报告、论文、专著等。

本书采集了2002年至2016年的4321项省社科规划项目数据,并对其进行了统计分析。关于项目负责人单位,由于涉及被合并的单位名、曾用名、简称等,按项目负责人单位官方网站的现用名合并。

1. 年度分布

本书采集了2002年至2016年的4321项省社科规划项目数据,其年度分布见图2-9。除2002、2003年外,随着年份的增加,规划项目数量呈递增趋势,2014、2015、2016年规划项目几乎都是2002年的4倍。

2. 类别分布

省社科规划项目种类较多,有重大项目、重点理论、一般项目、基地项目、青年项目、重点项目、学科共建项目、自筹项目、委托项目、外语专项、市州项目、白酒项目、法治项目、后期资助项目、一般委托项目、文化产业项目、统计专项、旅游专项、金融专项、决策咨询项目、重大委托项目等类型。

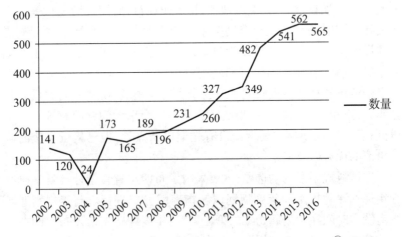

图 2 - 9　2002—2016 年四川省社科规划项目年度分布①

"外语专项"为四川省社会科学规划办公室与上海外语教育出版社联合发布,全称"外国语言文学学科建设和发展"专项;"金融专项"为四川省社会科学规划办公室与中国人民银行成都分行、四川省金融学会联合发布,全称为"金融发展专项课题";"统计专项"为四川省社会科学规划办公室与四川省统计局联合发布,全称为统计发展专项课题;"法治专项"为四川省社会科学规划办公室与中共四川省委政法委、四川省法学会联合发布,全称为"法治四川专项课题";"重点理论专项"为中共四川省委宣传部与四川省社会科学界联合会联合发布,全称为"重点理论专项课题";"文化产业专项"为四川省文化厅职称改革领导小组办公室与四川省社会科学规划办公室联合发布;"白酒专项"为四川省社会科学规划办公室与泸州老窖股份有限公司联合发布。

由图 2 - 10 可知,从省社科规划项目的类别分布看,名列前五的

---

①　本图中 2004 年数据统计不完整。

是一般项目(1160 项)、基地项目(665 项)、青年项目(440 项)、重点项目(318 项)、学科共建项目(318 项)。

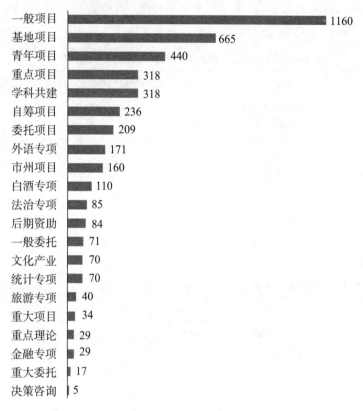

图 2 - 10 四川省社科规划项目类别分布

3. 项目负责人单位分布

省社科规划项目涉及的单位有 1000 多家。从省社科规划项目的负责人单位分布来看,由表 2 - 9 可知,四川大学、西南财经大学、四川师范大学、西南民族大学、四川省社会科学院、西南交通大学、西南科技大学、西华师范大学、成都体育学院获得的项目总和占省社科规划项目总量的 50.68%。其中,四川大学有 550 项,占比 12.73%;西南财经大学 324 项,占比 7.50%;四川师范大学 257 项,占比 5.95%;四川省社会科学院 221 项,占比 5.11%;西南交通大学 160 项,占比 3.70%;西南科技大学 160 项,占比 3.70%;西华师范大学 146 项,占比 3.38%;成都体育学院 139 项,占比 3.22%。

表 2-9 四川省社科规划项目负责人单位分布(前 20 名)

序号	单位	数量	百分比(%)	累计百分比(%)
1	四川大学	550	12.73	12.73
2	西南财经大学	324	7.50	20.23
3	四川师范大学	257	5.95	26.17
4	西南民族大学	233	5.39	31.57
5	四川省社会科学院	221	5.11	36.68
6	西南交通大学	160	3.70	40.38
7	西南科技大学	160	3.70	44.09
8	西华师范大学	146	3.38	47.47
9	成都体育学院	139	3.22	50.68
10	电子科技大学	133	3.08	53.76
11	乐山师范学院	106	2.45	56.21
12	西华大学	103	2.38	58.60
13	成都大学	96	2.22	60.82
14	绵阳师范学院	95	2.20	63.02
15	成都理工大学	83	1.92	64.94
16	四川理工大学	78	1.81	66.74
17	西南石油大学	77	1.78	68.53
18	宜宾学院	73	1.69	70.22
19	四川旅游学院	69	1.60	71.81
20	四川农业大学	68	1.57	73.39

4. 地区分布

省社科规划项目覆盖了四川省的 21 个市（州），其地区分布见表 2－10。省社科规划项目高度集中分布在成都市（3258 项，75.40%）、绵阳市（245 项，5.67%）、南充市（169 项，3.91%）、乐山市（123 项，2.85%）、宜宾市（87 项，2.01%）。

虽然省社科联规定"研究领域涉及四川省政治、经济、文化和社会发展，有条件进行哲学社会科学研究的省内外（境内外）单位和个人，均可申请"，但是，从地区分布看，四川省社科规划项目几乎没有省外的项目负责人。

表 2－10　四川省社科规划项目负责人地区分布①

序号	所在地区	数量	序号	所在地区	数量
1	成都市	3258	12	自贡市	18
2	绵阳市	245	13	德阳市	15
3	南充市	169	14	眉山市	15
4	乐山市	123	15	阿坝州	12
5	宜宾市	87	16	甘孜州	9
6	雅安市	83	17	广安市	9
7	泸州市	65	18	广元市	9
8	达州市	61	19	遂宁市	9
9	内江市	49	20	资阳市	5
10	攀枝花市	41	21	巴中市	1
11	凉山州	38	22	其他	1

5. 成果形式分布

省社科规划项目成果种类较多，有研究报告、论文、专著、译著、工具书、编著、工具软件等。由表 2－11 可知，项目成果形式最多的是研

---

① "其他"为地区不明。

究报告(2839 项,65.70%)和论文(2029 项,46.96%)。成果形式为专著、译著、工具书、编著、工具软件的较少。

表 2-11　四川省社科规划项目成果形式分布①

序号	成果形式	数量	序号	成果形式	数量
1	研究报告	2839	5	工具书	2
2	论文	2029	6	编著	1
3	专著	763	7	工具软件	1
4	译著	4	8	其他	4

6. 项目负责人分布

从项目的负责人分布来看,由表 2-12 可知,四川省社会科学界联合会的王均、绵阳师范学院的高梧、四川大学的张红伟名列前三,分别获得9 项、7 项、7 项。

西南财经大学的蔡春、甘孜州社科联的戴刚、四川大学的蒋晓丽、宜宾市社科联的肖金虎有6 项省社科规划项目。

西南财经大学的步丹璐、殷孟波,电子科技大学的邓淑华、谢梅,凉山州社科联的哈小华、四川省社会科学院的侯水平、成都理工大学的黄寰、四川省委党校的蒋颖、李翔宇、西南科技大学的李燕琼、眉山市社科联的马湘君、四川省社会科学界联合会的唐永进、乐山市社科联的王素英、达州市社科联的杨会国有5 项省社科规划项目。

表 2-12　四川省社科规划项目负责人分布(数量 >3)

序号	项目负责人	单位	数量
1	王　均	四川省社会科学界联合会	9
2	高　梧	绵阳师范学院	7
3	张红伟	四川大学	7

① 一个项目可有多种预期成果形式,"其他"为成果不详。

续表

序号	项目负责人	单位	数量
4	蔡　春	西南财经大学	6
5	戴　刚	甘孜州社科联	6
6	蒋晓丽	四川大学	6
7	肖金虎	宜宾市社科联	6
8	步丹璐	西南财经大学	5
9	邓淑华	电子科技大学	5
10	哈小华	凉山州社科联	5
11	侯水平	四川省社会科学院	5
12	黄　寰	成都理工大学	5
13	蒋　颖	四川省委党校	5
14	李翔宇	四川省委党校	5
15	李燕琼	西南科技大学	5
16	马湘君	眉山市社科联	5
17	唐永进	四川省社会科学界联合会	5
18	王素英	乐山市社科联	5
19	谢　梅	电子科技大学	5
20	杨会国	达州市社科联	5
21	殷孟波	西南财经大学	5

第三章　四川社科成果元数据设计

本章研究四川社会科学获奖成果、四川社会科学规划项目成果、国家社科基金四川项目成果元数据。制定四川社会科学成果元数据可以充分揭示四川社科优秀社科成果中的知识网络,推动四川社科成果的转化、共享、整合,促进四川社科信息资源的利用,提高四川社会科学成果管理水平。

第一节　四川社科成果元数据设计概述

元数据是有关对象的特征属性元素的集合,能够准确和完备地说明信息资源的内容与特征,便于信息资源在数字资源系统或环境中进行管理、检索、发现、获取、共享、整合和利用。在四川社科成果信息服务系统建设中,四川社科成果元数据标准是实现四川社科成果数据有效发现、管理、共享、交换和整合的主要手段之一,其重要作用可以从信息资源和服务两个方面来看。就信息资源而言,首先,四川社科成果服务系统可以利用元数据标准和技术描述现有的成果信息资源,促进成果信息资源的分析利用;其次,元数据的使用能够在一定程度上消除信息资源之间的语义独立性和异构性,帮助实现成果信息资源的整合和共享;再次,通过元数据记录四川社科成果的归档、内容等方面的信息,可以对成果进行有效的管理。服务是向需求对象提供一种或多种价值的功能的活动或行为,它使得四川社科成果得以被访问、管理和向用户提供增值应用。

四川社科成果服务系统的建设和存在的目的就是通过利用 IT 技术所能提供的各种功能充分发挥四川社科成果作用,利用元数据标准和技术将四川社科成果的各种信息进行规范化描述,为系统中各种功能的有效利用提供良好的支持,进而为四川社科成果数据资源价值的发挥提供良好的支撑。

一、元数据概念

自 1969 年描述数据集的元数据(Metadata)概念的提出,以及 1987 年美国国家宇航局在其发布的《目录交换格式》(*Directory interchange Format*, *DIP*)中对元数据这一概念重申后,信息管理领域就对元数据产生了极大的兴趣并逐渐应用于各种信息资源的管理领域。

元数据目前没有统一的定义,具有代表性的描述是:

①元数据是关于数据的数据(data about data)[①]。前一个数据一般理解为信息资源,后一个数据理解为关于信息资源的特征数据。

②哈佛大学数字图书馆项目的学者认为元数据是帮助查找、存取、使用和管理信息资源的信息[②]。这里的信息资源包含了数字化的资源与非数字化的信息资源。

③美国图书馆学会学者认为元数据是结构化的数据,是用来对信息资源实体的特征进行编码,以便标识、发现、评价和管理被描述的这些实体[③]。这个概念强调了元数据的编码功能。

④台湾地区学者将元数据翻译为"元资料""诠释资料""后设资料"或"超资料"等,并认为元数据是一组结构化与标准化的数据,包括描述性、结构性与管理性等类型,具有语义性、语法性与词汇性等属性[④]。元数据是用来描述数字化信息资源的内容与特征,实现资源在

①　吕秋培,解素芳,李新利,等.关于元数据及其应用[J].档案学通讯,2003(3):47-50.

②　孙红玉.元数据的研究及发展[J].山东教育学院学报,2003(6):109-112.

③　江亮.2011—2015 年国内外元数据研究现状和宏观分析[J].图书馆杂志,2016(9):38-49.

④　徐拥军.我国图书情报档案界元数据研究现状综述[J].四川图书馆学报,2002(2):18-20,34.

数字化环境中易于发现的功能，并提高检索、展示、管理的效率，且能顺利进行资源共享和永久保存。

⑤刘嘉认为元数据是描述和限定其他数据的数据①。典型元数据的实例如一本书的书名、作者姓名、出版年,用于数据定位的图书的分类号、电视节目的时间和频道数据以及有助于数据检索的摘要或主题数据等。

⑥张晓林认为作为元数据描述对象的"数据"实际上可以是任意层次的数据对象,图书、期刊、文件等是简单对象,课件、多媒体等资源集合如词典、词表以及整个信息系统是复杂对象。元数据就是对这些数据对象规范描述所形成的数据集合②。如果通过计算机可读的开放语言来标记这些元数据,就能在系统之间发现、交换和理解相应的数字对象,支持系统间互操作。其主要观点认为一切能够编码的信息资源都能够基于元数据来描述,并能在系统间进行互操作③。

⑦彭斐章等人认为元数据通俗地说就是目录,是关于数据的数据。在卡片目录时代,元数据是目录卡片上的信息,在计算机时代,元数据就是电子目录所提供的信息。这个概念强调元数据支持目录的创建,并能够基于元数据形成目录提供服务④。

⑧王知津等人认为元数据一是用来标识、描述和定位信息资源的数据,是面向特定应用的、机器可识别并可理解的信息;二是元数据描述信息资源或数据对象目的在于使用户能够发现资源、识别资源、评价资源并能进行相关信息资源的选择、定位和调用;三是实现信息资源的整合、有效管理和长期保存并追踪其在使用过程中的变化⑤。离

① 刘嘉.元数据:理念与应用[J].中国图书馆学报,2001(5):32 – 36,45.

② 张晓林.元数据研究与应用[M].北京:北京图书馆出版社,2002:1.

③ 张晓林.开放元数据机制:理念与原则[J].中国图书馆学报,2003(3):9 – 14.

④ 吴万晔.论书目元数据的变革与发展[J].文献信息论坛,2006(1):15 – 17.

⑤ 王知津,孙鑫.近年来我国信息组织研究述评[J].高校图书馆工作,2004(5):1 – 6,58.

开元数据的信息体系将是松散的,将无法提供有效的检索和处理。核心观点在于强调元数据的信息组织功能。

⑨苏新宁等认为元数据是一种带有数据结构的数据组织形式,并进一步理解元数据是在文本中标记出信息的题名、责任者、分类、主题等属性或概念①。目的是让计算机能够明白这些信息,能够快速、正确地搜索和处理网络信息。

从以上的概念中,我们看出元数据具有这样一些特点:

①元数据可以处理相对简单独立的信息资源,也可处理组成独立信息资源各部分以及由独立的信息资源构成的信息集合。

②元数据是关于描述对象的一组特征包括主题、外形、版权、使用等元素的集合。元数据内容是信息资源的结构化的数据,支持有效实现信息资源的组织、管理。

③元数据提供管理信息资源的方法与规则,能够准确、完整、规范化地说明信息资源的各项特征,有助于用户检索、辨识、选取和管理所需的资源。

二、元数据功能

元数据是数字化时代信息资源管理的产物,建立元数据的目的就是为了更好地实现对信息资源管理以及方便用户检索利用。在信息管理领域,元数据的主要功能在于:

(1)描述信息

元数据提供了一系列描述信息资源属性特征的元素,利用这些元素可全面一致地揭示出资源中信息的主题内容和物理特征。可以说,元数据为数据库或其他信息资源管理系统建设提供了信息组织的平台,为信息资源的管理和使用奠定了基础。

---

① 王红霞,苏新宁.基于元数据的电子政务信息资源组织模式[J].情报理论与实践,2007(1):116－121.

（2）展示信息

描述信息资源特征、属性，包括描述对象的主题、分类、语种、表现形式等。这些元数据一方面可以通过这些特征有效地展示相关信息及与其他信息对象的关系，另一方面也可以分层次和全方位地展示描述对象的信息。

（3）检索信息

描述信息资源特征属性的集合中有关的名称、作者、摘要、分类、关键词等元素内容是具有检索意义的数据，能够让用户通过这些渠道和途径来检索信息。因此，元数据一方面能够组织这些特征元素信息进行分类排序，另一方面也基于这些特征元素提供多种检索途径，方便用户检索信息。

（4）识别信息

经过元数据规范化描述的信息与描述对象事实上形成了替代关系，用户能够通过元数据中的某些特征数据了解元数据描述的对象概貌以及其拥有的信息内容，进而能识别出需要的信息以及包含信息的对象。

（5）定位信息

元数据中提供描述对象的来源与出处信息的特征元素，这些元素信息包含了对象的物理地址信息，或是出版收藏刊载等线索性信息，或是 URL（Uniform Resource Locator）、URN（Uniform Resource Name）、DOI（Digital Object Unique Identifier）等信息的描述，利用元数据这些特征属性信息能实现用户对所选信息的定位。

（6）选择信息

用户可通过元数据了解和认识所描述的对象，因此用户可结合自己需求，根据描述对象的元数据的属性与值选择相关的信息资源。

（7）管理信息

元数据支持对信息资源进行一致性的结构化描述，特别是一些必备的元素是数据加工过程必须要输入的。支持基于所描述对象的具体特征建立管理政策与使用控制机制，使得具有密级的信息或版权限制的资源能够分层次使用和保护。

（8）统计信息

元数据提供描述对象的特征信息,用户可以基于这些特征对描述对象进行各种层次的统计分析,为评价描述对象以及更好地组织信息提供数据。

三、元数据分类

元数据有多种分类方式。在信息管理领域,基于功能的三分法是应用最广的分类方式。

（1）描述型元数据

用来描述信息资源对象的内容主题特征、外观形态特征以及相关其他特性,提供有关描述对象的细节信息,便于用户辨别区分、评价评估和选取信息的元数据。如有关信息资源对象的题名、责任者、分类、主题等特征与数据。

（2）技术型元数据

用来说明与系统功能相关的或与信息资源对象结构相关的元数据,确保系统以及信息资源对象能够正常发挥功能。如有关系统的硬软件信息、信息资源对象的大小、格式、压缩比或对比度等特征与数据。

（3）管理型元数据

这种元数据主要是为了满足存贮、管理、利用的需要,对资源数字对象存档、利用和管理加以说明。如信息资源对象的所有权、获取方式、版本控制、使用管理方面的特征与数据。

四、元数据标准的结构

元数据标准的结构包括三个方面:内容结构、语义结构和语法结构,下面分别说明。

1. 内容结构

内容结构（Content Structure）是对元数据标准中的构成元素及其

定义标准进行描述。例如,一个元数据标准的构成元素根据自身需求可能包括描述性元数据、技术性元数据、管理性元数据,元数据内容结构还需要对所采用的元素进行准确定义和描述。

2. 语义结构

语义结构(Semantic Structure)是定义元数据标准中元素的具体语义描述方法,尤其是定义描述时所采用的公用标准、最佳实践(Best Practices)或自定义的语义描述要求(Instructions)。语义结构主要涉及两方面的内容:语义定义规则和语义定义方法。

(1)语义定义规则

语义定义规则规定了各元数据标准应最大可能采用标准框架推荐的元数据项,并在语义上保持严格一致;对推荐的元素不能描述的特性可以增加元素但新增加元素不能与已有元素有任何语义上的重复;为了更准确地描述对象,允许向下再设若干层数据元素(子元素),数据元素间的语义是不重叠的,合起来不能超过复合元素定义的内涵;数据元素不可再分。

(2)语义定义方法

语义定义方法即元数据标准的元素定义方法,即元素哪些方面的属性应该被定义,可以采用与 Dublin Core 一致的方法,即 ISO/IEC 11179 – 3 标准,按以下九个属性对元素进行定义①:

①中文名称(Chinese Name):元素中文名称。

②英文名称(English Name):元素英文名称。

③标识(Identifier):元素唯一标识。

④定义(Definition):对元素概念与内涵的说明。

⑤可选性(Obligation):说明元素是必须使用的还是可选择的。

⑥数据类型(Data Type):元素值的数据类型。

⑦最大出现次数(Maximum Occurrence):元素可重复使用的最大

---

① Dublin Core Metadata Element Set, Version 1. 1: Reference Description[EB/OL]. [2017 – 10 – 21]. http://dublincore. org/documents/dces.

次数。

⑧值域(Value Domain):元素的取值范围。

⑨注释(Comment):对元素的补充说明、著录格式的建议及其他。

3. 语法结构

语法结构(Syntax Structure)负责定义元数据标准的结构以及如何描述这种结构,即元数据在计算机应用系统中的表示方法和相应的描述规则,这些称为元数据的描述语言和语法结构。迄今为止,多数元数据标准都是元数据内容标准,如数字空间元数据内容标准和都柏林核心集等,这些标准的编码方式有多种多样,可以由用户根据自己的需要自行选择。但是,通过元数据实现异构系统之间的互操作性和兼容性的问题在实际应用中的作用正显得越来越突出,而元数据的互操作性是体现在多个层次上的,它不仅依赖于元数据本身对被描述对象的描述元素定义,也依赖于异构系统间所交换或操作的数据的具体描述语言及相关语法。

第二节　四川社科成果相关元数据标准调研

构成元数据的元素按照规定的方式组织在一起就形成具体的元数据标准。目前,基于不同领域的应用,人们建立各种各样的元数据标准,如 MARC(Machine Readable Cataloguing Record[①],机器可读目录)、DC(Dublin Core Metadata Element Set[②],都柏林核心集)、MODS(Metadata Object Description Standard[③],元数据对象描述格式)、METS

---

① Marc Standard[EB/OL].[2017 - 10 - 21].http://www. loc. gov/marc/.

② Dublin Core Metadata Element Set,Version 1. 1:Reference Description[EB/OL].[2017 - 10 - 21].http://dublincore. org/documents/dces/.

③ Metadata Object Description Schema:MODS(Library of Congress)[EB/OL].[2017 - 10 - 21].http://www. loc. gov/standards/mods/.

（Metadata Encoding & Transmission Standard①，元数据编码传输标准）、北京大学数字图书馆中文元数据标准、我国数字图书馆标准规范建设项目成果"基本元数据标准规范"（以下简称"中国数字图书馆基本元数据"）、国家数字图书馆工程标准规范项目成果"国家图书馆核心元数据标准"、国家推荐标准"信息资源核心元数据"和"科技平台资源核心元数据"，由美国、英国、加拿大及澳大利亚联合编制的元数据内容标准"资源描述与检索"（Resource Description & Access，RDA）等。其中在我国数字化信息资源系统建设中具有影响力的标准是 MARC、DC、MODS、中国数字图书馆标准规范以及信息资源核心元数据。

一、MARC

MARC，Machine Readable Cataloguing Record，翻译为"机器可读的目录"，简称"机读目录"，起源于 1965 年的美国，是描述文献外形特征与内容特征的元数据。MARC 具有字段多、规则严、可重复、可扩展等特点。每条 MARC 记录必须由记录头标区、地址目次区、数据字段区、记录结束符四部分组成。目前，很多国家和地区都按照实际需求建立满足各自编目与交互需要的 MARC 格式，如美国的 USMARC、我国的 CNMARC 等。表 3 – 1 是 CNMARC② 的著录字段情况。

表 3 – 1　CNMARC 的著录字段一览表

字段	名称	子字段	备注
010	国际标准书号（ISBN）	$a ISBN $b 装订 $d 价格	
101	文献语种	$a 作品语种	必备字段
102	出版或制作国别	$a 出版国代码 $b 出版地区代码	必备字段

---

① Metadata Encoding and Transmission Standard（METS）Official Web Site［EB/OL］.［2017 – 10 – 21］. http://www.loc.gov/standards/mets/.

② 国家图书馆. 新版中国机读目录格式使用手册［M］. 北京：北京图书馆出版社，2004：17 – 21.

字段	名称	子字段	备注
200	题名与责任说明	$a 正题名 $e 其他题名信息 $f 第一责任者 $g 其他责任者 $h 分册号 $i 分册名	必备字段
205	版本说明	$a 版本说明	
210	出版发行等	$a 出版地 $c 出版社名称 $d 出版日期	必备字段
215	载体形态项	$a 页数 $c 其他形态细节 $d 尺寸或开本 $e 附件	
225	丛编项	$a 丛编题名 $f 丛编责任者	
300	一般性附注	$a 附注内容	
330	提要或文摘附注	$a 附注内容	
606	论题名称主题	$a 普通主题词	
690	中国图书馆分类法	$a 分类号 $v 版次	
701	个人名称—等同知识责任	$a 主要著者 $4 著	
702	个人名称—次要知识责任	$a 其他著者 $4 著	
711	团体名称—等同知识责任	$a 主要团体著者	
712	团体名称—次要知识责任	$a 其他团体著者	
801	记录来源	$a CN $b 编目机构代码 $c 编目日期	必备字段

二、DC

都柏林核心元素集(Dublin Core Element Set,以下简称 DC)是一个致力于规范 Web 资源体系结构的国际性元数据解决方案,它定义了一个所有 Web 资源都应遵循的通用的核心标准。DC 于 1995 年由美国 OCLC(Online Computer Library Center,联机计算机图书馆中心)和 NCSA(National Center for Supercomputing Applications,美国国家超级计算应用中心)发起,国际性合作项目 DCMI(Dublin Core Metadata Initiative)设计,由参与合作项目的机构共同维护修改,目前已发展成为 ISO 15836:2009、IETF RFC2413 和 NISO Z39.85 - 2001 等国际或国家标准。

　　DC 元数据标准最初的目的是为了网络资源的著录与发现,由于其具有简洁、通用、可修饰、可扩展和可重复等特点,加之 OCLC 的大力推广,它已发展成为一种可用于描述任何信息资源(任何具有标识的对象)的元数据标准。DC 有简单 DC 和复杂 DC 之分。简单 DC 只有 15 个核心元素,如表 3 - 2 所示。

表 3 - 2　都柏林核心元数据集①

元素	名称	说明
contributor	贡献者	对资源内容的形成有重要作用的责任者,如学位论文的导师
coverage	范围	有关资源的空间定位范围、日期范围或权限范围
creator	责任者	对资源的形成负责任的人或机构
date	日期	资源产生或使用生命周期内相关的日期与时间
description	描述	摘要,内容目次,内容图示或内容的文字说明以及其他相关的附注信息
format	格式	对于资源物理或数字化方面表示,包括媒体类型或资源容量以及表示限定资源显示或操作所需的软件、硬件或其他设备信息

---

　　①　Dublin Core Metadata Element Set, Version 1.1:Reference Description[EB/OL].[2017 - 10 - 21]. http://dublincore. org/documents/dces/.

元素	名称	说明
identifier	标识符号	关于识别与发现资源的正规的文本或符号,如 URI (Uniform Resource Identifier,统一资源标识)、URL (Uniform Resoure Locator,统一资源地址)、DOI(Digital Object Unique Identifier,数字对象标识)以及 ISBN、ISSN 等
language	语种	语言种类
publisher	出版者	对资源内容负有发行责任的实体
relation	关联资源	相关资源的参照,包括参考文献、引证文献、具有的其他形式的描述
rights	权限	版权以及资源版权管理的说明
source	来源	可获取现存资源的有关信息,如来源书籍、期刊、网站等
subject	主题	用以描述资源主要内容的主题词、关键词语或分类号码等
title	题名	资源正式或广为流传的名称
type	类别	资源种类、功能、体裁或作品集成级别等描述性术语

三、MODS

元数据对象描述模式(Metadata Object Description Schema,以下简称 MODS)是美国国会图书馆提出的一种元数据标准,也是美国国家信息标准化组织的元数据标准。MODS 是以 MARC 元素为基础建立的一种新兴的资源描述格式,适用于对数字化环境下信息资源的编目。MODS 具有结构简洁、可读性强、可扩展、互操作强和适用范围广等特点。MODS 的元数据集由元素、子元素以及修饰元素的属性构成。MODS 的主要元素如表 3 - 3 所示。

表 3 - 3　MODS 主要元素①

元素	名称	说明
titleInfo	题名项	具体的内容利用 title、subTitle、partNumber、partName 来描述
name	责任者项	具体内容由 namePart、displayForm、affiliation、role、description 描述
typeOfResource	资源类别	包括文本、动画、音乐、音频、三维实体、软件、多媒体与混合资料等
subject	主题	关于资源内容主题词语
note	附注信息	关于资源及其内容特征的其他说明
classification	分类	按照学科领域或特定的分类法给予资源的分类号,如中图分类号
genre	类型	侧重于内容体裁或风格,如传记,散文,诗歌,问题,或评论
relatedItem	相关资源项	与当前资源具有横向或纵向相关关系的其他资源的描述
originInfo	来源	关于资源的信息的来源,包括起源或出版地,出版者/创始人,与资源相关的日期
identifier	标识符	关于识别与发现资源的正规的文本或符号,如 URI、URL、DOI、ISBN、ISSN
language	语言	语言种类
location	获取地址	收藏地点或网络地址

---

①　Outline of Elements and Attributes in MODS Version 3.5[EB/OL]. [2017 - 10 - 21]. http://www. loc. gov/standards/mods/mods-outline-3-5. html.

续表

元素	名称	说明
physicalDescription	载体形态属性	物理载体的特征
accessCondition	访问条件	对资源的访问限制信息
abstract	文摘	资源内容简介
part	部分描述	对构成资源的物理实体部分的详细描述
tableOfContents	目次	目次、目录、内容主要组成部分介绍等
extension	扩展信息	处理无法利用当前版本的描述项目
targetAudience	读者对象	读者对象的层次描述
recordInfo	记录信息	有关记录管理信息的描述

四、中国数字图书馆基本元数据

《我国数字图书馆标准规范建设》课题组发布了大量关于数字图书馆标准规范发展战略与标准规范框架的成果。其中基本元数据标准建立了信息资源的元数据核心集合,这个元素集合适用于信息资源的基本特征的描述。中国数字图书馆基本元数据是在参照都柏林核心集的基础上建立的,共有 15 个元素,如表 3 - 4 所示。

表 3 - 4　中国数字图书馆基本元数据①

元素	说明
名称	关于资源的正式名称
创建者	形成资源内容的主要责任者
主题	关于资源内容的主题描述,包括关键词、分类号或受控词汇
描述	关于资源内容的说明,包括文摘、资源目录等

———————

① 基本元数据标准 [EB/OL]. [2017 - 10 - 21]. http://cdls. nstl. gov. cn/mt/blogs/2nd/archives/docs/CDLS-S05-002. pdf.

续表

元素	说明
出版者	出版或发行资源的单位或个人或服务标识
其他责任者	对资源内容的形成具有贡献的其他实体
日期	资源生命周期中相关事件的日期
类型	资源的内容的特征或类型分类
格式	资源的表现形式
标识符	能明确识别资源的符号,如 ISBN、ISSN、URI、DOI 等
来源	衍生当前资源的说明
语种	对资源内容语种的描述
关联	与当前资源的相关资源的说明
时空范围	资源涉及的范围的说明
权限	版权声明或其他权限的说明

五、信息资源核心元数据

2011 年 7 月发布并于 2011 年 12 月实施的国家推荐标准信息资源核心元数据标准提供了各行业、地方共同使用的核心元数据以实现信息资源的统一描述。

信息资源核心元数据的构成包括 4 个必备的元素、2 个必备元素实体以及 3 个其他元素,如表 3-5 所示。

表 3-5　信息资源核心元数据①

元素	说明	备注
标识符	信息资源的唯一标识	必备
名称	信息资源的名称	必备

---

① 中国标准出版社. 中国国家标准汇编[M]. 2011 年修订. 北京:中国标准出版社,2012:45.

续表

元素	说明	备注
关键字	关于信息资源主题的描述	必备
责任者	负责信息资源的创建、管理、保存、发布或提供服务的实体	必备,具体由责任者名称、类型、通信地址、邮编、联系电话等描述
信息资源分类	关于信息资源的分类的信息的实体	必备,具体由类目名称、类目编码、分类标准名称以及版本等描述
访问限制	关于访问信息资源的限制或约束条件的说明	必备
日期	与信息资源有关的日期实体	可选,具体包括修改日期或发布日期
摘要	对信息资源内容的说明	可选
信息资源链接地址	可有效获取资源的地址	主要是网络地址

第三节 四川社科成果元数据设计原则及流程

四川社科成果元数据是对四川社科成果的规范化描述,它是按照一定标准,从四川社科成果中抽取相应的特征,组成的一个特征元素集合。这种规范化描述可以准确并完备地说明四川社科成果的各种特征。四川社科成果元数据设计是四川社科成果服务系统建设的基础工作。

一、设计原则

四川社科成果元数据是描述四川社科成果数据集的核心,其设计需要遵循以下几个原则：

（1）标准化原则

设计元数据的目的是对四川社科成果的规范化与一致性描述，以便于信息资源的组织管理与开发利用。所以，在设计元数据标准时，应调研相关领域的国际、地区、国家和行业标准，尽量参照或借鉴通用的国际标准元数据描述规范和管理规范，如都柏林核心集。

（2）实用性原则

四川社科成果元数据是对系统内四川社科成果的特征的描述。在设计元数据内容时，既要考虑信息资源的特点以及数据加工的可操作性；又要充分满足社科成果系统建设以及用户理解、检索和利用成果四川社科成果的需要。要在两者之间取得平衡，才能真正满足各种用户的需要，同时实现系统的最大效益。

（3）可扩展原则

由于不同类型的社科成果会有一些区别于其他资源的特征。同时，随着科学技术的快速发展产生新的标准化需求，以及不同数字化系统也会各有侧重等原因，在设计元数据时，一方面要为元数据元素的扩充留下余地；另一方面，也要建立扩展规则避免扩展的随意性。

二、设计流程

目前，张晓林[①]、肖珑[②]等人曾先后提出元数据设计的框架模式或流程，其中刘炜等人[③]提出的元数据设计模式具有广泛的代表性，如图3－1所示。本次工作采用这一元数据设计流程设计四川社科成果元数据。

---

① 张晓林.元数据开发应用的标准化框架[J].现代图书情报技术,2001(2):9－11,15.

② 肖珑,陈凌,冯项云,等.中文元数据标准框架及其应用[J].大学图书馆学报,2001(5):29－35,91.

③ 张春景.信息系统元数据规范应用研究——上图名人手稿馆信息系统元数据方案设计[D].上海:华东师范大学,2004.

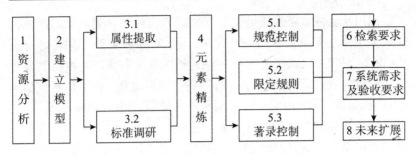

图 3 - 1 元数据设计框架模式

在图 3 - 1 所示的模式中,资源分析主要是分析资源的特征和对资源利用的方式。建立模型主要列出相关实体,表明相互关系,一般的方式是采用 E-R 图(Entity Relationship Diagram,实体—联系图)或UML(Unified Modeling Language,统一建模语言)建立。属性提取主要从资源利用的角度,提取描述资源一般特征。标准调研是以文献调研的方式获取目前与系统应用需求类似的标准和项目制定的元数据标准,目的是参考引用。元素精炼主要是基于需求和设计原则提取描述资源的核心元素。规范控制、限定规则与著录规则是对一些描述资源实体的元素进行规范控制,同时制定相关元素的限定规则和著录规范。检索要求、系统需求及验收要求主要是考虑设定的元素以及其属性是否满足了应用的需求。未来扩展一方面提出要满足扩展的需求,另一方面也提出了如何维护管理元数据。

在操作层面,主要是系统调研国际国内现有的元数据标准,然后根据要组织管理开发的信息资源的特征建立相关的实体以及实体之间的联系,借鉴或选择成熟的元数据元素或按照相应的扩展规则建立适合项目需要的元数据元素,最后,通过实验性的著录来修正不合理的属性或增加遗漏掉的重要元素。

1. 资源分析

资源分析主要是分析资源的特征、数据来源以及对资源利用方式。四川社科成果服务系统中的成果主要包括四川社会科学获奖成果、四川社会科学规划项目成果、国家社科基金四川项目成果。

四川社会科学获奖成果包括获奖成果主体和获奖成果附件。获奖成果主体主要指获得奖项的成果，主要有四种类型：图书、研究报告、论文、对策建议。获奖成果附件是指用来说明或者支撑获奖成果主体的材料，包括评奖申报书、佐证材料、成果简介。佐证材料包括采纳证明、阶段成果、结项证书、社会影响力说明、其他获奖证书等。

四川社会科学规划项目成果包括成果主体和成果附件。成果主体指用以结项的成果，分为主要结项成果和阶段成果，主要包括论文、图书、研究报告、对策建议四种文献类型的成果。成果附件包括四川社科规划项目结项审批书、成果简介、专家鉴定意见、修改说明等。

国家社科基金四川项目成果包括成果主体和成果附件。成果主体指用以结项的成果，分为主要结项成果和阶段成果，主要包括论文、图书、研究报告、对策建议四种文献类型的成果。成果附件包括国家社科基金项目结项审批书、成果简介、专家鉴定意见、修改说明等。

四川社科成果服务系统的数据主要来自成果责任者填写的表格。四川社会科学获奖成果数据主要来自四川社科成果评奖申报书。四川社会科学规划项目成果数据主要来自四川规划项目结项审批书。国家社科基金四川项目成果数据主要来自国家社科基金结项审批书。因为责任者填写的表格数据存在缺失等情况，所以部分数据会来自相应的网站，包括国家哲学社会科学规划办公室网站、四川省社会科学联合会网站和网络文献数据库等。

四川社科成果服务系统建设的目的之一是发现四川省社会科学研究的活跃机构、团体，分析四川社会科学的发展脉络，绘制四川社会科学图谱。为此，需要建立四川社会科学领域规范的机构库、作者库、成果库和项目库，并根据资源类型和特点，对资源进行从属细分与拓展（如项目，基金，事件等）。对机构、作者、成果和项目描述的数据字段进行精确的语义定义，如作者字段区分第一作者、通讯作者、合作者等，作者机构区分每一个作者所属的机构等；允许创建更为细致（如研究团队、项目/课题等）的机构字段；必要时能够扩展部分计量指标字段。为了支持四川社会科学领域数据共享与互操作，参照国际上通用的元数据标准。

2. 建立模型

数据是对客观世界认知的一种表示方式。人类对客观世界的各种现象进行抽象,并通过一定的方式进行组织,最终以数据的形式进行记录。为了把四川社会科学研究成果数据要求清楚、准确地描述出来,需要建立一个概念性的数据模型。概念性数据模型是一种面向问题的数据模型,是通过抽象、归纳、概括、分类等各种方法,对客观世界的现象进行基本的描述,重点是定义客观世界的各种基本实体,并对它们的基本关系建立模型。它描述通过用户角度看到的数据,反映用户的现实环境,且与在软件系统中的实现方法无关。概念数据模型提供了一个明确定义的结构化的参考框架,有助于领域相关人员对数据准确、无歧义的理解,保障数据的交换与共享的潜在可能性。

概念数据模型包含三种相互关联的信息:实体、实体的属性及实体彼此间相互连接的关系。一个实体代表一组真实的或抽象的事物(人、物体、地点、事件、想法、多个事物的组合等),它们拥有共同的属性和特征。真实世界中一个事物可以由一个数据单元中的多个实体来表示。一个实体可以是独立确定的,也可以是存在依赖关系的。一个实体所关联的值域称为该实体的属性。数据对象彼此之间存在关联,这种相互连接的方式称为关系①。

建立数据模型,析出相关实体,表明相互关系,一般的方式是采用E-R模型图或UML建立。四川社科成果元数据设计采用的是E-R模型图。E-R模型图就是用图解的方法描述实体与联系及它们的一些属性。

在四川社科成果元数据设计时,将某一事物定义为一项属性还是一个独立的实体是设计数据概念模型的关键,这取决于今后将其作为属性还是实体来使用。为了符合现实世界中信息的流动方式和描述方式,建立实体之间的关联,本书将个人、机构、成果、项目、奖项、档案

---

① 张海藩. 软件工程导论[M]. 北京:清华大学出版社,2008:51-52.

作为四川社科成果概念数据模型中的实体。其中,成果主要包括图书、研究报告、论文、对策建议;项目主要包括国家社科项目与四川规划项目。将个人和机构定义为实体,在规范名称时具有更好的灵活性,同时去除将其表示为属性时常出现的数据冗余性问题。除此之外,这些实体的名称可以在规范记录中得到控制,并根据需要与其他规范记录进行相关联。故本书将此二者视为实体而非属性。另外,在该模型中,将档案作为实体,是为了满足四川社科成果档案管理的需求。四川社科成果的概念数据模型如图3-2所示。

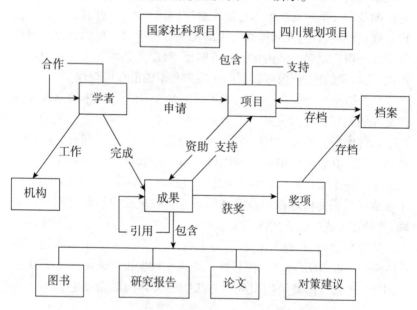

图3-2 四川社科成果的概念数据模型

实体关系反映了不同类型实体间的内在联系。如图3-2所示,个人之间主要是关于项目或成果的合作关系;个人工作于机构,申报项目并完成成果;成果一般受项目资助,成果之间相互引用,产生引用关系。通常,成果或者项目会作为另一个项目申报的支撑。成果还可以参加评奖活动,获得奖项。项目结项后会存档,与评奖活动相关的一些资料也会在评奖活动结束后存档,都作为档案保存。

在实际情况中,为了描述的统一和简洁,将成果的四种类型和项目的两种类型统一作为属性处理。

3. 属性提取、标准调研

属性提取主要从资源利用的角度,提取描述资源一般特征。标准调研主要是以文献调研的方式获取目前与系统应用需求类似的标准与项目制定的元数据标准,目的是参考引用。

四川社科成果属性提取的依据主要有四个:第一,满足实体标识的目的,使得实体之间可以明确的区分和鉴别;第二,满足分析的目的,构建四川社科成果服务系统的目的主要是分析四川社科成果;第三,满足检索的目的,描述成果的属性必须包括常规的检索字段,例如摘要、邮编、主题词;第四,满足实体的常用描述习惯,有些属性对于分析、标识、检索可能没有实质性的用处,但出于满足描述习惯的目的,也会在四川社科成果元数据中出现。

与四川社科成果描述相关的主要规范和标准有:《书目记录的功能需求》[①]主要是以清晰的语言界定书目记录相对于各种载体、各种应用、各种用户需求所发挥的功能;《规范数据的功能需求》[②]主要是构建一个概念模型,提供一个框架,分析用于规范控制的规范数据和规范数据国际共享功能;《资源描述与检索(RDA)》[③]主要是提供了一套更为综合、能覆盖所有内容和媒介类型资源的描述与检索的原则和说明,满足数字环境下资源著录与检索的新要求;DC 元数据标准,是一个致力于规范 Web 资源体系结构的国际性元数据解决方案,定义了一个所有 Web 资源都应遵循的通用的核心标准;《科学数据共享工

---

① 国际图联书目记录的功能需求研究组. 书目记录的功能需求[M]. 王绍平,等,译. 慕尼黑:绍尔出版公司,1998:3.

② 国际图联规范记录的功能需求与编号工作组. 规范数据的功能需求[M]海牙:国际图书馆协会和机构联合会,2009:35.

③ RDA 翻译工作组. 资源描述与检索(RDA)[M]. 北京:国家图书馆出版社,2014:312.

程技术标准:数据模式描述规则和方法》①,其主要提出了构建各种数据集的数据模式的规范化描述方式、表示和操作步骤;《科学数据共享工程技术标准:元数据标准化基本原则和方法》②等。

4. 元素精炼

元素精炼主要是基于需求和设计原则提取描述资源的核心元素。其主要元素包括两个大类:一是实体及其属性;二是关系及其属性。

(1)实体

通常一个实体包括多个属性。一个属性代表一个特征或者一个与真实或抽象事物关联的特征。根据数据概念模型 E-R 图,四川社科成果元数据包括的实体有机构、个人、项目、成果奖项、档案,如图3-3所示。

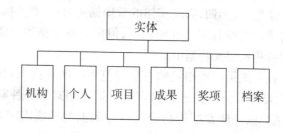

图3-3 四川社科成果概念数据模型实体

机构的属性包括机构名称、机构代码、机构主页、机构地址、邮编、二级部门、主管单位、机构所属系统、机构学科性质。

个人的属性包括姓名、性别、民族、出生年月、年龄、最后学历、最后学位、专业职称、行政职务、联系电话、电子邮箱、通讯地址、研究方向、个人标识符。

项目的属性包括基金名称、基金授予机构、基金等级、项目名称、

① 科学数据共享工程技术标准:数据模式描述规则和方法[EB/OL].[2017-10-21].https://wenku.baidu.com/view/c4092feef8c75fbfc77db213.html.

② 科学数据共享工程技术标准:元数据标准化基本原则和方法[EB/OL].[2017-10-21].https://wenku.baidu.com/view/8a22d082551810a6f5248690.html.

项目批准号、项目类别、学科、项目负责人、项目参与人、立项时间、结项时间、项目等级、专家意见。

成果的属性包括成果名称、成果类型、主要责任者、其他责任者、出版时间、出版者、标识符、主题、描述、语种、数据来源。

奖项的属性包括奖项名称、授予单位、评奖机构、奖项等级。

档案的属性包括档案名称、档案成果负责人、档案类型、档案编号、档案内容目录、建档时间、档案来源。

（2）关系

关系表示多个实体之间的联系。通常一个关系包括多个属性。根据数据概念模型 E-R 图，四川社科成果元数据包括的关系有合作、引用、工作、资助、获奖，如图 3-4 所示。

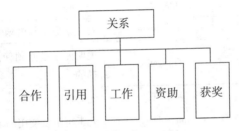

图 3-4 四川社科成果概念数据模型关系

合作关系表示个人之间关于某个事件的合作。合作的属性包括个人、事件、合作时间、角色。

引用关系表示成果之间的相互参考借鉴。引用的属性包括来源文献、参考文献、参考时间。

工作关系表示个人在某段时间就职与某个机构。工作的属性包括个人、机构、时间段。

资助关系表示成果受到某个项目资助。资助的属性包括基金、成果、作用。

获奖关系表示成果参与评奖活动的过程和结果。获奖的属性包括奖项、获奖名称、获奖时间、获奖届次、获奖等级、获奖学科组、佐证材料、专家意见。

5. 规范控制、限定规则与著录规则

主要是对一些描述资源实体的元素进行规范控制,同时制定相关元素的限定规则和著录规范。四川社科成果元数据采用与都柏林核心集一致的方法,即采用 ISO/IEC 11179 - 3 标准,按以下九个属性对元素进行定义,如表 3 - 6 所示。

表 3 - 6　四川社科成果元素定义

序号	元素名称	英文	定义
1	中文名称	Chinese Name	元素中文名称
2	英文名称	English Name	元素英文名称
3	标识	Identifier	元素唯一标识
4	定义	Definition	对元素概念与内涵的说明
5	可选性	Obligation	说明元素是必须使用的还是可选择的
6	数据类型	Data Type	元素值的数据类型
7	最大出现次数	Maximum Occurrence	元素可重复使用的最大次数
8	值域	Value Domain	元素的取值范围
9	注释	Comment	对元素的补充说明、著录规范、著录格式的建议及其他

例如:实体"个人"的属性"个人名称"的定义如下:

中文名称:个人名称

英文名称:Individual Name

标识:IndiName

定义:某个人为人所知的一个词、字符或一组词和或字符

可选性:必选

数据类型:文本

最大出现次数:1

值域:在四川社科规划项目中出现的个人常用名

注释:无

6. 检索要求

检索要求主要是考虑设定的元素及其属性是否满足检索需求。四川社科成果服务系统的主要检索字段有作者、机构、时间、项目名称、邮编、成果名称、基金类型,满足检索要求。

7. 系统需求及验收要求

系统需求及验收要求主要是考虑设定的元素及其属性是否满足应用的需求。经检验,本次设计的四川社科成果元数据满足系统需求和验收要求。

8. 未来扩展

未来扩展一方面是指要满足扩展的需求,另一方面也提出如何维护管理元数据。在实际应用中,考虑可能产生的标准化需求,可以参考国内外先进标准对四川哲学社会科学学术成果元数据标准进行扩展,但应遵循下面的规则:

①包含必备的元素。

②允许增加新的元数据元素。增加新元素既要考虑成果信息的特点又要考虑实践工作的可操作性以及对用户检索识别的需求度。

③允许增加新的实体。

④允许建立代码表代替值域取值范围或缩小现有元素的值域。

⑤允许实施更加严格的元素出现次数的限制或可选性限制。

第四节　四川社科成果元数据结构

根据设计原则四川社科成果元数据的 E-R 图如图 3-5 所示。包括的实体有:机构、个人、项目、档案、奖项、成果。包括的关系有:工作、合作、申请、存档、资助、引用、获奖。

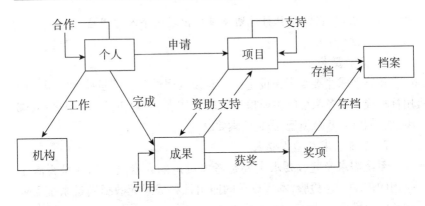

图 3-5 四川社科成果元数据的 E-R 图

一、实体

四川社科成果元数据包括六个实体,每个实体具有不同的属性。

1. 机构

(1)机构名称

①机构中文名称

> 中文名称:机构中文名称
>
> 英文名称:Institution Name
>
> 标识:InstName
>
> 定义:具有统一社会信用代码且获得过四川省社科基金资助的机构的常用名称。
>
> 可选性:必选
>
> 数据类型:文本
>
> 最大出现次数:1
>
> 值域:获得过四川省社科基金资助的机构
>
> 注释:所有机构名称为现时使用的全称。

②机构英文名称

> 中文名称:机构英文名称
>
> 英文名称:English Institution Name

标识:engInsName

定义:机构名称对应的官方英文名称。

可选性:必选

数据类型:文本

最大出现次数:1

值域:自有文本

注释:英文名为全拼。

③机构简称

中文名称:机构简称

英文名称:Abbreviation Name

标识:AbbName

定义:机构习惯用中文简称。

可选性:必选

数据类型:文本

最大出现次数:[1,n]

值域:自有文本

注释:一般常用简称。

④机构曾用名

中文名称:机构曾用名

英文名称:Other Name

标识:OtherName

定义:机构曾经使用的名称或者与其他机构合并前的名称。

可选性:有则必备

数据类型:文本

最大出现次数:N

值域:自有文本

注释:曾用名主要用以机构归并,例如成都科技大学,四川联
合大学为四川大学曾用名。

（2）机构代码

　　中文名称：机构代码

　　英文名称：Institution Identifier

　　标识：InsIdentifier

　　定义：给予机构的唯一标识符。

　　可选性：必选

　　数据类型：文本

　　最大出现次数：1

　　值域：唯一标识符命名字符集

　　注释：用以识别标识机构的代码。

（3）机构主页

　　中文名称：机构主页

　　英文名称：Institution Page

　　标识：InsPage

　　定义：机构的官方 web 主页。

　　可选性：必选

　　数据类型：URL 类型

　　最大出现次数：1

　　值域：满足 URL 规范

　　注释：用以访问机构主页的链接地址。

（4）机构地址

　　中文名称：机构地址

　　英文名称：Institution Address

　　标识：InsAddress

　　定义：机构主页上标注的官方地址。

　　可选性：必选

　　数据类型：文本

　　最大出现次数：N

　　值域：自有文本

注释:机构地址可能因为多个校区而有多个;当有多个时,在
地址后添加括号,在括号里注明校区;地址精确到街道
或者门牌号。

（5）邮编

中文名称:邮编

英文名称:Zip Code

标识:ZipCode

定义:与机构地址对应的邮政编码。

可选性:必选

数据类型:文本

最大出现次数:N

值域:邮政编码表

注释:机构邮编可能因为多个校区而有多个;与机构地址一
一对应。

（6）二级部门

中文名称:二级部门

英文名称:Subordinate Units

标识:SubUnits

定义:机构下面的二级部门。

可选性:必选

数据类型:文本

最大出现次数:N

值域:自有文本

注释:主要是学院和一些研究中心或者实验室。

（7）主管单位

中文名称:主管单位

英文名称:Competent Unit

标识:CompUnits

定义:机构的主管单位。

　　可选性:必选

　　数据类型:文本

　　最大出现次数:1

　　值域:自有文本

　　注释:例如四川大学属于教育部主管。

(8)机构所属系统

　　中文名称:机构所属系统

　　英文名称:Institution Category

　　标识:InstCategory

　　定义:根据机构的职能而所属的系统。

　　可选性:必选

　　数据类型:文本

　　最大出现次数:1

　　值域:｛高等院校,其他学校,各级党校,各级党政机关,省
　　　　　(市)社会科学院,军队系统,中国社会科学院,其他｝

　　注释:例如四川大学属于高等院校。

(9)机构学科性质

　　中文名称:机构学科性质

　　英文名称:Institution Subject Property

　　标识:InstSubProperty

　　定义:根据机构的学科范围性质的分类。

　　可选性:可选

　　数据类型:文本

　　最大出现次数:1

　　值域:｛综合类、理工类、师范类、农林类、政法类、医药类、财经
　　　　　类、民族类、语言类、艺术类、体育类、军事类、旅游类｝

　　注释:高等院校、其他学校有此元素,例如四川大学属于综合类。

(10)机构层次

　　中文名称:机构办学层次

英文名称:Institution Rank

标识:InstRank

定义:根据机构的办学层次的分类。

可选性:可选

数据类型:文本

最大出现次数:1

值域:{"985 工程"院校,"211 工程"院校,中央部属本科院校,省属本科院校,高职(高专)院校}

注释:高等院校、其他学校有此元素,例如四川大学属于"985 工程"院校。

2. 个人

(1) 个人名称

中文名称:个人名称

英文名称:Individual Name

标识:IndiName

定义:某个人为人所知的一个词、字符或一组词和或字符。

可选性:必选

数据类型:文本

最大出现次数:1

值域:在四川社科规划项目中出现的个人常用名。

注释:无

(2) 性别

中文名称:性别

英文名称:Gender

标识:Gender

定义:指一个人被他人所认知的性别。

可选性:必选

数据类型:文本

最大出现次数:1

值域:{男,女,未知}

注释:当性别未知时,其值为"未知"。

(3)民族

中文名称:民族

英文名称:Ethnic

标识:Ethnic

定义:指在文化、语言、历史与其他人群在客观上有所区分的一群人。

可选性:可选

数据类型:文本

最大出现次数:1

值域:{汉族,蒙古族,回族,藏族,维吾尔族,苗族,彝族,壮族,布依族,朝鲜族,满族,侗族,瑶族,白族,土家族,哈尼族,哈萨克族,傣族,黎族,傈僳族,佤族,畲族,高山族,拉祜族,水族,东乡族,纳西族,景颇族,柯尔克孜族,土族,达斡尔族,仫佬族,羌族,布朗族,撒拉族,毛南族,仡佬族,锡伯族,阿昌族,普米族,塔吉克族,怒族,乌孜别克族,俄罗斯族,鄂温克族,德昂族,保安族,裕固族,京族,塔塔尔族,独龙族,鄂伦春族,赫哲族,门巴族,珞巴族,基诺族,未知}

注释:当民族未知时,其值为"未知"。

(4)出生年月

中文名称:出生年月

英文名称:Birth Date

标识:BirthDate

定义:指个人的出生年月。

可选性:可选

数据类型:文本

最大出现次数:1

值域:自由文本

注释:其格式为 yyyy-mm,当出生年月未知时,其值为"未知"。

(5)年龄

中文名称:年龄

英文名称:Age

标识:Age

定义:指个人在数据源上标识的年龄。

可选性:可选

数据类型:数值

最大出现次数:1

值域:自由文本

注释:正整数,并且这个正整数有确定的范围。

(6)最后学历

中文名称:最后学历

英文名称:Education Background

标识:EduBackground

定义:指教育部所承认的最后学历。

可选性:可选

数据类型:文本

最大出现次数:1

值域:{研究生,大学本科,大学专科,中专及以下,未知}

注释:当学历未知时,其值为"未知"。

(7)最后学位

中文名称:最后学位

英文名称:Bachelor

标识:Bachelor

定义:指教育部所承认的最后学位。

可选性:可选

数据类型:文本

最大出现次数:1

值域:{博士,硕士,学士,未知}

注释:当最后学位未知时,其值为"未知"。

(8)专业职称

中文名称:专业职称

英文名称:Professional Level

标识:ProfLevel

定义:指个人在数据源上标识的职称等级。

可选性:可选

数据类型:文本

最大出现次数:1

值域:{正高级,副高级,中级,初级,未知}

注释:当最后专业职称未知时,其值为"未知"。

(9)行政职务

中文名称:行政职务

英文名称:Administration Level

标识:AdminLevel

定义:指个人在数据源上标识的行政职务。

可选性:可选

数据类型:文本

最大出现次数:1

值域:{省长(部长),副省长(副部长),局长(厅长、司长),副局长(副厅长、副司长),县长(处长),副县长(副处长)及以下}

注释:无

(10)联系电话

中文名称:联系电话

英文名称:Telephpone

标识:Tele

定义:指个人在数据源上标识的电话号码。

可选性:可选

数据类型:文本

最大出现次数:N

值域:

注释:采用"(区号)号码"或"(区号)总机号—分机号"格式。如果电话号码有不止一个,号码与号码之间用分号("；")分隔。

(11)电子邮箱

中文名称:电子邮箱

英文名称:Email

标识:Email

定义:指个人在数据源上标识的电子邮箱。

可选性:可选

数据类型:文本

最大出现次数:N

值域:XXX@XXXX.XX

注释:采用用户名@域名的格式,如 user@abc.com。如果电子邮件地址有不止一个,电子邮件地址之间用分号("；")分隔。

(12)通讯地址

中文名称:通讯地址

英文名称:Mailing Address

标识:mailAddress

定义:指个人在数据源上标识的通讯地址。

可选性:可选

数据类型:文本

最大出现次数:N

值域：自由文本

注释：无

(13)研究方向

中文名称：研究方向

英文名称：Research Expertise

标识：ResExpertise

定义：指个人在数据源上标识的研究专长。

可选性：可选

数据类型：文本

最大出现次数：N

值域：自由文本

注释：无

(14)个人标识符

中文名称：个人标识符

英文名称：Individual Identifier

标识：IndIdentifier

定义：指在特定的上下文环境中，给予个人的一个明确标识。

可选性：可选

数据类型：文本

最大出现次数：N

值域：自由文本

注释：个人标识符包括但不限于 ORCID，ResearchID，Scopus ID。

3.项目

(1)基金名称

中文名称：基金名称

英文名称：Found Name

标识：FoundName

定义：指基金的名称。

可选性：必选

数据类型:文本

最大出现次数:1

值域:｛国家社科基金,四川社科基金｝

注释:无

(2)基金授予机构

中文名称:基金机构

英文名称:Grant Institution

标识:GrantIns

定义:指授予基金机构的名称。

可选性:必选

数据类型:文本

最大出现次数:1

值域:｛全国哲学社会科学规划办公室,四川哲学社会科学规划办公室｝

注释:无

(3)基金等级

中文名称:基金等级

英文名称:Found Level

标识:FoundLevel

定义:指基金的级别。

可选性:必选

数据类型:文本

最大出现次数:1

值域:｛国家级,省部级,厅局级,其他｝

注释:无

(4)项目名称

中文名称:项目名称

英文名称:Object Name

标识:ObjName

定义:指项目立项批准时的名称。

可选性:必选

数据类型:文本

最大出现次数:1

值域:自由文本

注释:无

(5)项目批准号

　　中文名称:项目批准号

　　英文名称:Object Number

　　标识:ObjNumber

　　定义:指项目立项批准时的分配编号。

　　数据类型:文本

　　最大出现次数:1

　　值域:一般由数字、字母组成

　　注释:无

(6)项目类别

　　中文名称:项目类别

　　英文名称:Object Type

　　标识:ObjType

　　定义:指项目的类型。

　　数据类型:文本

　　最大出现次数:1

　　国家项目类别值域:｛重大项目,年度重点项目,年度一般项目,年度青年项目,西部项目,后期资助项目,中华学术外译项目,国家哲学社会科学成果文库,教育学项目,艺术学项目,军事学项目,其他｝

　　省级项目类别值域:｛重大项目,年度重点项目,年度一般项目,年度青年项目,委托项目,后期资助项目,白酒专项,外语专项,学科共建专项,旅游专项,统计专项,法治专

项,金融专项}

注释:无

(7)学科

①学科名称

中文名称:学科名称

英文名称:Discipline

标识:Discipline

定义:指国家哲学社会科学规划办规定的学科分类名称。

类型:复合类型

最大出现次数:1

值域:{马克思、科学社会主义,党史、党建,哲学,理论经济,
应用经济,经济学,统计学,政治学,法学,社会学,人口
学,民族问题研究,国际问题研究,中国历史,世界历
史,考古学,宗教学,中国文学,外国文学,语言学,新闻
学与传播学,图书馆、情报与文献学,体育学,管理学,
教育学,宣传文化,综合}

注释:学科名称与学科代码一一对应

②学科代码

中文名称:学科分类号

英文名称:Discipline Code

标识:DisCode

定义:指国家哲学社会科学规划办规定的学科代码。

数据类型:文本

最大出现次数:1

值域:{KS,DJ,ZX,JL,JY,TJ,ZZ,FX,SH,RK,MZ,GJ,ZS,SS,
KG,ZJ,ZW,WW,YY,XW,TQ,TY,GL}

注释:学科名称与学科代码一一对应。

(8)项目负责人

中文名称:项目负责人

英文名称：Object Executor

标识：ObjExecutor

定义：指负责项目的个人或者实体。

数据类型：文本

最大出现次数：1

值域：自由文本

注释：可以是个人或者团体。

(9)项目参与人

中文名称：项目参与人

英文名称：Object Contributor

标识：ObjContributor

定义：指对项目做出贡献的个人或者实体。

数据类型：文本

最大出现次数：1

值域：自由文本

注释：可以是个人或者团体。

(10)立项时间

中文名称：立项时间

英文名称：Approval Time

标识：AppTime

定义：指对项目批准的时间。

数据类型：文本

最大出现次数：1

值域：符合时间规范

注释：格式为 yyyy-mm。

(11)结项时间

中文名称：结项时间

英文名称：Finished Time

标识：FinTime

定义:指批准结项的时间。

数据类型:文本

最大出现次数:1

值域:符合时间规范

注释:格式为 yyyy-mm。

(12)结项等级

中文名称:结项等级

英文名称:Finish Level

标识:FinLevel

定义:指对项目做出的优劣等级判断。

数据类型:文本

最大出现次数:1

值域:{优秀,良好,合格,撤项,未知}

注释:无

(13)专家意见

中文名称:专家意见

英文名称:Review

标识:Review

定义:指专家对成果结项评审时给出的鉴定意见。

数据类型:文本

最大出现次数:N

值域:自由文本

注释:无

4. 成果

(1)成果名称

中文名称:成果名称

英文名称:Output Name

标识:OutName

定义:指成果信息源上出现的主要名称。

数据类型:文本

最大出现次数:1

值域:自由文本

注释:成果包括图书、研究报告、论文、对策建议。

(2)成果类型

中文名称:成果类型

英文名称:Output Type

标识:OutType

定义:指成果的类型。

数据类型:文本

最大出现次数:1

值域:{论文,图书,研究报告,对策建议,其他}

注释:无

(3)主要责任者

中文名称:主要责任者

英文名称:Creator

标识:Creator

定义:指对成果的产生做出主要贡献,并有权对成果的效果和影响承担主要责任的个人或团体。

数据类型:文本

最大出现次数:1

值域:自由文本

注释:可以是个人或者团体。

(4)其他责任者

中文名称:其他责任者

英文名称:Output Contributor

标识:OutContributor

定义:指对成果做出贡献的其他个人或者团体。

数据类型:文本

最大出现次数:1

值域:自由文本

注释:可以是个人或者团体。

(5)出版时间

中文名称:出版时间

英文名称:Publish Time

标识:pubTime

定义:指成果公开发表的时间。

数据类型:文本

最大出现次数:1

值域:

注释:格式为 yyyy-mm。

(6)出版者

中文名称:出版者

英文名称:Publisher

标识:Publisher

定义:指使成果可以获得和利用的责任实体。

数据类型:文本

最大出现次数:1

值域:自由文本

注释:出版者包括出版社、期刊或者个人。

(7)标识符

中文名称:标识符

英文名称:Identifier

标识:Identifier

定义:指在特定上下文环境中给予成果的明确标识。

数据类型:文本

最大出现次数:1

值域:自由文本

注释:标识符包括 ISBN、DOI。

(8)主题

①学科主题词

中文名称:学科主题词

英文名称:Subject

标识:Subject

定义:来自学科主题词表中的描述数据集内容的词汇。

类型:复合类型

可选性:可选

最大出现次数:N

注释:主题词和主题词表的运用,可以更精确地描述数据集的主题内容,同时也有利于统一资源描述者的行为,有利于数据的标准化描述和检索。

②关键词

中文名称:关键词

英文名称:Keywords

标识:Keywords

定义:由用户自由选取的描述成果内容的词语。

类型:文本

值域:自由文本

可选性:可选

最大出现次数:N

注释:由用户自由选取的能够准确描述成果内容的词语。若填写了学科主题词,则此元素可选;若不填写学科主题词,则此元素必选。

③成果分类

中文名称:数据分类

英文名称:Taxonomy

标识:Taxonomy

定义:成果的内容所涉及的分类号。

类型:自由文本

可选性:可选

最大出现次数:N

注释:参照中国国家图书馆分类法 CLC。

(9)描述

中文名称:描述

英文名称:Description

标识:Description

定义:对成果内容的文本描述

类型:文本

值域:自由文本

可选性:必选

最大出现次数:1

注释:描述可以包括但不限于以下部分:摘要、目录、对以图形揭示内容的成果的文字说明,或者其他有关成果内容的自由文本描述。

(10)语种

中文名称:语种

英文名称:Language

标识:Language

定义:成果内容所采用的语种。

类型:文本

值域:自由文本

可选性:可选

最大出现次数:N

注释:主要语种为汉语,著录可参考 ISO 639:语种代码表。

(11)数据来源

中文名称:数据来源

英文名称：Source

标识：Source

定义：对其他资源的参照，当前数据资源部分或全部源自这些参照资源。

类型：文本

值域：自由文本

可选性：可选

最大出现次数：1

注释：当前数据集可能部分或全部源自于数据来源所标示的资源。

5. 奖项

（1）奖项名称

中文名称：奖项名称

英文名称：Award Name

标识：awardName

定义：指奖项的名称。

数据类型：文本

最大出现次数：1

值域：自由文本

注释：这里主要指四川省社会科学优秀成果奖。

（2）授予单位

中文名称：授予单位

英文名称：Award Grant Unit

标识：awardGrantUnit

定义：指授予奖项的单位。

数据类型：文本

最大出现次数：1

值域：自由文本

注释：这里主要指四川省人民政府。

（3）评奖机构

中文名称：评奖机构

英文名称：Awarding Institution

标识：awardInstitution

定义：指举办评奖活动的机构。

数据类型：文本

最大出现次数：1

值域：自由文本

注释：这里主要指四川省哲学社会科学评奖办公室。

（4）奖项等级

中文名称：Award Level

英文名称：Award Level

标识：awardLevel

定义：指机构授予奖项的级别。

数据类型：文本

最大出现次数：1

值域：｛国家级，省部级，市厅级，其他｝

注释：这里主要指省部级。

6. 档案

（1）档案名称

中文名称：档案名称

英文名称：Archive Name

标识：arcName

定义：指档案袋（盒）中主要成果的名称。

数据类型：文本

最大出现次数：1

值域：自由文本

注释：无

(2)档案成果负责人

中文名称:档案成果负责人

英文名称:Archive Executor Name

标识:arcExeName

定义:指档案袋(盒)中主要成果的责任人。

数据类型:文本

最大出现次数:1

值域:自由文本

注释:无

(3)档案类型

中文名称:档案类型

英文名称:Archive Type

标识:ArcType

定义:指档案的类型。

数据类型:文本

最大出现次数:1

值域:{四川社会科学获奖成果档案,四川社会科学规划项目
成果结项档案,国家社科基金四川项目结项档案}

注释:无

(4)档案编号

中文名称:档案编号

英文名称:Archive Identifier

标识:arcIdentifier

定义:给档案的标识符。

数据类型:文本

最大出现次数:1

值域:自由文本

注释:无

(5)档案内容目录

　　中文名称:档案内容目录

　　英文名称:Archive Content

　　标识:arcContent

　　定义:指档案袋(盒)中的内容目录。

　　数据类型:文本

　　最大出现次数:N

　　值域:自由文本

　　注释:包括内容的目录和分数。

(6)建档时间

　　中文名称:建档时间

　　英文名称:Archive Date

　　标识:arcDate

　　定义:指存入档案的时间。

　　数据类型:文本

　　最大出现次数:1

　　值域:自由文本

　　注释:无

(7)档案来源

　　中文名称:档案来源

　　英文名称:Archive Source

　　标识:arcSource

　　定义:指档案的来源。

　　数据类型:文本

　　最大出现次数:1

　　值域:自由文本

　　注释:这里主要指四川省哲学社会科学规划办公室。

二、关系

四川社科成果元数据包括 5 个关系,每个关系具有不同的属性。

1. 合作

(1)个人

中文名称:个人名称

英文名称:Individual

标识:Individual

定义:某个人为人所知的一个词、字符或一组词和或字符。

可选性:必选

数据类型:文本

最大出现次数:N

值域:自由文本

注释:无

(2)事件

中文名称:事件

英文名称:Event

标识:Event

定义:指两人合作发生的事件。

可选性:必选

数据类型:文本

最大出现次数:1

值域:自由文本

注释:无

(3)合作时间

中文名称:合作时间

英文名称:Corporate Time

标识:CorTime

定义:指合作者完成合作时间时的时间。

可选性:必选

数据类型:文本

最大出现次数:1

值域:自由文本

注释:无

(4)角色

中文名称:角色

英文名称:Role

标识:Role

定义:指合作者在事件中担任的角色。

可选性:必选

数据类型:文本

最大出现次数:1

值域:自由文本

注释:无

2.引用

(1)来源文献

中文名称:来源文献

英文名称:Source Literature

标识:SouLiterature

定义:指发出引文关系的文献。

可选性:必选

数据类型:文本

最大出现次数:1

值域:自由文本

注释:无

(2)参考文献

中文名称:参考文献

英文名称:Reference

标识:Reference

定义:指接受引文关系的文献。

可选性:必选

数据类型:文本

最大出现次数:N

值域:自由文本

注释:无

(3)参考时间

中文名称:参考时间

英文名称:Reference Date

标识:RefDate

定义:指引文关系发生的时间。

可选性:必选

数据类型:文本

最大出现次数:1

值域:自由文本

注释:无

3. 工作

(1)个人

中文名称:个人名称

英文名称:Individual

标识:Individual

定义:指在某一机构工作的个人。

可选性:必选

数据类型:文本

最大出现次数:N

值域:自由文本

注释:无

（2）机构

中文名称：机构

英文名称：Institution

标识：Institution

定义：指个人工作的机构。

可选性：必选

数据类型：文本

最大出现次数：N

值域：获得过四川省社科基金资助的机构

注释：所有机构名称为现时使用的全称。

（3）时间段

中文名称：时间段

英文名称：Span

标识：Span

定义：个人在一个机构工作的时间段。

可选性：可选

数据类型：文本

最大出现次数：N

值域：自由文本

注释：无

4.资助

（1）基金

中文名称：基金

英文名称：Found

标识：Found

定义：指资助成果的基金。

可选性：必选

数据类型：文本

最大出现次数：1

值域: ｛国家社科基金, 四川社科基金｝

注释: 无

（2）成果

中文名称: 成果

英文名称: Output

标识: Output

定义: 指受基金资助的成果。

数据类型: 文本

最大出现次数: 1

值域: 自由文本

注释: 成果包括图书、研究报告、论文、对策建议。

（3）作用

中文名称: 作用

英文名称: Function

标识: Function

定义: 指成果对于基金的作用。

数据类型: 文本

最大出现次数: 1

值域: 自由文本

注释: 阶段成果, 最终成果。

5. 获奖

（1）奖项

中文名称: 奖项

英文名称: Award

标识: awardName

定义: 指成果获得的奖项。

数据类型: 文本

最大出现次数: 1

值域: 自由文本

注释:这里主要指四川省社会科学优秀成果奖。

(2)获奖名称

中文名称:获奖名称

英文名称:Achievement Name

标识:AchName

定义:获奖项目的名称。

数据类型:文本

最大出现次数:1

值域:自由文本

注释:无

(3)获奖时间

中文名称:获奖时间

英文名称:Award Date

标识:AwardDate

定义:指获得奖项的时间。

数据类型:文本

最大出现次数:1

值域:自由文本

注释:与届次相对应。

(4)奖项届次

中文名称:奖项届次

英文名称:Award Times

标识:AwardTimes

定义:指奖项举办到目前所进行的次数。

数据类型:文本

最大出现次数:1

值域:自由文本

注释:与时间相对应。

（5）获奖等级

中文名称：获奖等级

英文名称：Award Rank

标识：awardRank

定义：指获奖项目获得的奖项排名。

数据类型：文本

最大出现次数：1

值域：｛荣誉奖，一等奖，二等奖，三等奖，四等奖，优秀奖｝

注释：无

（6）获奖学科组

中文名称：获奖学科组

英文名称：Subject Group

标识：subjectGroup

定义：指获奖项目参加评奖时所在的学科组。

数据类型：文本

最大出现次数：1

值域：｛马列主义、科学社会主义，党史、党建，哲学，理论经济，应用经济，经济学，统计学，政治学，法学，社会学，人口学，民族问题研究，国际问题研究，中国历史，世界历史，考古学，宗教学，中国文学，外国文学，语言学，新闻学与传播学，图书馆、情报与文献学，体育学，管理学，教育学，宣传文化，综合｝

注释：无

（7）佐证材料

中文名称：佐证材料

英文名称：Proof Material

标识：proofMaterial

定义：指用以支撑成果获奖的其他成果或者说明材料。

数据类型：文本

最大出现次数：N

值域：自由文本

注释：无

(8)专家意见

中文名称：专家意见

英文名称：Award Review

标识：expertReview

定义：指对获奖项目获奖原因的描述。

数据类型：文本

最大出现次数：N

值域：自由文本

注释：无

第四章　四川社科成果服务系统建设

四川社会科学成果服务系统的建成,有利于加强对四川社科成果信息资源的管理和利用。四川社会科学成果服务系统分为三个子库,分别是四川社科获奖成果库、国家社科基金四川项目成果库、四川社科规划项目成果库,分别管理和展示四川社会科学优秀成果评奖获奖成果、四川省获得的国家社科基金项目成果、四川社会科学规划项目成果。通过四川社会科学成果服务系统,实现对四川社会科学成果资源的加工、管理、发布、检索;实现利用统计分析、矩阵分析、聚类分析、社会网络分析工具对四川社科成果数据的分析,绘制四川社会科学发展图谱,发现四川社会科学发展脉络,服务于四川社会科学研究和四川经济发展;实现四川社科成果完整地保存和传承,促进四川哲学社会科学繁荣发展。

第一节　四川社科成果服务系统需求分析

软件需求分析是开发人员经过深入细致的调研和分析,准确理解用户和项目的功能、性能、可靠性等具体需求,将需求表述转化为完整的需求定义,从而确定系统必须做什么的过程。软件需求包括四个不同的层次:业务需求、数据需求、用户需求和功能需求。

一、系统业务需求

业务需求反映了组织机构或客户对系统、产品高层次的目标要求。四川社科成果服务系统的建设目的是构建一个基于 B/S 架构的四川社会科学成果服务系统。通过对保管的四川社会科学优秀成果评奖获奖成果档案、四川社会科学规划项目结项成果档案、四川获得的国家社科基金结项成果档案的数字化和结构化,录入系统,形成三个子库(四川省哲学社会科学规划成果库、国家社会科学基金四川获得项目成果库、四川省社会科学优秀成果评奖获奖成果库),实现对四川社科成果的展示,实现对四川社会科学成果资源管理、发布、检索、关联、统计分析等,从而使四川社科成果得以完整地保存和传承,实现资源的高度利用,提高资源的利用价值,促进哲学社会科学研究和研究管理工作,兼而促进哲学社会科学的发展。

二、系统数据需求

数据需求是从系统应用和提供服务的角度,分析驱动系统运行的内容。四川社科成果服务系统主要包括两种形式的数据:数字化数据和结构化数据。数字化数据主要指四川社会科学获奖成果、国家社科基金四川项目成果、四川社会科学规划项目成果及其附件的数字化扫描件。结构化数据主要指描述四川社会科学规划项目成果、国家社科基金四川项目成果、四川社会科学获奖成果内容和机构的数据,主要来源对应档案中的结项审批书和评奖申报书。数字化数据主要用来展示,结构化数据主要用来展示、检索和统计分析。

三、系统用户需求

用户需求文档描述了用户使用产品必须要完成的任务。四川社科成果服务系统需要满足不同角色对系统管理和数据分析利用的需求。角色指的是系统赋予各类用户的权利与义务,代表一组功能的集合。系统通过指定用户的角色来控制用户对系统资源的访问,也就是用户能够利用系统的那些功能。四川社科成果服务系统的用户按照权限和职责主要分为 5 个大类,分别是一般浏览者、注册用户、系统管理员、数据管理员以及超级管理员。系统管理员和数据管理员实现系统维护和数据管理的分离,可以加强数据的安全性。在四川社科成果服务系统中,各类用户的角色的功能如下:

①一般浏览者：一般平台的访问者，访问平台的公开信息。

②注册用户：权限由系统管理员分配和指定，具有平台注册身份的访问者，可以上传、下载平台的指定资源；并可以使用平台个人中心中的所有功能。

③系统管理员：管理权限由超级管理员分配和指定，维护与管理整个系统的运行，及时解决系统中存在的问题并保障整个系统的安全。

④数据管理员：管理权限由超级管理员分配和指定，负责平台数据的上传、下载、审核，维护平台数据的完整性，真实性，一致性以及安全性。

⑤超级管理员：平台的管理者，拥有平台所有的管理权限，具有管理系统用户账户功能。

四、系统功能需求

功能需求定义了开发人员必须实现的软件功能，使得用户能完成他们的任务，从而满足业务需求。四川社科成果服务系统主要从三个方面描述系统功能，分别是：资源建设与管理系统需求；资源检索与服务系统需求；个人中心需求。

1. 资源建设与管理系统需求

四川社科成果服务系统资源建设与管理需求主要包括用户管理、元数据管理、资源管理、服务管理、系统管理、统计报表，如图4-1所示。

（1）用户管理

系统通过用户管理实现对管理员管理和会员管理，可对管理员进行新增、修改、删除、权限设置等管理；并可对会员进行审核、编辑、类型设置等。

①管理员管理

通过管理员设置，可新增管理员并对其进行角色分配，角色类型为拥有哪些模块的管理权限；可设置管理员账号的停用或启用；可进行密码的修改。

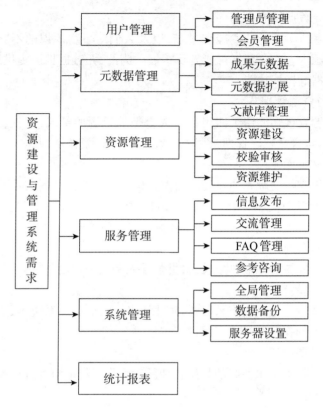

图 4-1　资源建设与管理系统需求图

②会员管理

通过会员管理模块,有管理权限的管理员可对前台申请注册的会员进行审核,并选择会员类型。

(2)元数据管理

元数据管理包含成果元数据、元数据扩展。

①成果元数据

成果元数据主要支持四川社科成果元数据的查看,以及部分元数据值域的修改。

②元数据扩展

随着科学技术的发展和进步,以及人们对事物认识的不断加深,描述资源内容的元数据可能需要扩展。为此,元数据扩展提供四川成果元数据的扩展功能。

(3)资源管理

资源管理功能用于四川社科成果数据资源的录入、审核、发布与管理等,包含文献库管理、资源建设、校验审核、资源维护等。

①文献库管理

系统支持文献库的建设。当需要构建一个文献库时,选择文献库所包含的资源类型,然后选择管理员权限类型,即哪个管理员有权限管理这个文献库,点击完成即可建立一个文献库。

②资源建设

系统支持资源的单条录入、批量导入和批量导出。

③校验审核

作业审核是具有审核权限的四川社科成果服务系统数据管理员对该库下的作业结果及资源进行审核。

④资源维护

四川社科成果系统的数据管理员对整个系统的资源进行维护。

(4)服务管理

服务管理功能包括信息发布、交流管理、FAQ 管理、参考咨询。

(5)系统管理

系统管理功能主要包括全局管理、四川社科成果数据备份,以及服务器设置。

(6)统计报表

统计报表用于支持管理员查看各类统计报表。

2. 资源检索与服务系统需求

资源检索与服务系统需求主要包括检索与导航,分类浏览和在线阅读、统计分析,如图 4-2 所示。

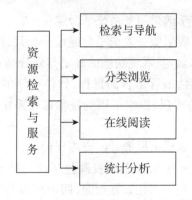

图 4 - 2 资源检索与服务系统需求图

（1）检索与导航

系统支持一般检索、高级检索和全文检索。

（2）分类浏览

按照关键词或者出现频次提供不同的浏览方式。

（3）在线阅读

系统支持在线阅读，无须下载安装任何阅读器。

（4）统计分析

系统支持制定字段的频次统计。

3.个人中心功能需求

个人中心功能主要包括会员注册、会员登录、个人资源上传及共享、我的收藏、我的评论、服务咨询、RSS 订阅、信息推送订阅。

第二节 四川社科成果服务系统总体方案设计

一、系统建设思路

系统采用分布建设原则，分两部分完成，一部分是四川社会科学成果服务系统建设，另一部分是四川社科成果服务系统资源建设。两部分可以并行实施，以加快系统建设进程。

1. 四川社会科学成果服务系统平台建设

四川社会科学成果服务系统平台建设分为设计和实现。其中,设计包括系统架构的确定、系统功能的确定与划分、数据库的设计、页面的设计等。实现包括编程语言的选择、软件框架的确定、数据库软件的选择与数据库的实现、检索采用的技术以及系统功能的编程实现,最后是平台的测试。

2. 四川社会科学成果服务系统资源建设

四川社会科学成果服务系统资源包括四川社会科学获奖成果及其附件数字化资源和结构化数据资源,四川获得的国家社科基金项目成果及其附件的数字化资源和结构化数据资源,四川社会科学规划项目成果及其附件的数字化资源和结构化数据资源。四川社会科学成果服务系统资源建设主要围绕这三种数据来源进行,分为数字化、结构化和入库。

二、系统逻辑架构

系统逻辑架构描述的对象是直接构成系统的抽象组件。四川社会科学成果服务系统逻辑架构分成 4 层,分别是应用层、系统功能层、支撑服务层和数据存储层,如图 4 - 3 所示。

数据存储层存储四川社会科学成果服务系统运行所需的数据,为服务提供数据支撑。存储的数据主要包括四川社会科学学者数据,四川社会科学获奖数据、机构数据、四川社会科学规划项目和四川获得的国家社科基金项目数据、相关的成果数据及系统运行过程当中产生的业务数据。

支撑服务层为四川社会科学成果服务系统提供技术和方法支撑,主要包括数据分析模块、数据分类模块、检索引擎模块、数据去歧模块、数据抽取模块、数据交换模块。

系统功能层为四川社会科学成果服务系统的用户提供功能,主要包括用户管理、元数据管理、资源管理、资源维护、统计报表、系统管理、服务管理、个人中心、资源在线阅读、资源展示与导航、资源检索与利用等功能。

应用层表示数据在四川社会科学成果服务系统和用户之间的流动方式及系统采用的浏览器/服务器模式。

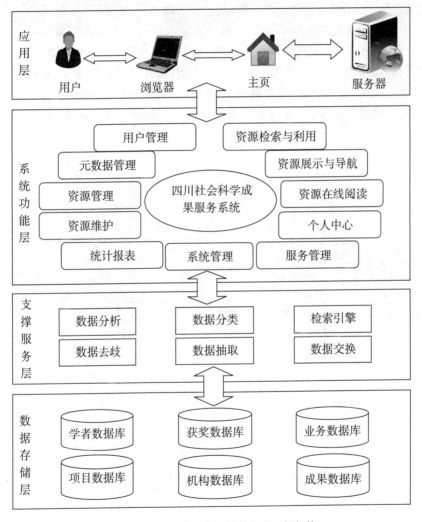

图 4 - 3 四川社科成果服务系统逻辑架构

三、系统功能框架

四川社会科学成果服务系统的功能主要分为四部分,分别是系统门户、个人中心、资源管理与发布、后台管理功能,如图4-4所示。系统为不同的角色提供不同的功能。系统门户为注册用户和非注册用户提供服务,主要包括统计分析能、高级检索功能、全文检索功能、聚类展示功能、在线阅读功能;个人中心为注册用户提供服务,主要包括会员注册、会员登录、服务咨询、个人收藏、我的评论;资源管理为数据管理员提供服务,主要包括文献库管理、资源建设检验审核、资源维

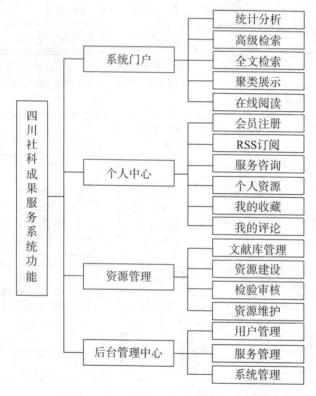

图4-4 四川社科成果服务系统功能图

护;后台管理中心为系统管理员提供服务,主要包括用户管理、元数据管理、服务管理和系统管理。

1. 系统门户功能

四川社会科学成果服务系统门户用以展示资源与用户访问资源。系统门户的主要功能包括统计分析、高级检索、全文检索、聚类展示和在线阅读。其中,统计分析主要是将检索结果按照字段进行统计计数;高级检索主要是在标引字段中进行匹配,返回检索结果;全文检索不仅包括在全字段中进行匹配,还包括在成果全文中进行匹配,再返回最相关的记录;聚类展示主要是将显示记录按照某一字段进行聚类;在线阅读主要提供成果全文的在线阅览。系统门户还要提供个人中心、资源管理与后台管理中心的入口。除此之外,门户网站展示的内容还包括系统简介、分类导航、数据更新、公告、友情链接等。

(1) 统计分析

四川社会科学成果服务系统提供成果数据的统计分析功能。系统按照频次对指定字段进行统计,统计的字段有:成果类型、出版社、出版时间、机构、学科、作者以及每个库的成果数量等。统计结果的可视化展示方式主要有列表形式、柱状图、饼图、折线图、条形图等。

(2) 高级检索

四川社会科学成果服务系统支持高级检索。检索表达式主要由布尔运算符、通配符、检索词和标识符构成。其中布尔运算符包括"与""或""非";通配符为"＊";标识符指检索字段名称,主要包括机构、作者、出版时间、题名、主题、文献类型、学科和摘要等。

检索结果具备三种显示模式:表格模式、列表模式、详细模式,并可以按照指定字段进行排列。除此之外,系统还支持二次检索,即在检索结果中再次检索,缩小检索结果,并且可通过条件过滤,如年代、学科、文献类型及作者等进一步缩小检索结果。

(3) 全文检索

四川社科成果服务系统支持全文检索功能。高级检索是将检索词在精确的字段中进行匹配,再返回结果,而全文检索不仅在所有的标引字段中进行匹配,还在成果的全文中进行匹配,然后返回相关结果。全文检索之前,系统将成果全文或者字段通过切词技术进行分词,创建索引,存储索引。当进行检索请求时,检索词与索引词进行匹配,返回命中结果。

(4)聚类展示

四川社科成果服务系统支持全文检索功能。聚类展示通过对检索结果按照指定字段进行聚类,并显示记录条数,可以使用户对检索结果进行初步了解,尤其是当用户对检索需求不明确时,其概览作用更加明显。聚类的字段有:学科、出版年、作者、机构等。

(5)在线阅读

四川社科成果服务系统支持在线阅读功能,即浏览成果全文时,不需要阅读器支持。在线阅读主要为以下功能:

①支持在线阅读,无须下载安装阅读器,一般浏览器即可实现文档阅读。除此之外,阅读时提供翻页、缩放、适屏及全屏阅读等功能,方便用户使用。

②提供系列的智能关联功能,如与本资源相关的文档、本学科的热门资源、浏览历史等。

③能提供资源标签功能,登录用户都可对文章添加"我的标签",使用最多的标签将成为资源的标签。

④提供资源评论功能,登录用户可对资源进行评论,经管理员审核通过后即可在前端发布。

⑤提供资源主题功能,即同一个主题的资源可整合在一起显示,在线阅读文档时,其他资源在下面显示。

⑥可查看资源的评分,以及进行评分的人数。

⑦提供下载功能,有权限的用户即可下载资源,登录会员可把资源加入收藏夹中。

2. 个人中心

个人中心主要是为了满足注册用户的个性化需求,包括会员注册、RSS 订阅、个人资源、我的评论、服务咨询。

（1）会员注册

个人中心支持"会员注册"功能。用户在此注册成为本站会员，系统自动验证用户输入信息的完整性、合法性，并通过此入口登录系统。

（2）RSS 订阅

个人中心支持"RSS 订阅"功能。用户对本站点内自己感兴趣的记录可作信息跟踪，了解该主题的最新发展动向；可以从互联网上获取其他 RSS 链接资源；用户可以查看、修改和删除自己整理的 RSS 资源信息。

（3）个人资源

个人中心支持"个人资源"功能。其主要用于登录会员上传、共享自己收集的各种类型资源。

（4）我的收藏

个人中心支持"我的收藏"功能。当用户在检索时遇到自己比较感兴趣的资源，用户可以通过"我的收藏"，把此资源放入收藏夹中，以方便查看。

（5）我的评论

个人中心支持"我的评论"功能。用户通过"我的评论"查看自己已发表过的评论。

（6）服务咨询

个人中心支持"服务咨询"功能。包括 FAQ 知识库、参考咨询、文献求助、求助搜索、我要求助等功能。

3. 资源管理功能

资源管理功能主要是提供数据的输入与维护，包括文献库管理、资源建设、校验审核和资源维护，如图 4－5 所示。其中，文献库管理包括文献库设置与元数据管理，资源建设主要是数据录入，校验审核主要包括数据审核与批量审核，资源维护主要包括资源修改和资源查重。

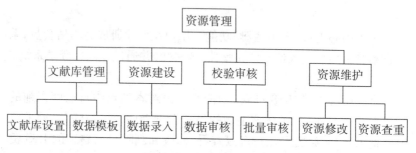

图 4-5　资源管理功能图

（1）文献库管理

文献库管理主要包括文献库设置和数据模板。

①文献库设置

系统支持自动建库功能,文献库管理员通过后台选择文献库所包含的资源类型,然后选择管理员权限类型,即可自动建立一个文献库。

②数据模板

可根据自建库资源类型的需求,灵活地添加不同类型的元数据模板,并为已创建的模板提供核心级元素及元素修饰词的增加、修改与删除等编辑功能。在模板设置里,可设置资源类型的元数据模板,用以控制哪些元素在录入时可不用显示。除此之外,可以设置资源批量导入的 Excel 模板,并可导出 Excel 模板。

（2）资源建设

系统支持资源的单条录入和批量导入。

不论单条录入还是批量导入都得先建立作业。系统将文献库资源的基本数据录入工作称之为作业。数据管理员对作业进行管理,包括对作业的分类、增加、删除、修改、检查等。

①单条数据录入

单条数据录入的作业流程是:首先选定资源类型,根据资源类型的应用级元数据模板提示填写资源的元数据信息,然后选择学科分类、自定义分类、资源主题等,再次上传指定资源文件的源文件和附件,最后提交到系统。

②批量导入

批量导入的作业流程是：首先整理批量导入的资源文件，同时在"元数据模板"中编辑资源元数据，然后在"模板设置"中设置 Excel 模板，之后，进入批量导入页面，将整理好的资源文件移到指定文件夹中，并选择"导入设置"为"将不存在的主题新增到作业"，最后把Excel文件导入系统，以完成资源的批量导入。

③资源主题新增

在"资源录入"页面，可新增资源主题。在资源录入时可以进行选择，把所有相关的主题资源关联起来。批量导入的资源主题可不用在系统新增，直接在 Excel 模板进行设置。

④资源查重

在资源建设部分系统提供资源查重功能。对刚导入的数据进行资源查重，从源头上杜绝资源重复。

（3）校验审核

在资源建设部分系统支持自动发布及审核发布两种形式。资源录入提交系统后，系统自动发布资源到前台展示。如资源需要审核发布，则需审核人员对作业结果及资源进行审核。校验审核支持单条审核与批量审核。单条审核时审核人员需对作业的逐条数据记录进行检查。需要审核数据记录包括资源的元数据信息及资源文件本身。批量审核是在保证资源文件没有错误的情况下直接进行批量通过。审核通过后，点击提交，完成资源的发布。

（4）资源维护

四川社科成果系统的数据管理员对整个系统的资源进行维护，包括资源的编辑、删除；设置资源的评论开关，用以控制是否支持用户进行评论；设置资源的显示开关，用以控制是否让该资源在前台显示；系统管理员可查看每条资源的评分及浏览次数，并可对资源进行推荐。

在资源维护部分，数据管理员可对系统资源进行查询。查重条件有"资源题名""创建者""源文大小""源文格式""主题""描述""来源""语种""关联""出版者""其他责任者""权限""日期""类型""标识符""覆盖范围"等十多个。

4.后台管理中心

后台管理中心主要负责系统的运行与维护,主要包括用户管理、元数据管理、服务管理、系统管理。

(1)用户管理

用户管理包括管理员设置和会员管理,如图4-6所示。通过用户授权管理,实现资源安全访问控制。

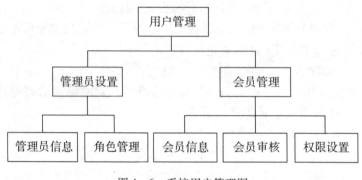

图4-6　系统用户管理图

①管理员设置

管理员设置包括管理员信息和角色管理。通过管理员设置,可新增管理员并对其进行角色分配(角色为拥有指定模块管理权限的一类用户的名称);可设置管理员账号的停用或启用;可进行密码的修改。root为系统超级管理员,拥有最高的管理权限。系统管理员可新增、修改、删除角色管理员,并对角色管理员进行权限分配;可查看、修改、停用/启用管理员信息。

②会员管理

会员管理包括会员信息、会员审核、权限设置。通过会员管理模块,有管理权限的管理员可对前台申请注册的会员进行审核,并选择会员类型,进行访问控制。不同的会员类型具有不同的访问权限,如游客不可浏览资源,普通会员可浏览,高级会员可下载等。管理员可对会员账户进行启用或禁用操作,删除会员信息,重置会员密码,修改会员类型等。

(2)服务管理

服务管理主要包括信息发布、交流管理、FAQ 管理和参考咨询,如图 4 − 7 所示。

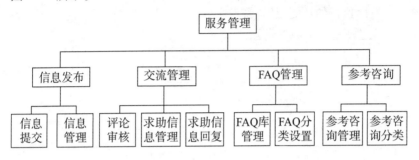

图 4 − 7　系统服务管理图

①信息发布

信息发布包括信息提交和信息管理。系统管理员可在平台上发布新闻或者公告,信息内容的分类可进行设置。

②交流管理

交流管理包括评论审核、求助信息管理、求助信息回复管理。系统管理员对会员的文献求助及评论进行管理,对求助信息进行分类设置,对求助信息进行管理。管理员查看会员回复的求助信息或回复会员的求助信息,选择采纳回复信息,同时,对于普遍存在的求助信息可添加到 FAQ 库里。已完成的求助信息可关闭或显示已完成。对资源的评论进行审核,不符合要求的评论可选择不通过,通过审核的评论即可在前端显示。

③FAQ 管理

FAQ 管理包括 FAQ 库管理、FAQ 分类设置等功能。系统管理员可对 FAQ 进行分类设置并进行维护,可对 FAQ 进行新增、编辑、删除等操作,可选择置顶设置哪些 FAQ 为常见问题或重要问题。

④参考咨询

参考咨询包括参考咨询管理与参考咨询分类。系统管理员对会员的咨询进行管理,对咨询的分类进行设置。回复咨询的内容,可把常见或重要的咨询添加到 FAQ 库里。

(3)系统管理

按照执行的功能,系统管理主要分为全局参数管理、数据备份、服务器设置等,如图 4-8 所示。

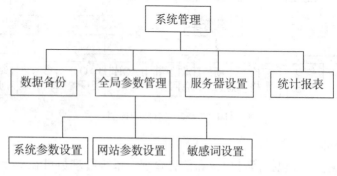

图 4-8 系统管理结构图

①全局参数管理

全局参数管理用于管理员设置系统的各类参数。通过此功能,管理员可设置系统的积分,如登录积分、加工资源积分和评论积分;可设置允许上传的源文件大小、预览文献大小、封面文件大小;设置网站的各类参数,如列表默认显示条数,游客每天最多浏览的视频数,求助回复附件默认大小,域名设置,允许会员上传的文档、图片、音频、视频类型,网站页脚设置等;设置敏感词过滤。

②数据备份

数据备份为数据安全提供保障。

③服务器设置

对服务器进行设置,可以以数据库为单位建立多个文件服务器。

④统计报表

统计报表用于支持管理员查看各类统计报表,包括积分统计、工作量统计、资源增长情况统计、资源分布情况统计、会员登录统计、资源使用情况统计、站点访问量统计、特色库资源访问量统计等。系统支持统计报表导出。

四、数据库设计

数据库设计(Database Design)是指对于一个给定的应用环境,构造最优的数据库模式,建立数据库及其应用系统,使之能够有效地存储数据,满足各种用户的应用需求(信息要求和处理要求)。根据前面部分介绍的四川社科成果元数据和需求分析,四川社科成果服务系统数据库中包含的表如图4-9所示。

图4-9 四川社科成果服务系统数据表

其中,RES_SOURCE_DATA 为资源信息表,用于记录系统资源的详细信息,其表结构如表4-1所示;RES_SOURCE_DATA_CACHE 为资源缓存表,用于快速搜索资源;SYS_ROLE 为系统角色表,用于对管理员角色权限进行设置;SYS_ROLE_FUNCTION 为角色权限分配表,用于分配管理员角色对应权限功能。除此之外,还有 SYS_FUNCTION 为系统菜单功能表;SYS_USER_INFO 为前台用户信息表;SYS_USER_ROLE 为前台用户权限分配表等。在此省略相应的表。

表 4 - 1   RES_SOURCE_DATA 表结构

序号	名称	类型	长度	不是 null
1	RSDA_ID	NUMBER	19	0
2	RSDA_RMIN_ID	NUMBER	19	-1
3	RSDA_RMST_ID	NUMBER	19	-1
4	RSDA_RLTY_ID	NUMBER	19	-1
5	RSDA_RSTY_ID	NUMBER	19	-1
6	RSDA_SMAN_ID	NUMBER	19	-1
7	RSDA_RDTY_ID	NUMBER	19	-1
8	RSDA_MIDDLENAME	VARCHAR2	64	-1
9	RSDA_BUILDDATE	DATE	7	-1
10	RSDA_STATUS	NUMBER	1	-1
11	RSDA_GRADE	NUMBER	2	-1
12	RSDA_CMTSTUS	NUMBER	1	-1
13	RSDA_RCMD	NUMBER	1	-1
14	RSDA_ISUSE	NUMBER	1	-1
15	RSDA_LOOKNUM	NUMBER	9	-1
16	RSDA_AUDITING	VARCHAR2	512	-1
17	RSDA_TITLE	VARCHAR2	3200	-1
18	RSDA_SUBJECT	VARCHAR2	3200	-1
19	RSDA_DESCRIPTION	VARCHAR2	3200	-1

续表

序号	名称	类型	长度	不是 null
20	RSDA_SOURCE	VARCHAR2	3200	−1
21	RSDA_LANGUAGE	VARCHAR2	3200	−1
22	RSDA_RELATION	VARCHAR2	3200	−1
23	RSDA_COVERAGE	VARCHAR2	3200	−1
24	RSDA_CREATOR	VARCHAR2	3200	−1
25	RSDA_PUBLISHER	VARCHAR2	3200	−1
26	RSDA_CONTRIBUTOR	VARCHAR2	3200	−1
27	RSDA_RIGHTS	VARCHAR2	3200	−1
28	RSDA_DATE	VARCHAR2	3200	−1
29	RSDA_TYPE	VARCHAR2	3200	−1
30	RSDA_FORMAT	VARCHAR2	3200	−1
31	RSDA_IDENTIFIER	VARCHAR2	3200	−1
32	RSDA_VIEWFILE_NAME	VARCHAR2	256	−1
33	RSDA_VIEWFILE_LOCAL_NAME	VARCHAR2	256	−1
34	RSDA_VIEWFILE_URL	VARCHAR2	1024	−1
35	RSDA_VIEWFILE_SWF_URL	VARCHAR2	1024	−1
36	RSDA_FILE_NAME	VARCHAR2	256	−1
37	RSDA_FILE_TYPE	VARCHAR2	32	−1
38	RSDA_FILE_LOCAL_NAME	VARCHAR2	256	−1
39	RSDA_FILE_URL	VARCHAR2	1024	−1
40	RSDA_FILE_SWF_URL	VARCHAR2	1024	−1
41	RSDA_BIGIMG_URL	VARCHAR2	1024	−1
42	RSDA_BIGIMG_NAME	VARCHAR2	256	−1
43	RSDA_BIGIMG_LOCAL_NAME	VARCHAR2	256	−1

续表

序号	名称	类型	长度	不是 null
44	RSDA_AUTHORTYPE	NUMBER	5	-1
45	RSDA_RIHI_ID	NUMBER	19	-1
46	RSDA_USER_ID	NUMBER	19	-1
47	RSDA_RMST_STATUS	NUMBER	5	-1
48	RSDA_RMIN_STATUS	NUMBER	5	-1
49	RSDA_RSSU_ID	NUMBER	19	-1
50	RSDA_RDTY_TWO	NUMBER	19	-1
51	RSDA_RDTY_THREE	NUMBER	19	-1
52	RSDA_FILE_SIZE	NUMBER	19	-1
53	RDTY_CLASSID	NUMBER	0	-1
54	RSDA_KEYWORD	VARCHAR2	3200	-1
55	RSDA_FILEVIEW_TYPE	VARCHAR2	32	-1
56	RSDA_HTML_INDEXURL	VARCHAR2	512	-1
57	RSDA_BORROW_STATU	VARCHAR2	32	-1
58	RSDA_BORROW_USER	VARCHAR2	128	-1
59	RSDA_BORROW_DATE	VARCHAR2	64	-1
60	RSDA_BORROW_REMARK	VARCHAR2	512	-1
61	RSDA_RETURN_DATE	VARCHAR2	64	-1
62	RSDA_BORROW_NO	VARCHAR2	128	-1

五、运行环境

系统运行需要一定的硬件和软件支持。四川社科成果服务系统运行的硬件环境和软件环境如下：

1. 硬件环境

四川社会科学成果服务系统项目由三台服务器提供硬件平台

支撑：

数据库服务器：CPU 2 颗双核 3.0 以上、内存 16G 以上、硬盘 500G 以上 RAID5

Web 应用服务器：CPU 2 颗双核 3.0 以上、内存 8G 以上、硬盘 200G 以上

资源文件服务器：CPU 2 颗双核 3.0 以上、内存 8G 以上、硬盘 200G 以上并挂接大容量存储设备

2. 软件环境

操作系统：Windows Server 2003/2008

数据库：Oracle 10g/11g

Java 虚拟机：JDK1.6

Web 服务器：Tomcat 6.0

第三节　四川社科成果服务系统实现

四川社科成果服务系统主要包括用户管理、元数据管理、资源管理、服务管理、系统管理、系统报表几个功能模块，系统采用 Java 语言进行开发，使用 Oracle 做数据库服务器。在资源加工的过程中，系统采用 Flashpaper 第三方控制将各种 PDF 文件转换成 Swf 格式的 Flash 文件，以达到所有类型的资源均可在不安装任何另外插件的环境中在线浏览。本系统的程序结构采用当前 J2ee 主流的框架 Spring + Hibernate 以及用 Extjs 技术作为后台界面的展示。

四川社科成果服务系统的实现主要是功能的实现，包括前台功能的实现和后台功能的实现。

一、前台功能

四川社科成果服务系统前台功能主要分为 6 个部分，分别是首页、登录/注册、检索、展示、聚类、统计。

1. 首页

系统首页分为 3 个部分,分别是系统简介、系统公告、数据更新和友情链接。

(1)系统简介

系统简介主要介绍系统创建的目的、意义和系统包括的资源,如图 4-10 所示。

图 4-10 四川社科成果服务系统首页·系统简介

(2)系统公告

平台公告是在该平台发布新闻公告、功能描述、服务阐述等各类相关信息,如图 4-11 所示。

图 4-11 四川社科成果服务系统首页·系统公告

（3）数据更新

数据更新是在该平台发布数据资源变更或新增信息，如图 4 - 12 所示。

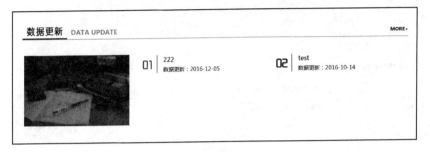

图 4 - 12　四川社科成果服务系统首页·数据更新

（4）友情链接

友情链接提供该平台指向其他相关平台的导向服务，如图 4 - 13 所示。

图 4 - 13　四川社科成果服务系统首页·友情链接

2. 登录/注册

登录/注册包括注册和登录功能。

（1）注册

用户注册是用户在该平台填写用户名、密码等账号信息，如图 4 - 14 所示。

图4-14　四川社科成果服务系统用户注册页面

（2）登录

用户登录是用户在该平台输入用户名、密码账号信息，登入系统，如图4-15所示。

3. 检索

四川社科成果服务系统检索包括全文检索和高级检索。

（1）全文检索

全文检索是对成果名称、项目名称、关键词、成果简介等所有元数据进行检索，包括全库全文检索与单库全文检索，单库全文检索包括四川社会科学获奖成果库全文检索、四川社会科学规划项目成果库全文检索、国家社科基金四川项目成果库全文检索。

其中，全库全文检索包括三个数据库的所有元数据检索，如图4-16所示。

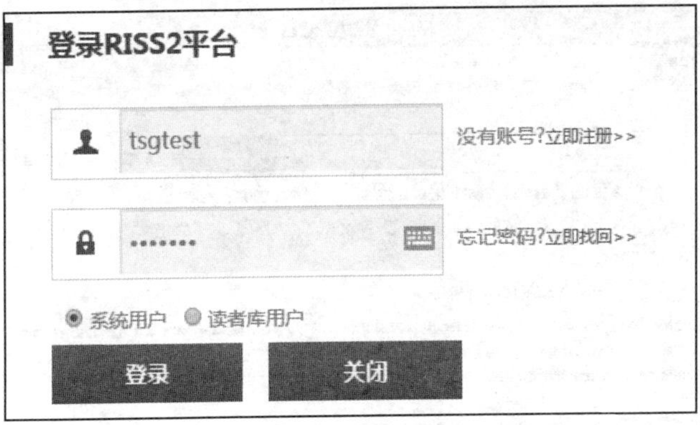

图 4 - 15　四川社科成果服务系统用户登录页面

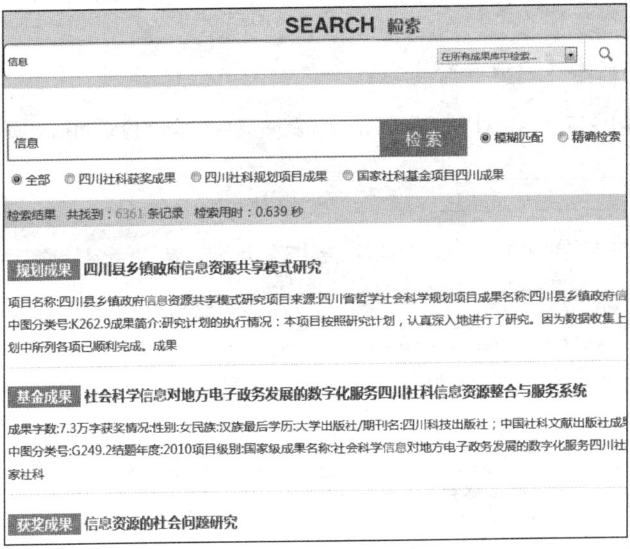

图 4 - 16　四川社科成果服务系统全库全文检索和结果页面

　　获奖成果库全文检索是对四川社会科学获奖成果库的所有元数据进行检索,如图 4 - 17 所示。

　　规划成果库全文检索是对四川社科规划项目成果库的所有元数据进行检索,如图 4 - 18 所示。

图4－17　四川社科成果服务系统获奖成果库全文检索和结果页面

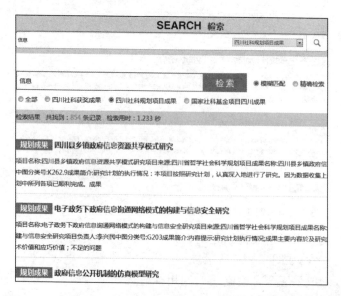

图4－18　四川社科成果服务系统规划成果库全文检索和结果页面

基金成果库全文检索是对国家社科基金项目四川成果库的所有元数据进行检索,如图4－19所示。

(2)高级检索

高级检索是对成果名称、负责人、项目批准号/档案编号、中图分类号、出版社/期刊名、获奖年度/结题年度、成果形式、语种、参与者、成果简介、关键词等标识符进行逻辑组合检索,包括全库高级检索与单库高级检索,单库高级检索包括四川社科获奖成果库、四川社科规划项目成果库、国家社科基金项目四川成果库的高级检索。

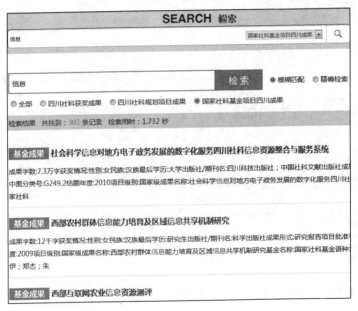

图4－19　四川社科成果服务系统基金成果库全文检索和结果页面

其中,全库高级检索包括三个数据库核心元数据进行逻辑组合检索,如图4－20所示。

获奖成果库高级检索是对四川社科获奖成果库的核心元数据进行逻辑组合检索,如图4－21所示。

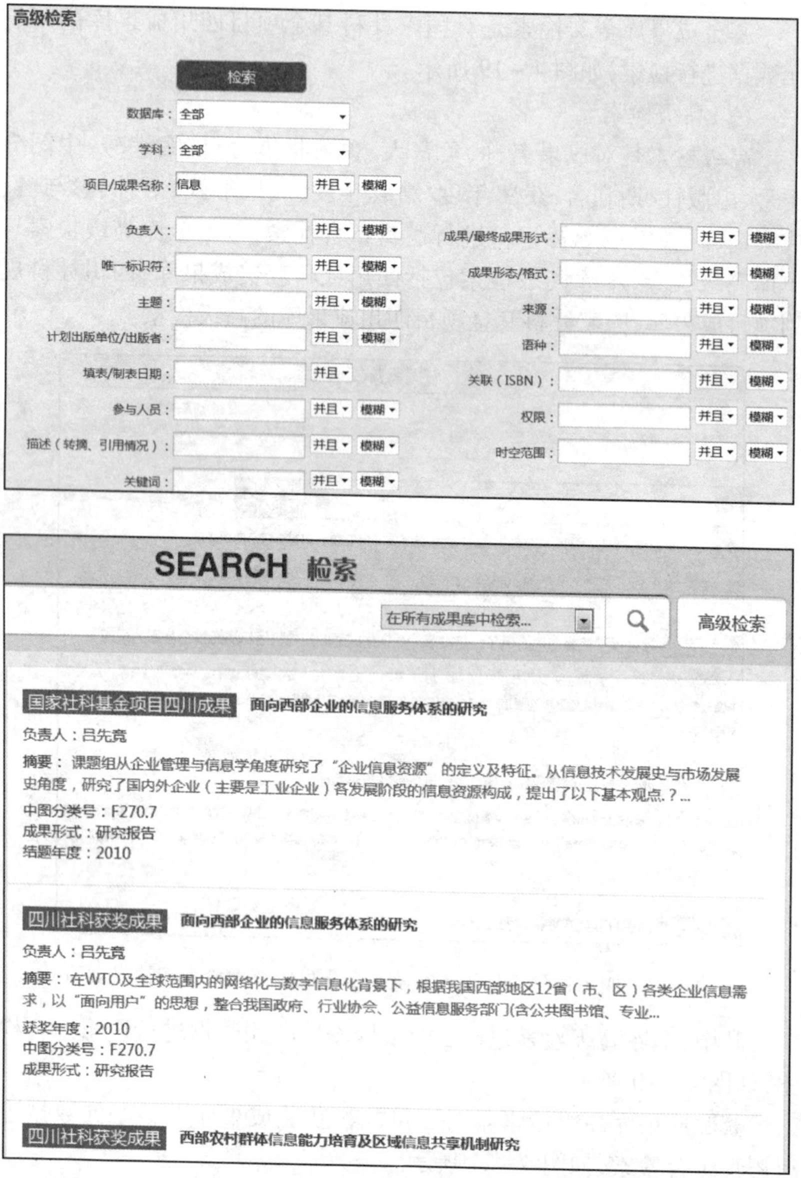

图 4 – 20 四川社科成果服务系统全库高级检索和结果页面

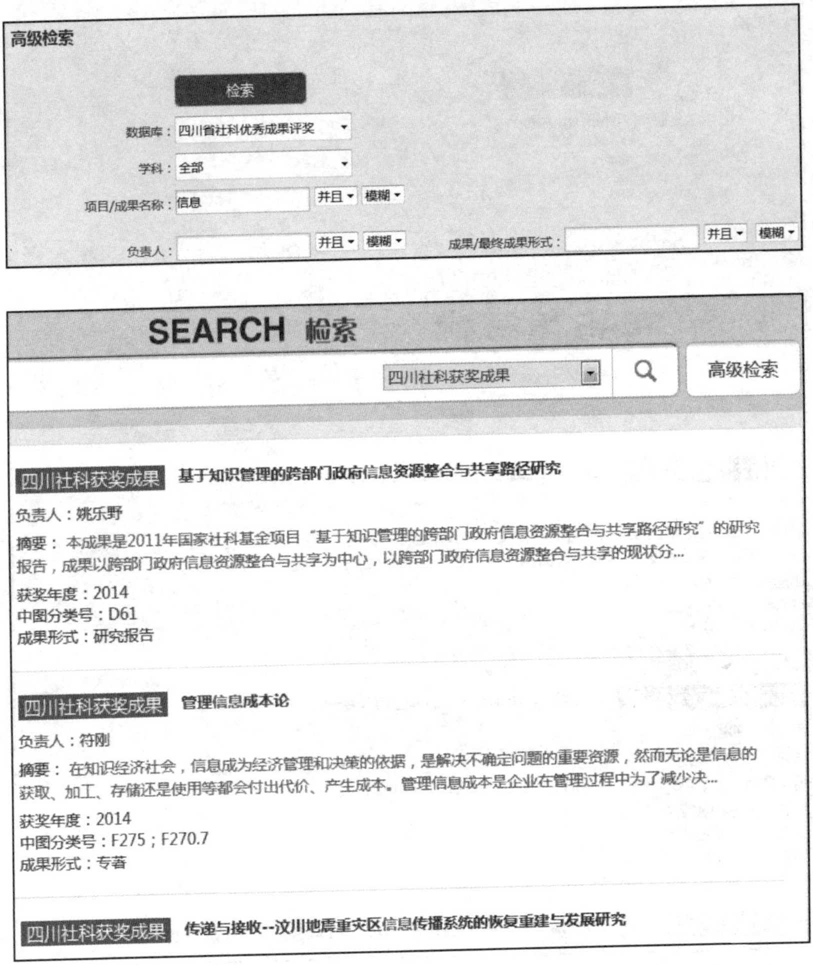

图4-21 四川社科成果服务系统获奖成果库高级检索和结果页面

规划成果库高级检索是对四川社科规划项目成果库的核心元数据进行逻辑组合检索,如图4-22所示。

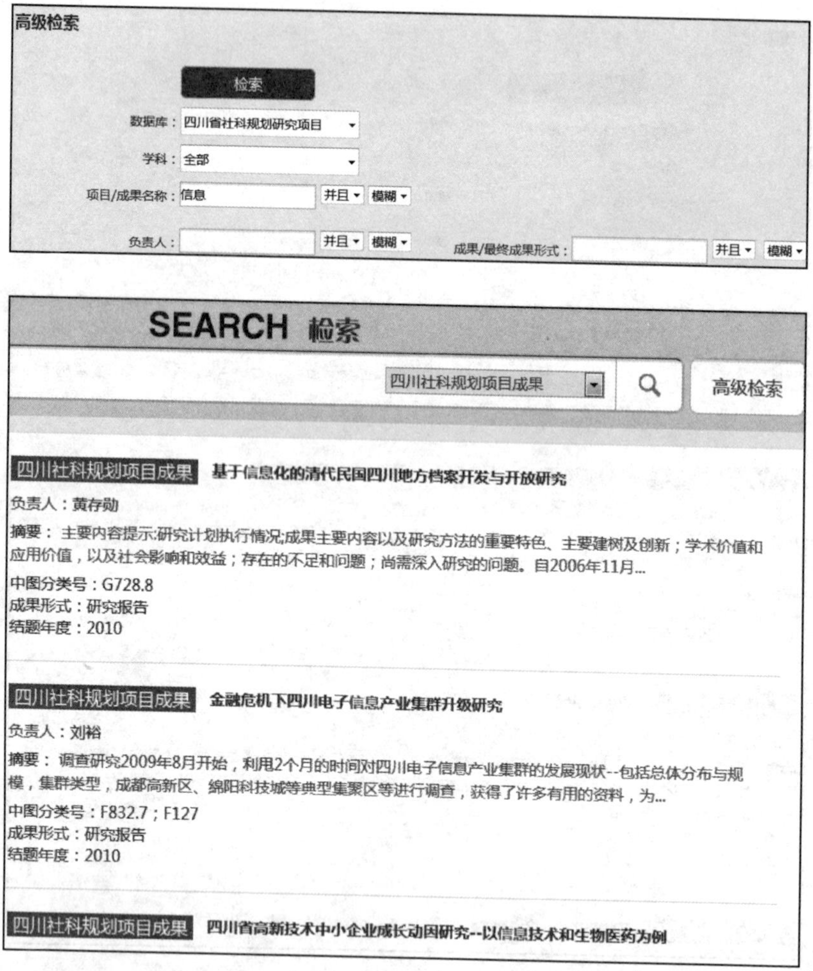

图4-22 四川社科成果服务系统规划成果库高级检索和结果页面

基金成果库高级检索是对国家社科基金项目四川成果库的核心元数据进行逻辑组合检索,如图4-23所示。

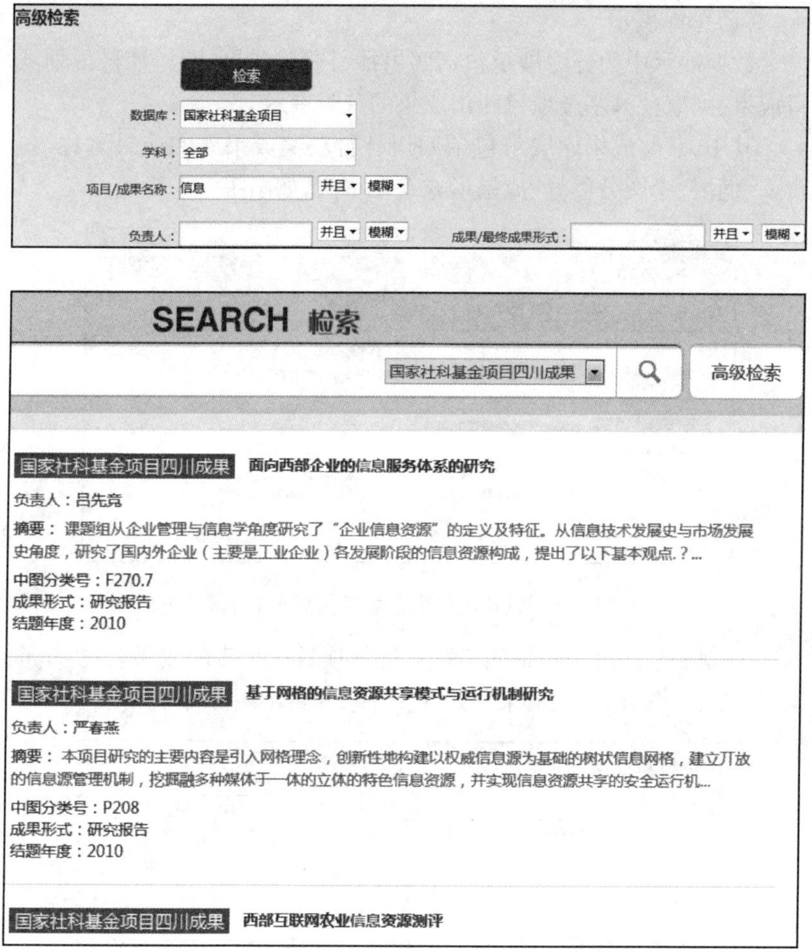

图 4－23　四川社科成果服务系统基金成果库全文检索和结果页面

4. 展示

　　数据展示包括分库展示和分级展示,分库展示包括四川社科获奖成果库展示、四川社科规划项目成果库展示、国家社科基金项目四川成果库展示,分级展示包括一级展示、二级展示、三级展示。

（1）分库展示

数据展示中的分库展示包括四川社科获奖成果、四川社科规划项目成果、国家社科基金项目四川成果的分类展示。

其中，获奖成果库展示包括四川社科获奖成果库的成果名称、负责人、摘要、中图分类号、成果形式5个字段，如图4-24所示。

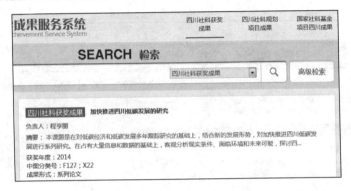

图4-24　四川社科成果服务系统获奖成果库展示界面

规划成果库展示包括四川社科规划项目成果库的成果名称、负责人、摘要、中图分类号、成果形式5个字段，如图4-25所示。

图4-25　四川社科成果服务系统规划成果库展示界面

基金成果库展示包括国家社科基金项目四川成果库的成果名称、

负责人、摘要、中图分类号、成果形式 5 个字段,如图 4 - 26 所示。

图 4 - 26 四川社科成果服务系统规划成果库展示界面

(2)数据展示

数据展示中的分级展示包括一级展示、二级展示、三级展示。

其中,一级展示是所有用户可以浏览简单元数据信息,展示内容包括成果名称、负责人、摘要、中图分类号、成果形式 5 个字段,如图 4 - 27 所示。

图 4 - 27 四川社科成果服务系统数据一级展示

二级展示是只有普通用户与高级用户才能浏览详细元数据信息，展示内容包括成果名称、学科分类、学科编号、项目名称、中图分类号、关键词、成果简介、项目负责人及其相关信息、参与者、结题年度、项目批准号等详细字段信息，如 4 – 28 所示。

图 4 – 28　四川社科成果服务系统数据二级展示界面

三级展示是只有高级用户才能浏览并下载全文及其附件，如图 4 – 29所示。

5.聚类

聚类是将用户输入查询词后的检索结果进行分类，包括学科分类、责任者、年度、出版单位等重要字段的聚类，如图 4 – 30 所示。

图4-29 四川社科成果服务系统数据三级展示界面

图4-30 四川社科成果服务系统聚类截图

6.统计

平台统计能够进行总库统计和单库统计,单库统计包括四川社科获奖成果库统计、四川社科规划项目成果库统计、国家社科基金项目四川成果库统计,统计内容包括成果库统计、作者统计、时间统计、学科统计等,如图4-31所示。

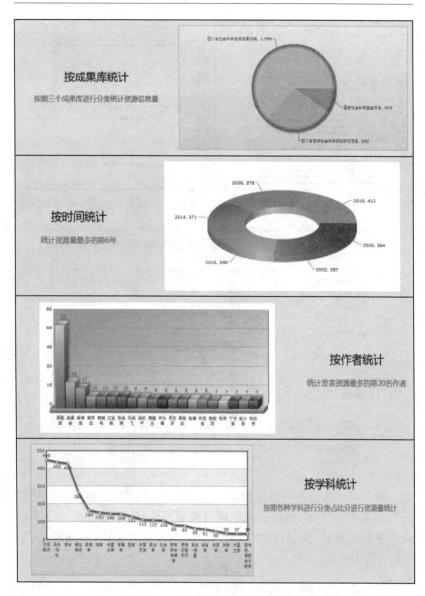

图 4 - 31　四川社科成果服务系统聚类图

二、后台功能

四川社科成果服务系统的后台功能中与数据有关的功能有数据录入、数据审核、数据维护和数据导出。

其中，数据录入的输入框数量和位置由数据源中字段的数量和其出现的位置决定。数据录入界面如图4－32所示。

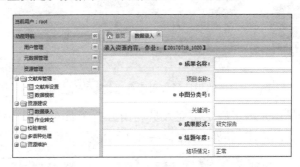

图4－32　四川社科成果服务系统数据录入截图

数据由数据录入员录入系统后，需要审核员对录入的数据进行审核，以确保数据的准确性。数据审核界面如图4－33所示。

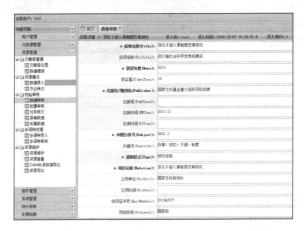

图4－33　四川社科成果服务系统数据审核截图

数据管理员需要对数据进行维护,例如数据去重、数据更新以及对数据访问权限的修改等。数据维护界面如图 4 – 34 所示。

图 4 – 34　四川社科成果服务系统数据维护截图

数据导出是为了满足研究人员利用分析工具对四川社科成果数据进行分析的需求,其界面如图 4 – 35 所示。

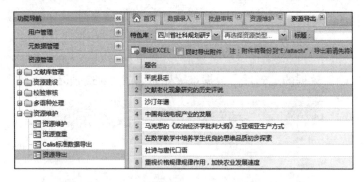

图 4 – 35　四川社科成果服务系统数据导出截图

第四节　四川社科成果服务资源建设

四川社科成果服务系统资源建设主要是四川社科成果数据的加工、处理,包括结构化数据和数字化数据。

一、范围

四川社会科学成果服务系统加工的档案材料主要包括三类:历届四川社会科学优秀成果评奖获奖档案材料,国家社会科学基金项目四川获得结项档案材料,历届四川社会科学规划项目结项档案材料。

二、加工原则

根据三种档案中存档的资料的重要性和加工成本的可控性选择加工资料,档案中有则进行扫描,没有不进行追加或者补充。

扫描时先保证内容的完整,然后再是阅读的美观。

标引著录时照实著录,其后按照著录规范进行修正。

三、加工内容

四川社会科学优秀成果评奖获奖成果档案中包括:评奖申报书、评奖成果(图书、研究报告、对策建议、系列论文)、佐证材料。出版专著扫描封面(彩色)、折页(如果含有关于书信息的文字说明则扫描,不包括或者空白则不扫描)、书名页、版权页、目录、序、前言、后记,结项成果全部扫描,评奖申报书扫描,佐证材料扫描封面和目录。

国家社科基金四川项目结项成果档案中包括:结项审批书、结项成果(图书,研究报告,系列论文,对策建议等)、专家鉴定表、成果简介、其他(修改说明,中期成果等)。出版专著扫描封面(彩色)、折页(如果含有关于书信息的文字说明则扫描,不包括或者空白则不扫描)、书名页、版权页、目录、序、前言、后记,结项成果全部扫描,结项审批书扫描,专家鉴定表扫描,成果简介扫描,"其他"不予扫描。

四川社会科学规划项目结项档案中包括:结项审批书、结项成果(出版图书,未出版图书,研究报告,系列论文,对策建议等)、成果简介和其他(修改说明,中期成果等)。出版专著扫描封面(彩色)、折页(如果含有关于书信息的文字说明则扫描,不包括或者空白则不扫描)、书名页、版权页、目录、序、前言、后记,结项成果全部扫描,成果简介扫描,结项审批书扫描,"其他"不扫描。

四、加工工具

四川社科成果服务系统数据资源加工的工具分为硬件和软件,硬件包括扫描仪和 PC 机,软件包括 OCR 识别软件以及文档编辑和阅读软件。四川社科成果数据加工最重要的工具是扫描仪和 OCR 识别软件。

1. 扫描仪

四川社科成果数据加工用的扫描仪为 PlusTek OpticBook A300 和 A4800 零边距平面扫描仪,如图 4 – 36 所示。基本操作方法是先将扫描页放置在正确位置并紧贴扫描玻璃面板,当光束阵列移动通过扫描面板后,手工翻页,同时光束阵列自动复位,开始下一次扫描。可以单页扫描也可以连续扫描。

图 4 – 36 PlusTek OpticBook A300 和 A4800 零边距平面扫描仪

为了使扫描得到的图片达到存档的标准以及让识别准确率尽量的高,在进行扫描操作前,规定了扫描图像的技术指标以及对图像的许可处理。将分辨率设置为 600dpi,原因一是随着分辨率的提高,扫描仪的扫描速度会显著降低;二是 600dpi 达到了存档的标准;三是更高的分辨率并不会提高识别的准确率,而低于 600dpi 的分辨率图片的 OCR 识别准确率会偏低。表 4 – 2 给出了参考文献数字对象的技术指标。纠偏主要指文本整体的纠正而不是文本行的歪斜矫正,裁边主要是为了美观,让扫描的图片具有更好的视觉效果。

表4-2　参考文献数字对象技术指标

技术参数			许可的加工
位深、颜色、分辨率	文件格式	压缩	
24位、彩色、> = 600dpi	JPEG,JP2	JPEG2000	裁边、纠偏
8位、灰度、> = 600dpi	JPEG,JP2	JPEG2000	裁边、纠偏

2. OCR 识别软件

（1）OCR 定义

OCR（Optical Character Recognize，光学字符识别）指利用计算机软件，将栅格化字符点库信息转换成计算机字符编码的过程。OCR 的概念最早由德国科学家在 1929 年提出来，直到 1965 至 1970 年之间才有一些简单的产品。一个 OCR 识别过程主要由几部分组成：图像输入、预处理；二值化；噪声去除；倾斜校正；版面分析；字符切割；字符识别版面恢复，将静态纸文件和 PDF 文件等不可编辑格式转换成可编辑的格式。

（2）识别软件

经过对比几款 OCR 软件的识别准确率后，最后选择 ABBYY FineReader，其最新版本为 AB-BYY FineReader 12.0。ABBYY FineReader 12 是一家俄罗斯公司开发的一种图片文字识别软件，提供直观的文件扫描和转换成可编辑、可搜索的电子格式工具，可以识别和转换几乎所有打印的文档类型，包括书籍、杂志上的文章和复杂的布局的表格以及电子表格，甚至能以准确的精度发

图4-37　OCR 识别软件

传真。它能够实现一键 OCR 自动识别，支持多语种，且能将识别的结果以多种格式进行保存。

五、加工流程

首先从档案袋/盒中取出需要加工的档案，按照加工内容，对档案进行扫描，生成连续 PDF 格式的数字化文档。对于不符合要求的 PDF

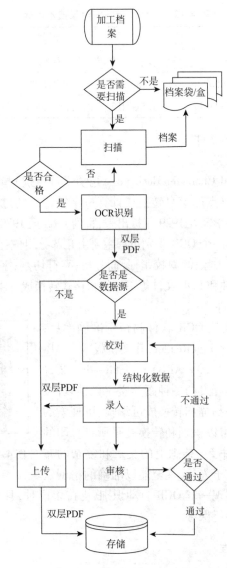

图 4 - 38　四川社科成果档案数据
加工流程图

文档重新扫描。然后将扫描过后的档案放回原档案袋/盒,同时将PDF利用OCR识别软件,生成双层PDF。

四川社会科学成果服务系统包括三个子库:四川获奖成果库,四川社科规划项目成果库,国家社科基金项目四川成果库。三个子库需要录入的数据项分别来自四川社会科学规划项目结项审批表、四川社会科学优秀成果评奖申报书、国家社会科学基金项目结项审批书。数据录入要求:①照实录入,所有录入数据和材料上严格一致;②数据项内容表达要和字段名一致;③没有则空缺。根据著录要求,从双层PDF中选择数据源,对数据进行校对并录入系统,同时将双层PDF上传到系统。

审核员对数据进行审核,审核通过的数据存入系统,审核不通过的数据重新进行校对,再次录入并审核。

第五章 四川社科成果影响力分析(上)

四川社科成果包括专著、研究报告、论文等。本书选择经过同行专家评价的四川省哲学社会科学优秀成果评奖获奖专著(下文简称"四川社科获奖专著")为样本,对四川社科成果进行影响力分析,是科学评估、揭示、传播四川学术产出的需要,对加快构建具有中国特色巴蜀风格的哲学社会科学体系具有重要意义。

第一节 四川社科获奖专著学术影响力研究综述

一、学术专著影响力分析相关概念

1. 学术著作

中国现代编辑学辞典将学术著作定义为:学术著作也叫学术专著,是自然科学和社会科学的专业工作者,对某个学科或某个专题经过深入研究写出的科研成果①。

在《2015 年度国家科学技术学术著作出版基金项目资助申请指南》中将学术专著定义为:作者在某一学科领域内从事多年系统深入的研究,撰写的在理论上具有创新或实验上有重大发现的学术著作②。

《关于进一步加强学术著作出版规范的通知》(新出政发〔2012〕11 号)将学术著作定义为:学术著作是作者根据某一学科或领域的研

---

① 孙树松,林人.中国现代编辑学辞典[M].哈尔滨:黑龙江人民出版社,1991:6.

② 2015 年度国家科学技术学术著作出版基金项目资助申请指南[EB/OL].[2017 - 09 - 01].http://www.most.gov.cn/tztg/201407/W020140715317135154673.doc.

究成果而撰写的作品。这些作品或在理论上有创新见解,或在实践中有新的发明,或具有重要的文化积累价值。本通知所指学术著作包括哲学社会科学、自然科学等学科的研究型著作,通俗理论读物、科普读物等不在其列①。

《光明日报》将学术著作定义为:学术著作是指为了积累和传播交流人类在科学实践中获得的知识而创作的具有专门性、理论性和系统性的作品。属于学术著作的图书一般具有以下三个特征:第一,学术著作记述有作者进行科研活动所获得的新知识,即科研成果。这种科研活动可以是理论探索、实验、实地和实物观测、社会调查,前人留下的资料分析整理,等等。第二,学术著作的内容通常集中于某一专题,其表述有一定的深度和系统性,因而其有专门性、理论性和系统性。第三,学术著作记载的科研成果主要提供给同行专家和知识层次较高的对此有兴趣的人阅读。通过他们实现其社会效益,科学活动涉及的领域十分广泛,而从事科研的个人随着研究的深入所能进行探索的知识范围日益受到局限,所以学术著作类图书的读者十分分散,每种读者群相对一般图书要小②。

本课题认为:学术著作是研究人员在某一学科或某一领域系统深入的并由国内外出版社正式出版的研究成果。

学术著作可按不同的标准进行划分。

①依据学科属性,学术著作可以划分为自然科学领域学术著作与社会科学领域学术著作。

②依据载体形式,学术著作可以划分为纸本学术著作、电子学术著作(光盘等)、网络学术著作。

③依据文种,学术著作可以划分为中文学术著作、英文学术著作、德文学术著作、法文学术著作、俄文学术著作、日文学术著作,等等。

---

① 关于进一步加强学术著作出版规范的通知[EB/OL].[2017 – 09 – 01]. http://www. gov. cn/zwgk/2012-09/24/content_2231969. html.

② 学术著作的特征[J]. 武警技术学院学报,1995(3):26.

④依据时间年限,学术著作可以划分为古代学术著作、近代学术著作、当代学术著作等。

2. 社会科学学术著作

社会科学学术著作是指社会科学领域的研究人员在某一学科或某一领域系统深入的具有创新性并由国内外出版社正式出版的研究成果。社会科学学术著作已经成为社会科学研究领域研究成果的重要载体,能够就某个专业领域从研究背景、进展、面临的问题、已有的方法、理论,进行全方位、深入的阐述与讨论,是哲学社会科学研究和交流的重要学术资源,并在其中发挥着重要作用。社会科学学术著作可以按照学科、载体、文种、时间年限进行分类。

3. 学术著作学术影响力

学术著作评价是对学术著作的价值判断,其价值分为学术价值和社会价值。学术价值的评价方法大致可以分为三类,即定性评估、定量评估、定性与定量相结合的评估。定量评估中,典型的方法有引文分析法。该方法是对学术著作的引证与被引证现象进行统计、归纳、比较、抽象、概括等分析,以揭示知识信息内容的继承和利用,标志着学术研究的进展。引文分析评价具有事实上的客观性、数量上的可累积性、学科上的公平性、实践上的易操作性等特点。

学术著作学术影响力是利用引文分析等方法,从知识的继承和利用的角度,分析学术著作影响别人研究行为的能力。

二、学术著作影响力研究综述

1. 国外的实践与理论研究概述

2010 年,Thomson Reuters 公司在 Web of Science 平台上推出了 Book Citation Index(简称 BkCI,分为科学及人文社会科学两部分),首批收录了由 Web of Science 聘请的编辑团队在世界范围内遴选的 2005 年以来的图书 3 万种(从 2011 年起每年拟新增图书 1 万种)。对所收录的图书,除记录有传统的书目信息与章节信息外,还增加了图书参考文献信息与被引用文献信息。所收录图书的被引用文献信息来自

Web of Science 的 SCI、SSCI、A&HCI 等数据库。通过 Book Citation Index，Web of Science 建立起了期刊、会议论文与图书之间的引证关系，使用户能分析图书和更广泛学术研究成果之间的引用脉络。BkCI 的建立，消除了 SCI 创建者 Eugene Garfield 对 Web of Science 未涵盖专著的长久遗憾，对科学交流与评价产生了重要影响。BkCI 投入使用后，西班牙学者 Daniel Torres-Salinas、Nicolás Robinson-García、Emilio Delgado López-Cózar（2012）在西班牙政府的资助下利用 BKCI 数据开展了图书出版商的产出与影响力研究。该研究按 19 个人文社会科学学科（其中含有图书馆与情报学），分别统计全球范围内不同出版商入选 BkCI 图书记录总数（Books）、入选 BkCI 图书章节记录总数（Chap）、入选 BkCI 图书记录总数与章节记录总数之和（Total）、被引文献总记录数（Citations）、某学科平均被引文献量（AvgCit）、某学科零被引文献比率（NonCit）等，形成了《基于 BkCI 的图书出版商引文分析报告》。该报告发布后，受到了相关政府部门、出版商、图书馆及各领域学者们的广泛关注。

对图书引文分析进行研究的学者还有 John N. Parker 及 J Gläser 等。John N. Parker 等（2010）撰文 *Characterizing a scientific elite：the social characteristics of the most highly cited scientists in environmental science and ecology* 讨论了环境科学和生态环境领域的最高被引科学家的社会特征。J Gläser（2004）撰文 *Why are the most influential books in Australian sociology necessarily the most cited ones* 讨论了图书影响力与引用之间的关系。

2. 国内的实践与理论研究概述

通过"中国知网""超星数字图书馆"，直接冠以"学术著作影响力"的论文、著作较少。关于图书评价、评估、影响力的相关研究颇为丰富。本课题从评价主体及评价指标、发展的阶段等方面进行综述。

（1）从评价主体看

①出版界

出版界往往通过图书的选题，图书作者声誉，插图画家、翻译者的声誉,编辑加工、校对,装帧设计,印刷装订,发行量和重印量,内容质量,经济效益,社会效益等评价图书①,如:周建新(1995)②、张沛泓(2001)③指出从社会效益角度评价图书。史新奎(1999)提出利用发行率评价图书④。田建平(2003)指出图书编辑根据图书作者声誉,插图画家、翻译者的声誉,内容质量,装帧,编辑声誉,出版商在出版这类图书方面的声誉,传媒兴趣,图书宣传与广告等评价图书⑤。温晋、闻捷(2003)指出可以从图书内容评价、图书编辑制作评价、图书的社会认可程度评价三方面评价图书⑥。郝玉龙、冯铂(2015)指出,可通过重复率、编校质量、图书馆和科研机构馆藏量占所在学科总采购量的比例、基金项目支撑、编写人员的学术背景等参数来评价图书⑦。如中国出版集团公司为推进内容创新战略,加强出版主业建设,推出中版好书榜、中国出版集团优秀出版物奖等。

②商家

商家往往根据其销售数据、读者的反馈意见来评价图书。如传统的实体售书店、订货会根据销量推出图书销售排行榜、新书销售排行榜等;当当网根据商品评论、销量、五星评分次数,推荐百分比等评价图书,推出图书畅销榜、新书热卖榜、五星图书榜、图书飙升榜等;卓越网(Amazon)根据商品评论、销量、五星评分次数等评价图书,推出年度图书畅销榜、年度畅销图书作家榜、图书销售排行榜、新书销售排行榜等;豆瓣读书根据评分、收藏、评论次数等推出最受关注图书榜。此

---

①⑤　田建平.编辑评价图书的八大值素[J].编辑之友,2003(5):24 - 27.

②　周建新.探索和建立图书质量评估体系——访上海市新闻出版局局长徐福生[J].编辑之友,1995(2):2 - 3.

③　张沛泓.图书的社会效益及其评价初探[J].中国出版,2001(10):15 - 16.

④　史新奎.一种科学评价图书发行水平的新指标[J].图书情报知识,1999(1):68 - 69.

⑥　温晋,闻捷.精品图书及其评价原则[J].科技与出版,2003(6):4 - 5.

⑦　郝玉龙,冯铂.国内科技类图书评价机制构建研究[J].科技与出版,2015(2):81 - 83.

外,北京开卷信息技术有限公司根据来自于可控的遍及全国的上千个销售终端以及其动态更新的统计数据评价图书,推出图书排行榜。

③图书馆

图书馆界往往从文献资源建设的角度,根据读者的需求、读者借阅数据、馆藏数据、图书责任者、图书出版者、专家意见等对图书进行评价,如:

张必兰(2006)提出一种基于 D-S 证据理论的遴选图书综合优先度评价方法。该方法首先建立评价过程框架和图书的三类需求模型,然后针对遴选图书,以其三类需求的需求程度作为 D-S 证据理论中的证据,以基本可信度分配值描述专家不确定的需求优先度评价,最后提出一种证据权重不一致情况下的证据合成算法来完成优先度的综合评价[①]。

曲长生、李明珍、刘凡儒(2007)采用德尔菲法确定了有关资信实力、服务承诺、到货、报价的 19 个评价指标并用于建立图书馆中文图书采购招标评价指标体系[②③]。

汪跃春(2010)提出了可基于实际流通利用的馆藏图书的评价方法,主要包括馆藏图书学科之间比例平衡评估、复本配置合理性评估、图书品种选择优劣的定量评估与藏书有效性的定量控制及剔旧等 4 个方面[④]。

陆怡洲(2012)提出根据图书质量的客观要素即图书责任者和出

---

① 张必兰,俞集辉.基于证据理论的遴选图书综合优先度评价模型[J].现代图书情报技术,2006(7):77 - 79.

② 曲长生,李明珍,刘凡儒.中文图书采购招标评价指标体系的建立[J].大学图书馆学报,2007(3):11 - 14,67.

③ 李明珍,曲长生,马克芬.中文图书采购招标评价指标体系权重的设置[J].大学图书馆学报,2007(6):22 - 26.

④ 汪跃春.基于实际利用的馆藏图书定量评估方法研究[J].国家图书馆学刊,2010(3):68 - 72.

版者评价图书的观点,并构建图书采访技术体系①。

张海营(2012)借鉴营销学上常用的 RFM 模型将 RFM 重新定义为图书最近被借阅时间(R)、被借阅次数(F)、被借阅总时间(M),并将这三个指标整合成图书评价因子,构建了图书评价指标系统②。

何明星(2012)基于世界 170 多个国家约 2 万多家图书馆的书目数据,分析了中华书局版图书在全球馆藏数量最多的 100 种图书的内容、出版时间以及馆藏国家分布③。

④政府及图书相关行业协会、评论学会

政府及图书相关行业协会、评论学会往往出于激励研究人员多出高水平成果、促进科研管理的科学化、决定科研经费的投放等目的来评价图书。评奖是其评价图书的重要活动,其流程通常为基层申报,各地、各部门推荐,逐级审核,专家评审、社会公示、最终审定,它的主要特点是定性为主,全面综合考虑各方因素,获奖比例一般较小④。

新闻出版总署于 1992 年设立"国家图书奖荣誉奖、国家图书奖和国家图书奖提名奖"三种奖项。该奖分哲学社会科学、文学、艺术、科学技术(含科普读物)、古籍整理、少儿、教育、辞书工具书和民族文版图书等九大门类。之后还增加了分支奖项"国家辞书奖""全国优秀外国文学图书奖""全国优秀艺术图书奖"等。

新闻出版总署自 2005 年起设立"中国出版政府奖",是全国性奖项,是中国新闻出版领域的国家最高奖项,我国出版行业公认的权威奖项——国家图书奖的延续。

新闻出版总署于 2006 年起启动首届"三个一百"原创出版工程,

---

① 陆怡洲. 试析图书质量评价的客观要素——兼论构建图书采访技术体系[J]. 图书馆杂志,2012(6):33 - 36,9.

② 张海营. 基于 RFM 模型的图书馆图书评价系统研究[J]. 图书馆,2012(3):60 - 62.

③ 何明星. 从中华书局海外馆藏看中国学术图书的世界影响力[J]. 出版发行研究,2012(12):14 - 18.

④ 何峻. 我国图书评价现状分析[J]. 大学图书馆学报,2012(3):106 - 110.

从近两年出版的新书中推荐和评审出人文社科、科学技术和文艺少儿三大类优秀原创出版图书各百种。

中共中央宣传部自 1992 年起举办"五个一"工程评选活动,其中含一本好书奖。

上海市新闻出版局于 2003 年开始每年举办"中国最美的书"评选。

国家图书馆自 2004 年起来通过社会投票与专家评审评选图书,推出国家图书馆"文津图书奖"。

中国出版工作者协会自 2006 年起举办"中华优秀出版物奖",含"图书奖"。

中国出版工作者协会主办、中国图书评论学会承办推出的中国图书奖,是全国性、综合性图书奖。中国出版工作者协会和中国美术家协会主办,中国版协装帧艺术工作委员会、中国美协插图装帧艺术委员会承办推出"全国书籍装帧艺术展"。

自 1987 年起,《书讯报》《文汇读书周报》《博览群书》等报刊单位根据读者投票方式,推出"全国图书金钥匙奖"。

自 2001 年起,中国版协国际合作出版促进会、中国出版科学研究所、出版参考杂志社联合推出"引进输出优秀图书奖"。

中国作家协会自 1981 年起设立"茅盾文学奖",该奖是中国长篇小说的最高文学奖项之一,类似的还有"鲁迅文学奖""冰心奖"。

中国书刊业协会根据书籍的内容质量、编校质量、社会效益、读者对象、市场销售情况等评选图书,推出年度全行业优秀畅销图书。

中国社会科学院、各省(市)社科联每两年等推出优秀科研成果奖。

以上奖项根据级别划分,可分为全国性奖项和地方性奖项两个层次;从奖项的学科涵盖范围来分,则可分为综合奖和专业奖两大类。综合奖有"中国出版政府奖"(图书奖)、"国家图书奖""中国图书奖""五个一工程"奖中的一本好书奖;而专业性的图书奖则有"国家辞书奖""鲁迅文学奖""茅盾文学奖"等。

⑤图书情报学界

图书情报学界的学者们有的从宏观上研究图书评价体系与意义，有的从微观上探讨图书评价指标、标准、方法与评价系统，原则上是遵循交流学术研究信息、发展社会科学理论的需要来评价图书，如：

朱静雯（1997）分析了中国图书评价系统的现状及存在的问题，提出了有关健全中国图书评价系统的具体措施[①]。

娄策群（1997，1999）指出利用社会科学文献的语词标识、著者标识、出版标识等，以及社会科学文献的摘录标识、引证标识、奖惩标识等评价社会科学文献并进行建模与实证[②③]。

卜卫、周海宏、刘晓红（1999）认为社会科学成果价值评估是一个理论问题，又是一个技术问题，并从技术层面提供了较为有效、公正和易操作的成果评估指标体系[④]。

孙宇（2008）选取 21 种医学获奖图书作为样本，通过清华同方引文数据库和维普引文数据库，借用引文计量分析方法，统计图书被引频次、作者被引频次、作者 h 指数、出版社 h 指数。研究结果显示 h 指数可以作为图书学术评估的一个定量评价指标[⑤]。

刘大椿（2009）在分析和总结人文社会科学研究的定位和特点，剖析人文社会科学研究成果评价的状况、问题和经验的基础上，试图建立与国际接轨的、具有中国特色的、实践上可行并有成效的中国人文社会科学成果评价理念，努力形成一套可作为操作原则的评价指标体

---

① 朱静雯.论健全中国图书评价系统[J].图书情报知识,1997(2):64－67.

② 娄策群.文摘法应用于社会科学评价的探讨[J].图书情报知识,1997(1):15－17,25.

③ 娄策群.社会科学评价的文献计量理论与方法[M].武汉:华中师范大学出版社,1999:152－153.

④ 卜卫,周海宏,刘晓红.社会科学成果价值评估[M].北京:社会科学文献出版社,1999:96.

⑤ 孙宇.获奖图书的学术评价研究[J].出版科学,2008(3):46－48.

系甄选方法和程序①。

任全娥(2010)根据人文社会科学研究成果的形式特点与传播规律,设计出了论文成果、研究报告成果与著作成果三种不同类型成果的评价指标体系②。

苏新宁(2011)主编的《中国人文社会科学图书学术影响力报告》采集中文人文社会科学引文索引(CSSCI)的引证数据,采用引文分析方法,科学地分析了各学科图书学术影响力,论证了图书在我国人文社会科学研究中的重要价值。该成果从论文引文角度对各学科图书的学术影响力进行评价,最终遴选出涉及人文社会科学21个学科的具有较大学术影响的3140种图书③④。

周伟、黄穗、朱蔚恒等人(2011)提出了利用从网上书店获得的大量公开数据来评价并推荐图书的方法⑤。

路永和、曹利朝(2011)探讨了关联规则综合评价,提出基于支持度、置信度、Jaccard兴趣度、吸引度和收益因素,面向网上书店和数字图书馆的图书推荐模型⑥。

邱均平、谭春辉、任全娥(2012)也研究了著作类研究成果评价体系⑦。

---

① 刘大椿.人文社会科学研究成果评价体系研究[M].北京:经济科学出版社,2009:213.

② 任全娥.人文社会科学成果评价研究[M].北京:中国社会科学出版社,2010:82.

③ 全国哲学社会科学规划办公室.全国社科基金项目成果选介汇编[M],北京:社会科学文献出版社,2011:251.

④ 苏新宁.中国人文社会科学图书学术影响力报告[M].北京:中国社会科学出版社,2011:87－89.

⑤ 周伟,黄穗,朱蔚恒,等.一种基于集体智慧的图书评价推荐方法[J].计算机工程与科学,2011(9):141－144.

⑥ 路永和,曹利朝.基于关联规则综合评价的图书推荐模型[J].现代图书情报技术,2011(2):81－86.

⑦ 邱均平,谭春辉,任全娥.人文社会科学评价理论与实践[M].武汉:武汉大学出版社,2012:32－35.

彭陶(2012)以当当网图书畅销榜2007～2010年四年排名前100位的图书为对象,对榜单图书的类型、出版社、再版次数、读者评价度等方面进行定量分析,研究了网络书店中的文献半衰期现象,且进一步引入卷入度的概念,探讨了消费者参与对网络图书评价的影响①。

何峻(2012)阐述了我国图书评价现状及其局限性,提出了建立规范的图书书目数据库、建立准确、真实的统计数据来源库、选择科学客观的评价指标及建立多指标综合评价体系、分类分层进行图书评价、构建定量定性相结合的评价体系等建议②。

代根兴、周晓燕(2013)运用比较研究的方法,从个体图书和整体图书两个方面,分析出版社与图书馆的图书评价标准,比较二者的异同点,指出出版社和图书馆应采取的措施③。

李雁翎、孙晓慧、陈玖冰(2013)构建了从作者、出版社、图书馆、销售和网络舆情五个方面来源的图书信息进行全面综合评价的五维图书评价体系及分析模型④。

毛晓燕(2013)提出了根据图书的形式、内容和效用来评价图书的方法⑤。

朱惠灵(2013)以心理学类学术图书为例,分别利用引文分析法和图书馆统计法测定核心书目及遴选核心出版社,并比较结果,得出了

① 彭陶.网络图书排行榜评价指标探析——以当当网图书畅销榜为例[J].图书馆学研究,2012(14):60-65.

② 何峻.我国图书评价现状分析[J].大学图书馆学报,2012(3):106-110.

③ 代根兴,周晓燕.出版社与图书馆图书评价标准比较研究[J].大学图书馆学报,2013(5):36-40.

④ 李雁翎,孙晓慧,陈玖冰.五维图书评价体系及分析模型的建构[J].情报科学,2013(8):77-80,140.

⑤ 毛晓燕.中文馆藏图书价值评价的影响因素研究[J].图书馆学研究,2013(13):50-52,37.

引文分析法能更有效地评价馆藏质量的结论①。

王兰敬、叶继元(2014)建议评价图书时可精选一批有耐心和责任心的学科同行专家并建好用好同行评议专家库,建立规范的中文图书引文索引数据库,建立以同行专家定性评价为主、定量评价为辅的学术图书评价指标体系和评价方法,建立宽容"非共识"的评价制度②。

杨思洛、曹慧、李慧玲(2014)以《中国引文数据库》为数据源,从引文分析的角度对档案学图书影响力进行统计,从图书影响力、出版社影响力、作者影响力和年代影响力等方面做了分析,并根据高影响力图书的同被引分析,归纳出档案学领域的图书主要内容③。

⑥图书评论相关人员

我国的图书评价始于1985年,首次全国图书评论工作座谈会召开后,全国各地开始建立书评协会,相继创设《中国图书评论》等图书评论刊物。图书评论相关人员一般从介绍、评价、推荐的角度来评价图书。

(2)从发展阶段看

①第一阶段,1985—1995年前后

图书评论相关人员以及出版界开始在所从事的工作中对图书进行评价。如周建新(1995)④、张沛泓(2001)⑤指出从社会效益角度评价图书;史新奎(1999)提出利用发行率评价图书⑥;思萌(1992)指出

①　朱惠灵.馆藏质量评价方法之比较——以心理学类学术图书为例[J].图书馆杂志,2013(4):61–64.

②　王兰敬,叶继元.中文人文社会科学学术图书评价的瓶颈因素及对策研究[J].图书与情报,2014(6):82–87.

③　杨思洛,曹慧,李慧玲.基于引文分析的档案学领域图书影响力研究[J].档案与建设,2014(5):9–13.

④　周建新.探索和建立图书质量评估体系——访上海市新闻出版局局长徐福生[J].编辑之友,1995(2):2–3.

⑤　张沛泓.图书的社会效益及其评价初探[J].中国出版,2001(10):15–16.

⑥　史新奎.一种科学评价图书发行水平的新指标[J].图书情报知识,1999(1):68–69.

了国内公共关系类图书出版数量激增,类型复杂,印数多、发行量大,丛书和被列入丛书的子目多,教材的比重大,内容重复现象严重,质量参差不齐,泛化现象越来越突出等问题[1];杨小民(1995)指出应当重视对书籍装帧艺术的评价[2]等。自1987年起,《书讯报》《文汇读书周报》《博览群书》等报刊单位根据读者投票方式,推出"全国图书金钥匙奖"。

②第二阶段,1997—2010年前后

图书评论相关人员、出版界、图书馆、图书情报学界等主体高度关注图书评价,且评价方式方法指标多元化。如图书馆界从文献资源建设的角度,根据读者的需求、读者借阅数据、图书责任者、图书出版者、专家意见等评价图书;商家(含实体店、网店)根据其销售数据、读者的反馈意见评价图书;图书情报学界的学者们有的从宏观上研究图书评价体系与意义,有的从微观上探讨图书评价指标、标准、方法与评价系统;政府及图书相关行业协会、评论学会出于激励研究人员多出高水平成果、促进科研管理的科学化、决定科研经费的投放等目的通过评奖评价图书等。

③第三阶段,2011年至今

2011年起,新宁教授推出《中国人文社会科学图书学术影响力报告》,吕先竞教授获国家社会科学基金项目"中文图书引文数据库建设及其学术影响力分析研究"(13XTQ013)立项,叶继元教授研制《中文图书引文索引·人文社会科学》示范数据库。南京大学与中国图书评论学会合作建设并于2017年7月发布"中文学术图书引文索引",收录中文人文社会科学图书3000本,图书的评价向纵深发展。

2011年,CSSCI创建者、南京大学苏新宁教授及其团队推出《中国

---

① 思萌.对国内公共关系类图书的初步评价[J].中国图书评论,1992(2):35-38.

② 杨小民.图书评论应当重视对书籍装帧艺术的评价[J].中国图书评论,1995(10):61-62.

人文社会科学图书学术影响力报告》。该书是由 20 多位教授利用 CSSCI 产生的引证数据,多角度、多层次对我国人文社会科学图书的学术影响力进行深入研究后的成果。这是一本各学科专家利用客观数据,用定量的方法加上评价者擅长的领域知识,对人文社会科学学术影响力进行的较全面的分析的著作。该书完成了近十年来我国人文社会科学图书的出版状况及学术影响力的系统分析研究,创新了图书评价的方法,开辟了文献计量学新的研究领域,受到了社会科学研究者、图书出版商、图书馆及信息服务部门以及政府、科研管理部门等的高度重视。该团队还先后发表了《我国人文社会科学图书被引概况分析——基于 CSSCI 数据库》《我国"图书馆·情报与文献学"图书学术影响力报告——基于 CSSCI 的分析》《法学图书学术影响力分析(国内学术著作)——基于 CSSCI(2000—2007)》《中国文学图书学术影响力分析(国内学术著作)——基于 CSSCI(2000—2007)》《我国文化学图书学术影响力报告——基于 CSSCI 的分析》等多篇论文。

北京世纪读秀技术有限公司基于读秀知识库收录的中文图书,采用全文检索的方法采集中文图书被引用信息,于 2011 年在读秀知识库的主页上发布了中文图书对中文图书的被引用情况报告,其内容涉及被引用图书的出版年分布、被引图书的类别分布、被引图书最多的作者(前 3000 多位个人作者)、被引用次数最多的图书(前 6000 多种)。北京世纪读秀技术有限公司徐贵水、孙莹莹(2011)基于读秀中文图书被引用报告撰写了学术论文《我国百年学术发展特点初探:基于读秀中文图书被引用报告的分析》,从被引图书出版年分布、类别、作者、次数等四个方面分析了我国学术著作发展概况①。

西华大学图书馆吕先竞教授于 2013 年获国家社会科学基金项目"中文图书引文数据库建设及其学术影响力分析研究"(13XTQ013)立项。

---

① 徐贵水,孙莹莹.我国百年学术发展特点初探:基于读秀中文图书被引用报告的分析[J].情报杂志,2011(11):47 – 51.

南京大学信息管理学院叶继元教授(2013)指出"学术图书是学者研究成果的集中体现。作者在写作过程中,参考、引证了大量文献,将这些被引文献析出即形成索引"。因此,叶教授及其团队精选学术图书作为来源文献,创建了图书引文数据库,形成了《中文图书引文索引》。该数据库以精选学术图书作为来源文献(统计源),统计、分析图书作者引用图书、期刊论文、报告等所有文献资料的情况。该示范数据库的研制成功,不仅填补了国内在图书引文领域的空白,促进学术图书出版质量的提升,而且有助于图书馆进行图书采访、精选馆藏,并为学术评价提供坚实的基础①。王兰敬、叶继元于2014建议评价图书时可精选一批有耐心和责任心的学科同行专家并建好用好同行评议专家库,建立规范的中文图书引文索引数据库,建立以同行专家定性评价为主、定量评价为辅的学术图书评价指标体系和评价方法,建立宽容"非共识"的评价制度。在此基础上,南京大学与中国图书评论学会合作建设并于2017年7月发布"中文学术图书引文索引"(Chinese Book Citation Index[SM],简称CBkCI),其收录了1992年至2012年的中文人文社会科学原创学术专著3000本,是国内中文学术出版研究、评价的重要协同创新平台。

综上所述,国外对图书的评价以外文图书为准,国内对中文图书的评价刚刚起步。本报告对四川社科获奖专著开展学术影响力评价具有积极意义。

第二节　四川社科获奖专著的统计分析

本书选择第一届至第十六届四川社科获奖专著进行学术影响力分析。获奖专著的书目数据主要来自"国家图书馆书目数据"及"四

---

①　叶继元.《中文图书引文索引·人文社会科学》示范数据库研制过程、意义及其启示[J].大学图书馆学报,2013(1):48–53.

川书目数据总库",共计 2505 种图书。

一、届次分布

四川社科获奖专著届次分布见图 5 – 1。随着届次的增加,获奖专著数量呈递增趋势,第 14、15、16 届专著数量几乎是第 1 届的 4 倍。

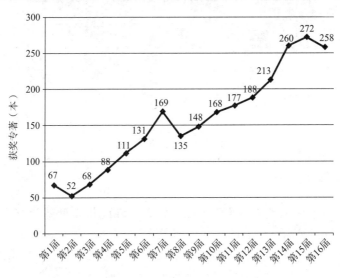

图 5 – 1　届次分布

二、获奖等级分布

在奖项设置方面,四川省哲学社会科学优秀成果奖设有荣誉奖、一等奖、二等奖、三等奖和优秀奖(四等奖),其获奖专著的获奖等级分布见图 5 – 2。获得荣誉奖的专著有 37 本,一等奖专著 102 本,二等奖专著 449 本,三等奖专著 1472 本,优秀奖和四等奖专著 445 本,所占比例分别为 1.48%、4.07%、17.92%、58.76%、17.76%。除优秀奖(四等奖)以外,随着等级的递减,获奖专著数量呈递增趋势。获得三等奖的专著最多,几乎是荣誉奖的 40 倍。

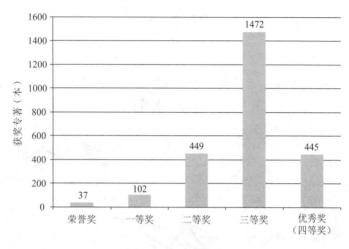

图 5 - 2　获奖等级分布

三、地区分布

四川社科获奖专著覆盖了四川省 21 个市(州),此外还有重庆和"其他"省,其获奖专著的地区分布见表 5 - 1。获奖专著集中分布在成都市(1908 本,76.17%)、重庆市(175 本,6.99%)、南充市(138 本,5.51%)、绵阳市(50 本,2.00%)、乐山市(33 本,1.32%)。

表 5 - 1　获奖专著地区分布①

序号	地区	获奖著作(本)	百分比(%)
1	成都市	1908	76.17
2	重庆市	175	6.99
3	南充市	138	5.51
4	绵阳市	50	2

---

①　"其他"为三个省(市),分别是北京市(3 本)、云南省(1 本)、上海市(1 本)

续表

序号	地区	获奖著作(本)	百分比(%)
5	乐山市	33	1.32
6	达州市	23	0.92
7	雅安市	23	0.92
8	宜宾市	23	0.92
9	自贡市	19	0.76
10	凉山州	18	0.72
11	泸州市	15	0.6
12	内江市	13	0.52
13	攀枝花市	13	0.52
14	德阳市	9	0.36
15	眉山市	9	0.36
16	遂宁市	8	0.32
17	阿坝州	7	0.28
18	甘孜州	5	0.2
19	巴中市	4	0.16
20	广元市	4	0.16
21	广安市	2	0.08
22	资阳市	1	0.04
23	其他	5	0.2
合计		2505	100

四、学科分布

从学科结构上看,四川省哲学社会科学优秀成果评奖共有28个一级学科分类,其获奖专著的学科分布见表5-2。获奖专著覆盖的一级学科有马列·科社、党史·党建、政治学、国际问题研究、哲学、宗教学、理论经济、应用经济、统计学、管理学、法学、社会学、人口学、民族问题研究、中国历史、世界历史、考古学、中国文学、外国文学、语言学、体育学、教育学、新闻学与传播学、图书馆·情报与文献学、艺术学、宣传文化类、志书类、综合类①。

从获奖专著的学科分布来看,应用经济、教育学、社会学、中国文学、管理学名列前五,五个学科的获奖专著数量占获奖专著数量总量的49.94%。应用经济的获奖专著最多,有411本,占获奖专著总量的16.41%;教育学260本,占比10.38%;社会学200本,占比7.98%;中国文学196本,占比7.82本;管理学184本,占比7.35%。

表5-2 学科分布

序号	学科	获奖专著(本)	百分比(%)
1	应用经济	411	16.41
2	教育学	260	10.38
3	社会学	200	7.98
4	中国文学	196	7.82
5	管理学	184	7.35
6	法学	124	4.95
7	综合类	121	4.83
8	马列·科社	117	4.67
9	中国历史	105	4.19
10	语言学	88	3.51
11	哲学	83	3.31
12	艺术学	80	3.19

① 中国标准化研究院,中国科学院计划财务局. GB/T 13745 - 2009 学科分类与代码[S/OL]. [2017 - 08 - 01]. http://c. gb688. cn/bzgk/gb/showGb? type = online&hcno = 4C13F521FD6ECB6E5EC026FCD779986E.

续表

序号	学科	获奖专著(本)	百分比(%)
13	政治学	76	3.03
14	民族问题研究	76	3.03
15	党史·党建	64	2.57
16	宗教学	47	1.88
17	新闻学与传播学	47	1.88
18	宣传文化类	46	1.84
19	外国文学	34	1.36
20	体育学	31	1.24
21	考古学	28	1.12
22	图书馆·情报与文献学	22	0.88
23	人口学	17	0.68
24	理论经济	14	0.56
25	国际问题研究	14	0.56
26	统计学	8	0.32
27	世界历史	7	0.28
28	志书类	5	0.2
	合计	2505	100

五、出版社分布

四川社科获奖专著涉及的出版社有265家。其中,有4家出版社出版获奖专著100本以上,有14家出版获奖专著在50—100本之间,有81家出版获奖专著在10—50本之间,其余的出版获奖专著在10本以下。本书列出了出版获奖著作数量排名靠前的20家出版社,见表5-3。

从获奖专著的出版社分布来看,四川人民出版社、四川大学出版社、巴蜀书社、西南财经大学出版社、电子科技大学出版社名列前五,五个出版社出版的获奖专著占获奖专著总数的44%。四川人民出版社出版的获奖专著最多,有385本,占比15.37%;四川大学出版社293本,占比11.70%;巴蜀书社187本,占比7.47%;西南财经大学出版社153本,占比6.11%;电子科技大学出版社84本,占比3.35%。

表5-3 出版社分布(前20)

序号	出版社	获奖专著(本)	百分比(%)
1	四川人民出版社	385	15.37
2	四川大学出版社	293	11.7
3	巴蜀书社	187	7.47
4	西南财经大学出版社	153	6.11
5	电子科技大学出版社	84	3.35
6	人民出版社	83	3.31
7	中国社会科学出版社	82	3.27
8	西南交通大学出版社	61	2.44
9	科学出版社	58	2.32
10	四川科学技术出版社	58	2.32
11	四川教育出版社	56	2.24
12	重庆出版社	53	2.12
13	西南大学出版社	47	1.88
14	四川民族出版社	35	1.4
15	法律出版社	33	1.32
16	四川省社会科学院出版社	33	1.28
17	经济科学出版社	30	1.2
18	民族出版社	30	1.2
19	中央文献出版社	30	1.2
20	中华书局	24	0.96
合计		1792	71.54

六、第一获奖单位分布

四川社科获奖专著涉及的第一获奖单位有 455 家。其中,有 5 家第一获奖单位的获奖专著在 100 本以上,有 3 家获奖专著在 50—100 本之间,有 20 家获奖专著在 10—50 本之间,其余的获奖专著在 10 本以下。本书列出了获奖著作数量排名靠前的 20 家第一获奖单位,见表 5 - 4。

从获奖专著的第一获奖单位分布来看,四川大学、四川师范大学、四川省社会科学院、西南财经大学、西南民族大学名列前五,五个第一获奖单位的获奖专著占获奖专著总数的 48.5%。四川大学的获奖专著最多,有 469 本,占比 18.72%;四川师范大学有 235 本,占比 9.38%;四川省社会科学院有 203 本,占比 8.10%;西南财经大学有 179 本,占比 7.15%;西南民族大学有 129 本,占比 5.15%。

表 5 - 4 第一获奖单位分布(前 20)

序号	第一获奖单位	获奖著作(本)	百分比(%)
1	四川大学	469	18.72
2	四川师范大学	235	9.38
3	四川省社会科学院	203	8.1
4	西南财经大学	179	7.15
5	西南民族大学	129	5.15
6	中共四川省委党校	93	3.71
7	西华师范大学	84	3.35
8	西南大学	81	3.23
9	西南交通大学	49	1.96
10	电子科技大学	45	1.8
11	成都体育学院	25	1
12	成都大学	23	0.92

续表

序号	第一获奖单位	获奖著作(本)	百分比(%)
13	成都信息工程大学	22	0.88
14	西南科技大学	22	0.88
15	西南政法大学	22	0.88
16	成都师范学院	20	0.8
17	四川农业大学	20	0.8
18	西华大学	19	0.76
19	成都理工大学	16	0.64
20	西南石油大学	16	0.64
合计		1767	69.94

第三节　四川社科获奖专著总体被引概况

本书利用四川社科成果服务系统,通过 CNKI 采集了社科成果被期刊论文、学位论文、会议论文引用的数据,统计并计算了有被引获奖专著数、获奖专著平均被引用次数、获奖专著年均被引用次数(即平均每年每本专著被引用次数)、获奖专著被期刊论文、学位论文、会议论文引用的次数和著作数、获奖专著开始被引用的起始时间、获奖专著被引用次数达到总被引次数 1/4 的时间、获奖专著被引用次数达到总被引次数 1/2 的时间、获奖专著被引用次数达到总被引次数 3/4 的时间、获奖专著最后一次被引用的时间、获奖专著被引用次数达到最大数的时间等。

一、被引用获奖专著数

四川社科获奖专著 2505 本,被引用次数大于 0 的获奖专著是 1889 本,所占比例为 75.41%;被引用次数等于 0 的获奖专著数是 616

本,所占比例为24.59%。详见表5-5。

表5-5 被引情况

是否被引	获奖专著(本)	百分比(%)
是	1889	75.41
否	616	24.59
合计	2505	100.00

二、平均被引用次数与年均被引用次数

四川社科获奖专著2505本,总被引用次数为71 744次,平均每本被引用次数为28.64次/本,年均被引用次数为1.87次/年/本,详见表5-6。其中,平均被引用次数及年均被引用次数的公式如下:

$$平均被引用次数 = \frac{\sum 单个专著被引用次数}{入选专著数}$$

$$年均被引用次数 = \sum \frac{单个专著被引用次数}{[(2015-出版年)+1]} \times \frac{1}{2505}$$

表5-6 总被引情况

总被引用次数	平均被引用次数(次/本)	年均被引用次数(次/年/本)
71 744	28.64	1.87

三、四川社科获奖专著被期刊论文、学位论文、会议论文引用概况

1. 被引用著作数

四川社科获奖专著被各类文献引用的数量,见表5-7。获奖专著被学位论文引用的数量最多,其中,获奖专著被中国优秀硕士学位论文引用的数量为1594本;获奖专著被中国博士学位论文引用的数量为1231本;其次是期刊论文,为1474本;最后是会议论文,获奖专著被中国重要会议论文引用的数量为291本;获奖专著被国际会议论文引用的数量为125本。

表5-7　被各类文献引用的数量

文献类型	期刊论文	中国博士学位论文	中国优秀硕士学位论文	中国重要会议论文	国际会议论文	总计
被引著作数量（本）	1474	1231	1594	291	125	1889

2. 被引用次数

四川社科获奖专著被各类文献引用的次数，见表5-8。获奖专著被学位论文引用的次数最多，为45 638次（其中国优秀硕士学位论文为34 897次；中国博士学位论文，为10 741次）；其次是期刊论文，为25 227次；最后是会议论文，为879次（其中中国重要会议论文为639次；国际会议论文为240次）。

表5-8　被各类文献引用次数

文献类型	期刊论文	中国博士学位论文	中国优秀硕士学位论文	中国重要会议论文	国际会议论文	总计
被引用次数	25 227	10 741	34 897	639	240	71 744

四、获奖专著被引的起始时间

本书统计了获奖专著被引的起始时间，见表5-9。获奖专著中有140本在出版后第1年开始被引，百分比为7.41%；有547本在出版后第2年开始被引，百分比28.96%；有427本在第3年开始被引，百分比为22.60%；有245本在第4年开始被引，百分比为12.97%；有103本在第5年开始被引，百分比为5.45%。

由此可知，获奖专著在出版3年后，有58.97%被引，5年后有77.39%被引，10年后有91.36%被引，15年后有96.02%被引，20年后有98.45%被引。

表 5 – 9　获奖专著被引的起始时间

开始引用 时间(第＊年)	获奖著作(本)	占有被引著作的 百分比(%)	累积百分比(%)
1	140	7.41	7.41
2	547	28.96	36.37
3	427	22.6	58.97
4	245	12.97	71.94
5	103	5.45	77.39
6	83	4.39	81.78
7	64	3.39	85.17
8	48	2.54	87.71
9	35	1.85	89.56
10	34	1.8	91.36
11	16	0.85	92.21
12	16	0.85	93.06
13	25	1.32	94.38
14	21	1.11	95.49
15	10	0.53	96.02
16	14	0.74	96.76
17	13	0.69	97.45
18	8	0.42	97.87
19	5	0.26	98.13
20	6	0.32	98.45

五、获奖专著被引用次数达到总被引用次数 1/4 的时间

本书计算了获奖专著被引用次数达到总被引用次数 1/4 的时间，见表 5 – 10。获奖专著中有 25 本(1.32%)在出版后第 1 年,其被引用

次数达到总被引用次数的 1/4;有 216 本(11.43%)在第 2 年达到;有
369 本(19.53%)在第 3 年达到;有 307 本(16.25%)在第 4 年达到,
有 188 本(9.95%)在第 5 年达到。

由此可知,获奖专著在出版 3 年后,有 32.28% 被引用次数达到总
被引用次数的 1/4;5 年后有 58.48% 达到,10 年后有 78.49% 达到,15
年后有 89.50% 达到,20 年后有 96.33% 达到。

表 5 - 10　获奖专著被引用次数达到总被引次数 1/4 的时间

被引用次数达到总被引次数 1/4 的时间(第 * 年)	获奖著作 (本)	占有被引著作的 百分比(%)	累积百分比 (%)
1	25	1.32	1.32
2	216	11.43	12.75
3	369	19.53	32.28
4	307	16.25	48.53
5	188	9.95	58.48
6	122	6.46	64.94
7	70	3.71	68.65
8	65	3.44	72.09
9	56	2.96	75.05
10	65	3.44	78.49
11	48	2.54	81.03
12	42	2.22	83.25
13	44	2.33	85.58
14	41	2.17	87.75
15	33	1.75	89.50
16	25	1.32	90.82
17	21	1.11	91.93

被引用次数达到总被引次数 1/4 的时间(第 * 年)	获奖著作 (本)	占有被引著作的 百分比(%)	累积百分比 (%)
18	33	1.75	93.68
19	31	1.64	95.32
20	19	1.01	96.33

六、获奖专著被引用次数达到总被引用次数 1/2 的时间

本书计算了获奖专著被引用次数达到总被引用次数 1/2 的时间,见表 5 - 11。获奖专著中有 132 本(6.99%)在出版 2 年后,其被引用次数达到总被引用次数的 1/2;有 231 本(12.23%)在出版 3 年后达到;有 244 本(12.92%)在 4 年后达到;有 214 本(11.33%)在 5 年后达到。

由此可知,获奖专著在出版 3 年后,有 32.14% 被引用次数达到总被引用次数的 1/2,5 年后有 43.47% 达到,10 年后有 71.53% 达到,15 年后有 83.38% 达到,20 年后大约有 91% 达到。

表 5 - 11　获奖专著被引用次数达到总被引次数 1/2 的时间

被引用次数达到总被引次数 1/2 的时间(第 * 年)	获奖著作 (本)	占有被引著作的 百分比(%)	累积百分比 (%)
2	132	6.99	6.99
3	231	12.23	19.22
4	244	12.92	32.14
5	214	11.33	43.47
6	180	9.53	53.00
7	142	7.52	60.52
8	88	4.66	65.18

续表

被引用次数达到总被引次数 1/2 的时间(第 * 年)	获奖著作 (本)	占有被引著作的 百分比(%)	累积百分比 (%)
9	64	3.39	68.57
10	56	2.96	71.53
11	39	2.06	73.59
12	42	2.22	75.81
13	54	2.86	78.67
14	51	2.70	81.37
15	38	2.01	83.38
16	45	2.38	85.76
17	41	2.17	87.93
18	26	1.38	89.31
19	31	1.64	90.95
21	34	1.80	92.75

七、获奖专著被引用次数达到总被引用次数 3/4 的时间

本书计算了获奖专著被引用次数达到总被引用次数 3/4 的时间,见表 5 - 12。获奖专著中有 77 本(4.08%)在出版后第 2 年,其被引用次数达到总被引用次数的 3/4;有 145 本(7.68%)在第 3 年达到;有 197 本(10.43%)在第 4 年达到;有 172 本(9.11%)在第 5 年达到。

由此可知,获奖专著在出版 3 年后,有 11.76% 被引用次数达到总被引用次数的 3/4,5 年后有 31.30% 达到,10 年后有 63.32% 达到,15 年后有 76.83% 达到,20 年后大约有 88.54% 达到。

表5-12　获奖专著被引用次数达到总被引次数3/4的时间

被引用次数达到总被引次数 3/4 的时间(第*年)	获奖著作 (本)	占有被引著作的 百分比(%)	累积百分比 (%)
2	77	4.08	4.08
3	145	7.68	11.76
4	197	10.43	22.19
5	172	9.11	31.30
6	142	7.52	38.82
7	134	7.09	45.91
8	133	7.04	52.95
9	113	5.98	58.93
10	83	4.39	63.32
11	55	2.91	66.23
12	54	2.86	69.09
13	60	3.18	72.27
14	40	2.12	74.39
15	46	2.44	76.83
16	54	2.86	79.69
17	41	2.17	81.86
18	50	2.65	84.51
19	40	2.12	86.63
20	36	1.91	88.54

八、获奖专著被引用次数达到最大数的时间

本书计算了获奖专著被引用次数达到最大数的时间,见表5-13。获奖专著中有190本(10.06%)在出版后第2年,其被引用次数达到最大数;有302本(15.99%)在出版后第3年达到;有277本

（14.66%）在第 4 年达到;有 197 本（10.43%）在第 5 年达到。

由此可知,获奖专著在出版 3 年后,有 26.05% 被引用次数达到最大数,5 年后有 51.14% 达到,10 年后有 72.68% 达到,15 年后有 84.00% 达到,20 年后大约有 91% 达到。

表 5 - 13 获奖专著被引用次数达到最大数的时间

被引用次数达到最大数的时间(第 * 年)	获奖著作(本)	占有被引著作的百分比(%)	累积百分比(%)
2	190	10.06	10.06
3	302	15.99	26.05
4	277	14.66	40.71
5	197	10.43	51.14
6	98	5.19	56.33
7	103	5.45	61.78
8	86	4.55	66.33
9	65	3.44	69.77
10	55	2.91	72.68
11	52	2.75	75.43
12	34	1.80	77.23
13	49	2.59	79.82
14	41	2.17	81.99
15	38	2.01	84.00
16	35	1.85	85.85
17	33	1.75	87.60
18	27	1.43	89.03
19	33	1.75	90.78
21	19	1.01	91.79

九、获奖专著被引用的最后时间

本书统计了获奖专著被引用的最后时间,见表 5 – 14。获奖专著中有 68 本(3.60%)被引的最后时间是出版后第 2 年;有 120 本(6.35%)是第 3 年;有 163 本(8.63%)是第 4 年;有 133 本(7.04%)是第 5 年。

由此可知,9.95% 的获奖专著被引的最后时间是出版后第 3 年;有 25.62% 是出版后第 5 年;有 51.67% 是第 10 年;有 70.51% 是第 15 年;有 82.00% 是第 20 年。

表 5 – 14　获奖专著被引用的最后时间

获奖专著被引的最后时间(第＊年)	获奖著作(本)	占有被引著作的百分比(%)	累积百分比(%)
2	68	3.60	3.60
3	120	6.35	9.95
4	163	8.63	18.58
5	133	7.04	25.62
6	132	6.99	32.61
7	85	4.50	37.11
8	87	4.61	41.72
9	86	4.55	46.27
10	102	5.40	51.67
11	79	4.18	55.85
12	97	5.13	60.98
13	82	4.34	65.32
14	52	2.75	68.07
15	46	2.44	70.51
16	44	2.33	72.84

续表

获奖专著被引的 最后时间（第＊年）	获奖著作（本）	占有被引著作的 百分比（％）	累积百分比（％）
17	47	2.49	75.33
18	39	2.06	77.39
19	37	1.96	79.35
20	50	2.65	82.00
21	40	2.12	84.12
22	49	2.59	86.71

第六章　四川社科成果影响力分析(下)

　　四川社科获奖专著被期刊论文、学位论文、会议论文引用,代表其对学科创新、科学研究、文化传承、人才培养产生了影响。本书利用四川社科成果服务系统通过 CNKI 采集的四川社科获奖专著被期刊论文、学位论文、会议论文引用的数据,分析了四川社科获奖专著的学术影响力[①]。

第一节　四川社科获奖专著被引情况统计分析

　　本书按届次、获奖等级、地区、学科、出版社、成果名称、第一获奖人、出版社、第一获奖单位统计分析了四川社科获奖专著的被引用情况。

一、获奖专著被引情况届次分析

　　本书按届次统计并计算了四川社科获奖专著的被引用次数、被引用专著数、平均被引用次数和年均被引用次数。

　　1. 被引用次数

　　据统计,历届四川社科获奖专著的总被引次数为 71 744 次,由表6-1可知,第11届、第12届、第7届、第6届、第1届名列前五,这五届获奖成果的被引用次数占总被引用次数的 53.43%。第11届的被引用次数最高,为9584次,占比 13.36%;第12届为8470次,占比

----

　　①　四川社科获奖专著的影响力分析基于 CNKI 的引用数据,不能完全代表某一具体学者或研究机构的学术水平。

11.81%;第 7 届为 8210 次,占比 11.44%;第 6 届为 6218 次,占比 8.67%;第 1 届为 5850 次,占比 8.15%。

表 6-1　四川社科获奖专著被引用次数届次分布

届次	被引用次数	
	数量(次)	占总被引用次数比例(%)
1	5850	8.15
2	2802	3.91
3	1997	2.78
4	2346	3.27
5	3764	5.25
6	6218	8.67
7	8210	11.44
8	4716	6.57
9	5155	7.19
10	4533	6.32
11	9584	13.36
12	8470	11.81
13	3106	4.32
14	2225	3.10
15	2189	3.05
16	579	0.81
合计	71 744	100.00

2.被引用专著数

据统计,历届四川社科获奖专著被引用的专著数量为 1889 种,由表 6-2 可知,第 14 届、第 15 届、第 13 届、第 12 届、第 11 届名列前五,这五届的被引用专著数量占总获奖著作被引用数的 48.97%。第 14 届的获奖专著被引数量最多,为 214 本,占比 11.33%;第 15 届为 204

本,占比10.80%;第13届为186本,占比9.85%;第12届为173本,占比9.16%;第11届为148本,占比7.83%。

表6-2 四川社科获奖专著被引用著作数届次分布

届次	被引用著作数	
	数量(次)	占有被引总数比例(%)
1	50	2.64
2	33	1.75
3	43	2.28
4	64	3.39
5	79	4.18
6	98	5.19
7	126	6.67
8	95	5.03
9	112	5.93
10	141	7.46
11	148	7.83
12	173	9.16
13	186	9.85
14	214	11.33
15	204	10.80
16	123	6.51
合计	1889	100.00

3. 平均被引用次数

据统计,历届四川社科获奖专著的平均被引用次数为28.64次/本,由表6-3可知,第1届、第11届、第2届、第7届、第6届的平均被引用次数最多。第1届平均被引用次数最高,为87.31次/本;第11届为54.15次/本;第2届为53.88次/本;第7届为48.58次/本;第6

届为 47.47 次/本。平均被引用次数的公式如下:

$$平均被引用次数 = \frac{\sum 各届的被引用次数}{各届入选专著数}$$

表6－3　四川社科获奖专著平均被引用次数届次分布

届次	入选专著数(本)	被引用次数(次)	平均被引用次数(次/本)
1	67	5850	87.31
2	52	2802	53.88
3	68	1997	29.37
4	88	2346	26.66
5	111	3764	33.91
6	131	6218	47.47
7	169	8210	48.58
8	135	4716	34.93
9	148	5155	34.83
10	168	4533	26.98
11	177	9584	54.15
12	188	8470	45.05
13	213	3106	14.58
14	260	2225	8.56
15	272	2189	8.05
16	258	579	2.24
合计	2505	71 744	28.64

由图6－1可知,随着届次的增加,从第十一届开始,获奖专著平均被引用次数呈现递减趋势。

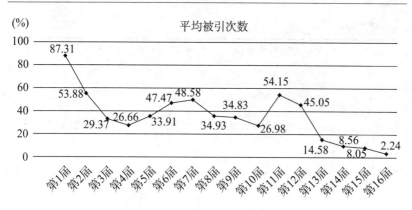

图 6 - 1　四川社科获奖专著平均被引用次数届次分布

4. 年均被引用次数

从年均被引用次数来看,由表 6 - 4 可知,第 11 届、第 12 届、第 1 届、第 7 届、第 6 届名列前五,这五届获奖专著的年均被引用次数最大。第 11 届的年均被引用次数最多,为 4.06 次/年·本;第 12 届为 3.93 次/年·本;第 1 届为 2.50 次/年·本;第 7 届为 2.27 次/年·本;第 6 届为 2.03 次/年·本。年均被引用次数的公式如下:

$$年均被引用次数 = \sum \frac{各届单个专著被引用次数}{[(2015 - 出版年) + 1]} \times \frac{1}{各届入选专著数}$$

表 6 - 4　四川社科获奖专著年均被引用次数届次分布

届次	入选专著数(本)	年均被引用次数(次/年·本)
1	67	2.50
2	52	1.70
3	68	1.01
4	88	0.96
5	111	1.33
6	131	2.03
7	169	2.27

续表

届次	入选专著数(本)	年均被引用次数(次/年·本)
8	135	1.80
9	148	1.99
10	168	1.75
11	177	4.06
12	188	3.93
13	213	1.53
14	260	1.14
15	272	1.48
16	258	0.61
合计	2505	1.87

二、获奖专著被引情况获奖等级分析

本书按获奖等级统计并计算了四川社科获奖专著的被引用次数、被引用专著数、平均被引用次数和年均被引用次数。

1. 被引用次数

根据四川社科获奖专著的获奖等级统计,不同获奖等级专著的被引用次数详见表6-5。其中,三等奖的被引用次数最多,为37 410次,占总被引用次数的比例为52.14%;二等奖,18 492次,占比25.77%;一等奖,7354次,占比10.25%;优秀奖(四等奖),6607次,占比9.21%;荣誉奖,1881次,占比2.62%。

表6-5 四川社科获奖专著被引用次数获奖等级分布

获奖等级	被引用次数	
	数量(次)	占总被引用次数比例(%)
荣誉奖	1881	2.62

获奖等级	被引用次数	
	数量(次)	占总被引用次数比例(%)
一等奖	7354	10.25
二等奖	18 492	25.78
三等奖	37 410	52.14
优秀奖(四等奖)	6607	9.21
合计	71 744	100.00

2. 被引用专著数

从被引用专著数看,三等奖的被引专著数最多,为1101本,占被引专著总数比例的58.28%;二等奖,349本,占比18.48%;优秀奖(四等奖),324本,占比17.15%;一等奖,83本,占比4.39%;荣誉奖,32本,占比1.69%。详见表6-6。

表6-6　四川社科获奖专著被引专著数获奖等级分布

获奖等级	有被引本数	
	数量(次)	占有被引总数比例(%)
荣誉奖	32	1.70
一等奖	83	4.39
二等奖	349	18.48
三等奖	1101	58.28
优秀奖(四等奖)	324	17.15
合计	1889	100.00

3. 平均被引用次数

从平均被引用次数看,一等奖的平均被引用次数最多,为72.10次,远大于总平均被引用次数28.64次;荣誉奖的平均被引用次数为50.84次;二等奖的平均被引用次数为41.18次;三等奖的平均被引用

次数为 25.41 次;优秀奖(四等奖)平均被引用次数为 14.85 次。详见表 6－7。平均被引用次数的公式如下:

$$平均被引用次数 = \frac{\sum 各获奖等级的被引用次数}{各获奖等级入选专著数}$$

表 6－7   四川社科获奖专著平均被引用次数获奖等级分布

获奖等级	获奖专著(本)	数量(次)	平均被引用次数(次/本)
荣誉奖	37	1881	50.84
一等奖	102	7354	72.10
二等奖	449	18 492	41.18
三等奖	1472	37 410	25.41
优秀奖(四等奖)	445	6607	14.85
合计	2505	71 744	28.64

4.年均被引用次数

从年均被引用次数来看,一等奖的年均被引用次数最多,为 3.79 次,大于总的年均被引用次数 1.87 次;二等奖的年均被引用次数为 2.73 次;荣誉奖的年均被引用次数为 2.39 次;三等奖的年均被引用次数为 1.67 次;优秀奖(四等奖)的年平均被引用次数为 1.19 次。详见表 6－8。年均被引用次数的公式如下:

$$年均被引用次数 = \sum \frac{各获奖等级中单个专著被引用次数}{[(2015 - 出版年) + 1]} \times \frac{1}{各获奖等级入选专著数}$$

表 6－8   四川社科获奖专著年均被引用次数获奖等级分布

获奖等级	获奖专著(本)	年均被引用次数(次/年·本)
荣誉奖	37	2.39
一等奖	102	3.79
二等奖	449	2.73

续表

获奖等级	获奖专著(本)	年均被引用次数(次/年·本)
三等奖	1472	1.67
优秀奖(四等奖)	445	1.19
合计	2505	1.87

三、获奖专著被引情况地区分析

四川社科获奖专著覆盖了四川省 21 个市(州),此外还有重庆市和其他省份。本书按地区统计并计算了四川社科获奖专著的被引用次数、被引用专著数、平均被引用次数和年均被引用次数。

1. 被引用次数

从被引用次数看,成都市、重庆市、南充市、绵阳市、乐山市名列前五,五个地区的获奖专著被引用次数占获奖专著总被引用次数的97.7%。成都市的被引用次数最多,为 56 979 次,占总被引用次数的比例为 79.42%;重庆市为 9742 次,占比 13.58%;是南充市为 2238 次,占比 3.12%;绵阳市为 652 次,占比 0.91%;乐山市为 482 次,占比0.67%。详见表 6 - 9。

表6-9 四川社科获奖专著被引用次数地区分布①

序号	地区	被引用次数	
		数量(次)	占总被引用次数比例(%)
1	成都市	56 979	79.42
2	重庆市	9742	13.58
3	南充市	2238	3.12
4	绵阳市	652	0.91

① 表中"其他"为北京市、上海市和云南省;"0.00"为四舍五入的计算结果。

续表

序号	地区	被引用次数	
		数量(次)	占总被引用次数比例(%)
5	乐山市	482	0.67
6	泸州市	222	0.31
7	达州市	189	0.26
8	阿坝州	156	0.22
9	雅安市	145	0.20
10	内江市	142	0.20
11	自贡市	140	0.20
12	攀枝花市	111	0.15
13	凉山州	90	0.13
14	宜宾市	59	0.08
15	德阳市	57	0.08
16	遂宁市	39	0.05
17	巴中市	26	0.04
18	甘孜州	10	0.01
19	广元市	6	0.01
20	眉山市	3	0.00
21	资阳市	1	0.00
22	广安市	0	0.00
23	其他	255	0.36
合计		71 744	100.00

2. 被引用专著数

从被引用专著数看,成都市、重庆市、南充市、绵阳市、乐山市名列前五,五个地区的被引获奖专著数占总获奖专著数的比例为93.54%。成都市的被引专著数最多,为1453本,占被引用专著总数的比例为

76.92%;重庆市为 142 本,占比 7.52%;南充市为 112 本,占比 5.93%;绵阳市为 35 本,占比 1.85%;乐山市为 25 本,占比 1.32%。详见表 6 - 10。

表 6 - 10 四川社科获奖专著被引用著作数地区分布①

序号	地区	有被引本数	
		数量(本)	占有被引总数比例(%)
1	成都市	1453	76.92
2	重庆市	142	7.52
3	南充市	112	5.93
4	绵阳市	35	1.85
5	乐山市	25	1.32
6	雅安市	20	1.06
7	自贡市	13	0.69
8	达州市	12	0.64
9	宜宾市	12	0.64
10	内江市	11	0.58
11	泸州市	10	0.52
12	凉山州	8	0.42
13	攀枝花市	8	0.42
14	德阳市	6	0.32
15	阿坝州	4	0.21
16	遂宁市	4	0.21
17	甘孜州	3	0.16
18	巴中市	2	0.11

① 表中"其他"为北京市、上海市和云南省;"0.00"为四舍五入的计算结果。

续表

序号	地区	有被引本数	
		数量(本)	占有被引总数比例(%)
19	广元市	2	0.11
20	眉山市	2	0.11
21	资阳市	1	0.05
22	广安市	0	0.00
23	其他	4	0.21
合计		1889	100.00

3. 平均被引用次数

从平均被引用次数看,重庆市、成都市、阿坝州、南充市、泸州市名列前五。重庆市获奖专著平均被引用次数最多,为 55.67 次/本;成都为 29.86 次/本;阿坝州为 22.29 次/本;南充市为 16.22 次/本、泸州市为 14.8。详见表 6 - 11。平均被引用次数的公式如下:

$$平均被引用次数 = \frac{\sum 各地区的总被引次数}{地区入选专著数}$$

表 6 - 11　四川社科获奖专著平均被引用次数地区分布①

序号	地区	入选专著数(本)	被引用次数(次)	平均被引用次数(次/本)
1	重庆市	175	9742	55.67
2	成都市	1908	56 979	29.86
3	阿坝州	7	156	22.29
4	南充市	138	2238	16.22
5	泸州市	15	222	14.8
6	乐山市	33	482	14.61

---

① 注:表中"其他"为北京市、上海市和云南省。

续表

序号	地区	入选专著数(本)	被引用次数(次)	平均被引用次数(次/本)
7	绵阳市	50	652	13.04
8	内江市	13	142	10.92
9	攀枝花市	13	111	8.54
10	达州市	23	189	8.22
11	自贡市	19	140	7.37
12	巴中市	4	26	6.5
13	德阳市	9	57	6.33
14	雅安市	23	145	6.3
15	凉山州	18	90	5
16	遂宁市	8	39	4.88
17	宜宾市	23	59	2.57
18	甘孜州	5	10	2
19	广元市	4	6	1.5
20	资阳市	1	1	1
21	眉山市	9	3	0.33
22	广安市	2	0	0
23	其他	5	255	51
合计		2505	71 744	28.64

4.年均被引用次数

从年均被引用次数看,重庆市、阿坝州、成都市、泸州市、南充市名列前五。重庆市的年平均被引用次数最大,为 2.32 次/年·本;阿坝州为 2.12 次/年·本;成都市为 2.03 次/年·本;泸州市为 1.29 次/年·本;南充市为 1.21 次/年·本。详见表6-12。地区的年均被引用次数的公式如下:

$$年均被引用次数 = \sum \frac{各地区中单个专著被引用次数}{\left[(2015 - 出版年) + 1\right]} \times$$

$$\frac{1}{各地区入选专著数}$$

表 6 - 12　四川社科获奖专著年均被引用次数地区分布①

序号	地区	入选专著数(本)	年均被引用次数(次/年·本)
1	重庆市	175	2.32
2	阿坝州	7	2.12
3	成都市	1908	2.03
4	泸州市	15	1.29
5	南充市	138	1.21
6	乐山市	33	1.15
7	绵阳市	50	1.09
8	内江市	13	0.95
9	雅安市	23	0.83
10	遂宁市	8	0.79
11	巴中市	4	0.62
12	德阳市	9	0.56
13	攀枝花市	13	0.56
14	达州市	23	0.55
15	自贡市	19	0.48
16	凉山州	18	0.41
17	宜宾市	23	0.33
18	资阳市	1	0.33
19	甘孜州	5	0.11

① "其他"为北京市、上海市和云南省;"0.00"为四舍五入计算结果。

序号	地区	入选专著数(本)	年均被引用次数(次/年·本)
20	广元市	4	0.07
21	眉山市	9	0.04
22	广安市	2	0.00
23	其他	5	2.44
	合计	2505	1.87

四、获奖专著被引情况学科分析

从学科结构上看,四川社科优秀成果评奖共设 29 个一级学科分类。本书按学科统计并计算了四川社科获奖专著的被引用次数、被引用专著数、平均被引用次数和年均被引用次数。

1. 被引用次数

从被引用次数看,教育学、法学、应用经济、综合类、中国文学名列前五,五个学科的获奖专著被引用次数占总被引用次数的比例为55.06%。教育学的被引用次数最多,为9334 次,占总被引用次数的13.01%;法学为7947 次,占比11.08%;应用经济为7846 次,占比10.94%;综合类为7307 次,占比10.18%;中国文学为7068 次,占比9.85%。详见表6－13。

表6－13　四川社科获奖专著被引用次数学科分布

序号	学科	被引用次数	
		数量(次)	占总被引用次数比例(%)
1	教育学	9334	13.01
2	法学	7947	11.08
3	应用经济	7846	10.94
4	综合类	7307	10.19
5	中国文学	7068	9.85

续表

序号	学科	被引用次数	
		数量（次）	占总被引用次数比例（%）
6	语言学	5283	7.36
7	中国历史	3727	5.19
8	社会学	3503	4.88
9	管理学	3424	4.77
10	宗教学	2576	3.59
11	艺术学	1916	2.67
12	民族问题研究	1771	2.47
13	外国文学	1751	2.44
14	新闻学与传播学	1624	2.26
15	哲学	1000	1.39
16	政治学	853	1.19
17	体育学	767	1.07
18	考古学	733	1.02
19	理论经济	649	0.91
20	马列·科社	594	0.83
21	宣传文化学	583	0.81
22	人口学	477	0.66
23	党史·党建	362	0.51
24	图书馆·情报与文献学	191	0.27
25	国际问题研究	190	0.26
26	世界历史	108	0.15
27	统计学	103	0.14
28	志书类	57	0.09
	合计	71 744	100.00

2. 被引用专著数

从被引用专著的学科分布来看,应用经济、教育学、中国文学、社会学、管理学名列前五,五个学科的被引专著数量占被引专著总数的49.4%。应用经济学的被引专著数最多,为309本,占被引专著总数的比例为16.36%;教育学为190本,占比10.06%;中国文学为162本,占比8.58%;社会学为145本,占比7.68%;管理学为127本,占比6.72%。详见表6-14。

表6-14　四川社科获奖专著有被引用著作数学科分布

序号	学科	有被引本数	
		数量(本)	占有被引总数比例(%)
1	应用经济	309	16.36
2	教育学	190	10.06
3	中国文学	162	8.58
4	社会学	145	7.68
5	管理学	127	6.72
6	法学	106	5.61
7	中国历史	87	4.61
8	综合类	87	4.61
9	语言学	75	3.97
10	马列·科社	72	3.81
11	哲学	70	3.70
12	民族问题研究	64	3.39
13	艺术学	62	3.28
14	政治学	49	2.59
15	新闻学与传播学	43	2.28
16	宗教学	41	2.17
17	宣传文化学	32	1.69

续表

序号	学科	有被引本数	
		数量(本)	占有被引总数比例(%)
18	外国文学	31	1.64
19	党史·党建	29	1.53
20	考古学	24	1.27
21	体育学	20	1.06
22	人口学	13	0.69
23	图书馆·情报与文献学	13	0.69
24	国际问题研究	12	0.64
25	理论经济	10	0.53
26	统计学	7	0.37
27	世界历史	6	0.31
28	志书类	3	0.16
	合计	1889	100.00

3.平均被引用次数

从平均被引用次数看,法学、综合类、语言学、宗教学、外国文学名列前五。法学类获奖专著的平均被引用次数最多,为 64.09 次/本;综合类为 60.39 次/本;语言学为 60.03 次/本;宗教学为 54.81 次/本;外国文学为 51.50 次/本。详见表 6 – 15。平均被引用次数的公式如下:

$$平均被引用次数 = \frac{\sum 各学科的被引用次数}{各学科入选专著数}$$

表 6 – 15 四川社科获奖专著平均被引用次数学科分布

序号	学科	入选专著数(本)	被引用次数(次)	平均被引用次数(次/本)
1	法学	124	7947	64.09

续表

序号	学科	入选专著数（本）	被引用次数（次）	平均被引用次数（次/本）
2	综合类	121	7307	60.39
3	语言学	88	5283	60.03
4	宗教学	47	2576	54.81
5	外国文学	34	1751	51.50
6	理论经济	14	649	46.36
7	中国文学	196	7068	36.06
8	教育学	260	9334	35.90
9	中国历史	105	3727	35.50
10	新闻学与传播学	47	1624	34.55
11	人口学	17	477	28.06
12	考古学	28	733	26.18
13	体育学	31	767	24.74
14	艺术学	80	1916	23.95
15	民族问题研究	76	1771	23.30
16	应用经济	411	7846	19.09
17	管理学	184	3424	18.61
18	社会学	200	3503	17.52
19	世界历史	7	108	15.43
20	国际问题研究	14	190	13.57
21	统计学	8	103	12.88
22	宣传文化学	46	583	12.67
23	哲学	83	1000	12.05
24	志书类	5	57	11.40

续表

序号	学科	入选专著数（本）	被引用次数（次）	平均被引用次数（次/本）
25	政治学	76	853	11.22
26	图书馆·情报与文献学	22	191	8.68
27	党史·党建	64	362	5.66
28	马列·科社	117	594	5.08
	合计	2505	71 744	28.64

4.年均被引用次数

从年均被引用次数看,法学、外国文学、宗教学、新闻学与传播学、语言学名列前五。法学获奖专著的年均被引用次数最多,为 5.01 次/年·本;外国文学为 3.76 次/年·本;宗教学为 3.32 次/年·本;新闻学与传播学为 3.25 次/年·本;语言学为 3.05 次/年·本。详见表 6-16。年均被引用次数的公式如下:

$$年均被引用次数 = \sum \frac{各学科中单个专著被引用次数}{[(2015-出版年)+1]} \times \frac{1}{各学科入选专著数}$$

表 6-16 四川社科获奖专著年均被引用次数学科分布

序号	学科	入选专著数（本）	年均被引用次数（次/年·本）
1	法学	124	5.01
2	外国文学	34	3.76
3	宗教学	47	3.32
4	新闻学与传播学	47	3.25
5	语言学	88	3.05
6	综合类	121	2.69

续表

序号	学科	入选专著数 （本）	年均被引用 次数(次/年·本)
7	理论经济	14	2.56
8	中国文学	196	2.33
9	教育学	260	2.01
10	体育学	31	2.01
11	中国历史	105	1.95
12	考古学	28	1.84
13	人口学	17	1.83
14	艺术学	80	1.47
15	管理学	184	1.46
16	民族问题研究	76	1.46
17	应用经济	411	1.45
18	世界历史	7	1.44
19	统计学	8	1.31
20	社会学	200	1.24
21	宣传文化学	46	0.96
22	政治学	76	0.90
23	哲学	83	0.86
24	图书馆、情报与文献学	22	0.75
25	国际问题研究	14	0.70
26	志书类	5	0.68
27	马列·科社	117	0.59
28	党史·党建	47	0.23
合计		2505	1.87

五、获奖专著被引情况出版社分析

四川社科获奖专著涉及出版社 265 家,本书列出了出版获奖专著数量排名靠前的 20 家出版社,按出版社统计并计算了四川社科获奖专著的被引用次数、被引用专著数、平均被引用次数和年均被引用次数。

1. 被引用次数

从被引用次数看,四川人民出版社、四川大学出版社、巴蜀书社、西南财经大学出版社、重庆出版社名列前五,五个出版社的被引用次数占总被引用次数的 37.88% 。四川人民出版社的被引用次数最多,为 8351 次,占总被引用次数的比例为 11.64% ;四川大学出版社为 6124 次,占比 8.54% ;巴蜀书社为 5426 次,占比 7.56% ;西南财经大学出版社为 4231 次;占比 5.90% ;重庆出版社为 3044 次,占比 4.24% 。详见表 6 – 17。

表 6 – 17 四川社科获奖专著被引用次数出版社分布

序号	出版社	被引用次数	
		数量(次)	占总被引用次数比例(%)
1	四川人民出版社	8351	11.64
2	四川大学出版社	6124	8.54
3	巴蜀书社	5426	7.56
4	西南财经大学出版社	4231	5.90
5	重庆出版社	3044	4.24
6	西南大学出版社	2747	3.83
7	上海古籍出版社	2735	3.81
8	法律出版社	2618	3.65
9	四川教育出版社	2439	3.40
10	人民出版社	2421	3.37
11	高等教育出版社	2121	2.96
12	中国社会科学出版社	1946	2.71

续表

序号	出版社	被引用次数	
		数量(次)	占总被引用次数比例(%)
13	上海人民出版社	1898	2.65
14	广西教育出版社	1692	2.36
15	中华书局	1452	2.02
16	华中科技大学出版社	1405	1.96
17	科学出版社	1053	1.47
18	中国政法大学出版社	1025	1.43
19	四川民族出版社	973	1.36
20	北京大学出版社	892	1.24
	合计	54 593	76.10

2. 被引用专著数

从被引用专著数看,四川人民出版社、四川大学出版社、巴蜀书社、西南财经大学出版社、人民出版社名列前五,五个出版社的获奖专著数占总获奖专著数的比例为43.83%。四川人民出版社的被引用专著数最多,为276本,占被引用专著总数的比例为14.61%;四川大学出版社为189本,占比10.01%;巴蜀书社为168本,占比8.89%;西南财经大学出版社为122本,占比6.46%;人民出版社为73本,占比3.86%。详见表6-18。

表6-18　四川社科获奖专著被引用著作数出版社分布

序号	出版社	被引本数	
		数量(本)	占被引总数比例(%)
1	四川人民出版社	276	14.61
2	四川大学出版社	189	10.01
3	巴蜀书社	168	8.89
4	西南财经大学出版社	122	6.46

续表

序号	出版社	被引本数	
		数量(本)	占被引总数比例(%)
5	人民出版社	73	3.86
6	中国社会科学出版社	70	3.71
7	科学出版社	47	2.49
8	四川教育出版社	47	2.49
9	重庆出版社	43	2.28
10	西南大学出版社	38	2.01
11	法律出版社	29	1.54
12	四川民族出版社	29	1.54
13	中华书局	23	1.22
14	北京大学出版社	14	0.74
15	上海人民出版社	13	0.69
16	高等教育出版社	12	0.64
17	上海古籍出版社	5	0.26
18	广西教育出版社	4	0.21
19	中国政法大学出版社	4	0.21
20	华中科技大学出版社	2	0.11
合计		1208	63.97

3.平均被引用次数

从平均被引用次数看,华中科技大学出版社、广西教育出版社、上海古籍出版社、高等教育出版社、中国政法大学出版社名列前五。华中科技大学出版社的平均被引用次数最多,为 702.50 次/本;广西教育出版社为 423.00 次/本;上海古籍出版社为 390.71 次/本;高等教育出版社为 176.75 次/本;中国政法大学出版社为 170.83 次/本。详见表6-19。平均被引用次数的公式计算如下:

$$平均被引用次数 = \frac{\sum 各出版社的总被引用次数}{各出版社入选专著数}$$

表6-19 四川社科获奖专著平均被引用次数出版社分布

序号	出版社	入选专著数 (本)	被引用次数 (次)	平均被引用 次数(次/本)
1	华中科技大学出版社	2	1405	702.50
2	广西教育出版社	4	1692	423.00
3	上海古籍出版社	7	2735	390.71
4	高等教育出版社	12	2121	176.75
5	中国政法大学出版社	6	1025	170.83
6	上海人民出版社	15	1898	126.53
7	法律出版社	33	2618	79.33
8	中华书局	24	1452	60.50
9	北京大学出版社	15	892	59.47
10	西南大学出版社	47	2747	58.45
11	重庆出版社	53	3044	57.43
12	四川教育出版社	56	2439	43.55
13	人民出版社	83	2421	29.17
14	巴蜀书社	187	5426	29.02
15	四川民族出版社	35	973	27.80
16	西南财经大学出版社	153	4231	27.65
17	中国社会科学出版社	82	1946	23.73
18	四川人民出版社	385	8351	21.69
19	四川大学出版社	293	6124	20.90
20	科学出版社	58	1053	18.16
	合计	1550	54 593	35.22

4.年均被引用次数

从年均被引用次数看,广西教育出版社、华中科技大学出版社、中国政法大学出版社、上海古籍出版社、高等教育出版社名列前五。广西教育出版社的年均被引用次数最多,为23.44次/年·本;华中科技大学出版社为20.90次/年·本;中国政法大学出版社为12.09次/年·本;上海古籍出版社为11.86次/年·本;高等教育出版社为8.9次/年·本。详见表6-20。年均被引用次数的公式如下:

$$年均被引用次数 = \sum \frac{各出版社中单个专著被引用次数}{[(2015 - 出版年) + 1]} \times \frac{1}{出版社入选专著数}$$

表6-20 四川社科获奖专著年均被引用次数出版社分布

序号	出版社	入选专著数(本)	年均被引用次数(次/年·本)
1	广西教育出版社	4	23.44
2	华中科技大学出版社	2	20.90
3	中国政法大学出版社	6	12.09
4	上海古籍出版社	7	11.86
5	高等教育出版社	12	8.95
6	上海人民出版社	15	8.48
7	法律出版社	33	7.07
8	北京大学出版社	15	5.86
9	中华书局	24	3.75
10	人民出版社	83	2.97
11	西南大学出版社	47	2.80
12	四川教育出版社	56	2.25
13	重庆出版社	53	2.20

序号	出版社	入选专著数（本）	年均被引用次数（次/年·本）
14	中国社会科学出版社	82	2.12
15	科学出版社	58	2.05
16	西南财经大学出版社	153	1.92
17	巴蜀书社	187	1.82
18	四川民族出版社	35	1.47
19	四川大学出版社	293	1.29
20	四川人民出版社	385	1.12
	合计	1550	2.16

六、获奖专著被引情况第一获奖单位分析

四川社科获奖专著涉及的第一获奖单位有 455 家。本书列出了获奖专著数量排名靠前的 20 家第一获奖单位,排在前 20 位的第一获奖单位共有获奖专著 1716 本,占总入选专著（2505 本）的比例为 68.50%。本书按获奖单位统计并计算了四川社科获奖专著的被引用次数、被引用专著数、平均被引用次数和年均被引用次数。

1. 被引用次数

从被引用次数看,四川大学、四川省社会科学院、西南财经大学、四川师范大学、西南大学名列前五,五个获奖单位的被引用次数占总被引用次数的比例为 73.3%。四川大学的被引用次数最多,为 24 192 次,占总被引用次数的比例为 33.72%。四川省社会科学院为 8004 次,占比 11.16%;西南财经大学为 7602 次,占比 10.60%;四川师范大学为 6406 次,占比 8.93%;西南大学为 6376 次,占比 8.89%。详见表 6-21。

表6-21　四川社科获奖专著被引用次数第一获奖单位分布

序号	第一获奖单位	被引用次数	
		数量(次)	占总被引用次数比例(%)
1	四川大学	24 192	33.72
2	四川省社会科学院	8004	11.16
3	西南财经大学	7602	10.60
4	四川师范大学	6406	8.93
5	西南大学	6376	8.89
6	西南政法大学	2098	2.92
7	西南民族大学	1881	2.62
8	西华师范大学	1032	1.44
9	西南交通大学	919	1.28
10	成都大学	912	1.27
11	中共四川省委党校	869	1.21
12	成都体育学院	750	1.05
13	电子科技大学	617	0.86
14	四川省民族研究所	451	0.63
15	重庆师范大学	416	0.58
16	西南科技大学	382	0.53
17	成都理工大学	362	0.50
18	四川旅游学院	314	0.44
19	四川美术学院	275	0.38
20	重庆市博物馆	267	0.37
	合计	64 125	89.38

2.有被引用专著数

从被引用专著数看,四川大学、四川师范大学、西南财经大学、四川省社会科学院、西南民族大学名列前五,5 个获奖单位的被引用专著数占总被引获奖专著数的比例为 53.04%。四川大学的被引用的专著数最多,为 405 本,占被引用专著总数的比例为 21.44%;四川师范大学为 192 本,占比 10.16%;西南财经大学为 157 本,占比 8.31%;四川省社会科学院为 146 本,占比 7.73%;西南民族大学为 102 本,占比5.40%。详见表 6-22。

表6-22　四川社科获奖专著被引用著作数第一获奖单位分布

序号	第一获奖单位	有被引本数	
		数量(本)	占有被引总数比例(%)
1	四川大学	405	21.44
2	四川师范大学	192	10.16
3	西南财经大学	157	8.31
4	四川省社会科学院	146	7.73
5	西南民族大学	102	5.40
6	西南大学	71	3.76
7	西华师范大学	70	3.71
8	西南交通大学	44	2.33
9	中共四川省委党校	44	2.33
10	电子科技大学	30	1.59
11	西南政法大学	20	1.06
12	成都大学	18	0.95
13	西南科技大学	18	0.95
14	成都体育学院	17	0.9
15	四川省民族研究所	15	0.79
16	成都理工大学	13	0.69
17	重庆师范大学	11	0.58

续表

序号	第一获奖单位	有被引本数	
		数量（本）	占有被引总数比例（%）
18	四川旅游学院	5	0.26
19	重庆市博物馆	4	0.21
20	四川美术学院	2	0.11
合计		1384	73.26

3.平均被引用次数分析

从平均被引用次数看，四川美术学院、西南政法大学、西南大学、重庆市博物馆、四川旅游学院名列前五。四川美术学院的平均被引用次数最多，为137.50次/本。西南政法大学为95.36次/本；西南大学为78.72次/本；重庆市博物馆为66.75次/本；四川旅游学院为52.3次/本。详见表6-23。平均被引用次数公式如下：

$$平均被引用次数 = \frac{\sum 各获奖单位的总被引用次数}{各获奖单位入选专著数}$$

表6-23　四川社科获奖专著平均被引用次数第一获奖单位分布

序号	第一获奖单位	入选专著数（本）	被引用次数（次）	平均被引用次数（次/本）
1	四川美术学院	2	275	137.5
2	西南政法大学	22	2098	95.36
3	西南大学	81	6376	78.72
4	重庆市博物馆	4	267	66.75
5	四川旅游学院	6	314	52.33
6	四川大学	469	24 192	51.58
7	西南财经大学	179	7602	42.47
8	成都大学	23	912	39.65

序号	第一获奖单位	入选专著数 （本）	被引用次数 （次）	平均被引用 次数（次/本）
9	四川省社会科学院	203	8004	39.43
10	重庆师范大学	12	416	34.67
11	成都体育学院	26	750	28.85
12	四川省民族研究所	16	451	28.19
13	四川师范大学	235	6406	27.26
14	成都理工大学	16	362	22.63
15	西南交通大学	49	919	18.76
16	西南科技大学	22	382	17.36
17	西南民族大学	129	1881	14.58
18	电子科技大学	45	617	13.71
19	西华师范大学	84	1032	12.29
20	中共四川省委党校	93	869	9.34
	合计	1716	64 125	37.37

4.年均被引用次数分析

从年均被引用次数看,四川美术学院、西南政法大学、四川旅游学院、西南大学、四川大学名列前五。四川美术学院的年均被引用次数最多,为5.05次/年·本;西南政法大学为4.11次/年·本;四川旅游学院为4.03次/年·本;西南大学为3.30次/年·本;四川大学为3.25次/年·本。详见表6-24。年均被引用次数的公式如下:

$$年均被引用次数 = \sum \frac{各获奖单位单个专著被引用次数}{[(2015 - 出版年) + 1]} \times \frac{1}{各获奖单位入选专著数}$$

表6-24 四川社科获奖专著年均被引用次数第一获奖单位分布

序号	第一获奖单位	入选专著数（本）	年均被引用次数（次/年·本）
1	四川美术学院	2	5.05
2	西南政法大学	22	4.11
3	四川旅游学院	6	4.03
4	西南大学	81	3.30
5	四川大学	469	3.25
6	西南财经大学	179	3.22
7	成都大学	23	2.77
8	成都体育学院	26	2.36
9	四川省社会科学院	203	2.09
10	重庆市博物馆	4	2.04
11	四川师范大学	235	2.01
12	电子科技大学	45	1.79
13	成都理工大学	16	1.74
14	西南科技大学	22	1.72
15	西南交通大学	49	1.64
16	重庆师范大学	12	1.44
17	西南民族大学	129	1.35
18	四川省民族研究所	16	1.17
19	西华师范大学	84	1.16
20	中共四川省委党校	93	0.83
	合计	1716	2.41

七、获奖专著被引情况专著分析

本书按专著名称统计并计算了四川社科获奖专著的被引用次数和年均被引用次数。

1. 被引用次数

本书列出了被引用次数排在前 20 位的获奖专著。由表 6－25 可知,《山海经校注》《简明汉语史》《词汇学简论》《华阳国志校注》《刑事庭审制度研究》名列前五,五部书的被引用次数占总被引用次数的比例为 10.29%。《山海经校注》的被引用次数最多,为 2378 次,占总被引用次数的比例 3.31%;《简明汉语史》为 1694 次,占比 2.36%;《词汇学简论》为 1236 次,占比 1.72%;《华阳国志校注》为 1076 次,占比 1.50%;《刑事庭审制度研究》为 1001 次,占比 1.4%。

表 6－25　四川社科获奖专著被引用次数分布

序号	专著名称	被引用次数	
		数量(次)	占总被引用次数比例(%)
1	山海经校注	2378	3.31
2	简明汉语史	1694	2.36
3	词汇学简论	1236	1.72
4	华阳国志校注	1076	1.50
5	刑事庭审制度研究	1001	1.40
6	当代认知心理学在教学中的应用	935	1.30
7	当代中国青年价值观与教育	891	1.24
8	中国道教史	795	1.11
9	行业协会经济自治权研究	773	1.08
10	教育建模	703	0.98
11	物理教学论	669	0.93

续表

序号	专著名称	被引用次数	
		数量（次）	占总被引用次数比例（%）
12	经济法——国家干预经济的基本法律形式	599	0.83
13	现代课程论	599	0.83
14	儒家法思想通论	541	0.75
15	威廉·福克纳研究	533	0.74
16	中华民国教育史	525	0.73
17	区域产业结构调整与主导产业选择研究	503	0.70
18	宋人别集叙录	471	0.66
19	外语教育学	442	0.62
20	公正伦理与制度道德	439	0.61

2. 年均被引用次数

本书列出了年均被引用次数排在前20位的获奖专著。由表6-26可知,《符号学:原理与推演》《简明汉语史》《刑事庭审制度研究》《山海经校注》《行业协会经济自治权研究》名列前五。《符号学:原理与推演》的年均被引用次数最多,为80.4次/年;《简明汉语史》为73.65次/年;《刑事庭审制度研究》为66.73次/年;《山海经校注》为66.06次/年;《行业协会经济自治权研究》为59.46次/年。

表6-26 四川社科获奖专著年均被引用次数分布

序号	专著名称	年均被引用次数（次/年）
1	符号学:原理与推演	80.4
2	简明汉语史	73.65
3	刑事庭审制度研究	66.73
4	山海经校注	66.06

序号	专著名称	年均被引用次数(次/年)
5	行业协会经济自治权研究	59.46
6	当代认知心理学在教学中的应用	44.52
7	区域产业结构调整与主导产业选择研究	41.92
8	当代中国青年价值观与教育	40.50
9	教育建模	39.06
10	中国道教史	37.86
11	词汇学简论	36.35
12	公正伦理与制度道德	33.77
13	华阳国志校注	33.63
14	物理教学论	33.45
15	体育旅游导论	31.23
16	宪法基本权利司法救济研究	30.23
17	公司财务危机论	29.18
18	从宪法到宪政	29.17
19	中国刑事诉讼运行机制实证研究	28.78
20	经济法——国家干预经济的基本法律形式	28.52

八、获奖专著被引情况获奖人分析

四川社科获奖专著涉及的第一获奖人有 1400 多,本书列出了被引用次数排在前 20 位的第一获奖人,排在前 20 位的第一获奖人入选专著数是 75 本,占总入选专著数(2505 本)的比例为 2.99%。同时,按获奖人统计并计算了四川社科获奖专著的第一获奖人的被引用次数、被引用专著数、平均被引用次数和年均被引用次数。

1. 被引用次数

从被引用次数看,袁珂、向熹、查有梁、张永言、卿希泰名列前五,五个人的被引用次数占总被引用次数的比例为 12.41%。袁珂的被引用次数最多，为 2537 次，占总被引用次数的比例为 3.54%；向熹为 1904 次，占比 2.65%；查有梁为 1749 次，占比 2.44%；张永言为 1405 次，占比 1.96%；卿希泰为 1307 次，占比 1.82%。详见表 6－27。

排在前 20 位的获奖人总的被引用次数为 21 438 次，占总被引用次数的比例为 29.88%。

表 6－27　四川社科获奖专著被引用次数第一获奖人分布

序号	第一获奖人	被引用次数	
		数量（次）	占总被引用次数比例（%）
1	袁　珂	2537	3.54
2	向　熹	1904	2.65
3	查有梁	1749	2.44
4	张永言	1405	1.96
5	卿希泰	1307	1.82
6	刘　琳	1168	1.63
7	龙宗智	1141	1.59
8	周裕锴	1004	1.40
9	张庆林	935	1.30
10	左卫民	907	1.26
11	郭复初	894	1.25
12	黄希庭	891	1.24
13	熊明安	880	1.23
14	鲁　篱	846	1.18
15	隗瀛涛	758	1.06
16	谢桃坊	729	1.02
17	江世银	601	0.84

续表

序号	第一获奖人	被引用次数	
		数量(次)	占总被引用次数比例(%)
18	靳玉乐	599	0.83
19	李昌麒	599	0.83
20	肖明翰	584	0.81
合计		21 438	29.88

2. 被引用专著数

从被引用专著数看,在被引用次数排在前20的第一获奖人中,查有梁、郭复初、左卫民、江世银、卿希泰名列前五,五个人的被引专著数占总被引专著数的比例为1.8%。查有梁的被引用专著数最多,为9本,占有被引总数的0.48%;左卫民和郭复初,均为7本,占比0.37%;江世银为6本,占比0.32%;卿希泰为5本,占比0.26%。

被引用次数排在前20位的作者入选专著是75本,被引用次数大于0的专著数有70本,占前20位作者入选专著数的比例为93.33%,占总被引用专著数的比例为3.71%。

表6-28　四川社科获奖专著被引用著作数第一获奖人分布

序号	第一获奖人	有被引本数	
		数量(本)	占有被引总数比例(%)
1	查有梁	9	0.48
2	郭复初	7	0.37
3	左卫民	7	0.37
4	江世银	6	0.32
5	卿希泰	5	0.26
6	隗瀛涛	5	0.26
7	熊明安	5	0.26

续表

序号	第一获奖人	有被引本数	
		数量(本)	占有被引总数比例(%)
8	周裕锴	4	0.21
9	龙宗智	3	0.16
10	谢桃坊	3	0.16
11	刘 琳	2	0.11
12	鲁 篱	2	0.11
13	向 熹	2	0.11
14	肖明翰	2	0.11
15	袁 珂	2	0.11
16	张永言	2	0.11
17	黄希庭	1	0.05
18	靳玉乐	1	0.05
19	李昌麒	1	0.05
20	张庆林	1	0.05
合计		70	3.71

3.平均被引用次数

从平均被引用次数看,在被引用次数排在前20的第一获奖人中,袁珂、向熹、张庆林、黄希庭、张永言名列前五。袁珂的平均被引用次数最多,为1268.50次/本;向熹为952次/本;张庆林为935次/本;黄希庭为891次/本;张永言为702.5次/本。详见表6-29。平均被引用次数的计算公式如下:

$$平均被引用次数 = \frac{\sum 各获奖人的总被引用次数}{各获奖人入选专著数}$$

表6-29　四川社科获奖专著平均被引用次数第一获奖人分布

序号	第一获奖人	入选专著数 (本)	被引用次数 (次)	平均被引用 次数(次/本)
1	袁　珂	2	2537	1268.50
2	向　熹	2	1904	952.00
3	张庆林	1	935	935.00
4	黄希庭	1	891	891.00
5	张永言	2	1405	702.50
6	靳玉乐	1	599	599.00
7	李昌麒	1	599	599.00
8	刘　琳	2	1168	584.00
9	鲁　篱	2	846	423.00
10	肖明翰	2	584	292.00
11	龙宗智	4	1141	285.25
12	周裕锴	4	1004	251.00
13	谢桃坊	3	729	243.00
14	卿希泰	6	1307	217.83
15	查有梁	9	1749	194.33
16	熊明安	5	880	176.00
17	左卫民	7	907	129.57
18	郭复初	7	894	127.71
19	隗瀛涛	7	758	108.29
20	江世银	7	601	85.86
	合计	75	21 438	285.84

4.年均被引用次数分析

从年均被引用次数看,在被引用次数排在前20的第一获奖人中,张庆林、黄希庭、向熹、袁珂、鲁篱名列前五。张庆林的年均被引用次数最多，为 44.52 次/年·本；黄希庭为 40.50 次/年·本；向熹为 40.45 次/年·本；袁珂为 36.49 次/年·本；鲁篱为 33.05 次/年·本。被引用次数排在前 20 位的获奖人，其年均被引用次数为 14.09 次，远大于 2505 本入选专著的平均被引用次数 1.87 次。详见表 6－30。年均被引用次数的公式如下：

$$年均被引用次数 = \sum \frac{各获奖人单个专著被引用次数}{[(2015-出版年)+1]} \times \frac{1}{各获奖人入选专著数}$$

表 6－30 四川社科获奖专著年均被引用次数第一获奖人分布

序号	第一获奖人	入选专著数（本）	年均被引用次数（次/年·本）
1	张庆林	1	44.52
2	黄希庭	1	40.50
3	向 熹	2	40.45
4	袁 珂	2	36.49
5	鲁 篱	2	33.05
6	靳玉乐	1	28.52
7	李昌麒	1	28.52
8	张永言	2	20.90
9	龙宗智	4	20.76
10	刘 琳	2	20.35
11	肖明翰	2	15.19
12	周裕锴	4	14.78
13	谢桃坊	3	12.18
14	卿希泰	6	11.46
15	查有梁	9	10.85

序号	第一获奖人	入选专著数(本)	年均被引用次数(次/年·本)
16	左卫民	7	10.01
17	江世银	7	7.24
18	郭复初	7	7.00
19	熊明安	5	6.56
20	隗瀛涛	7	4.84
合计		75	14.09

第二节　四川社科获奖专著被期刊论文、学位论文、会议论文引用情况分析

本书利用四川社科成果服务系统通过 CNKI 采集的四川社科获奖专著被期刊论文、学位论文、会议论文引用的数据,并按照届次、获奖等级、地区、学科、出版社、第一获奖单位、单部著作、第一获奖人分析引用情况,旨在揭示四川社科获奖专著对不同类型文献的学术影响力。

一、获奖专著被期刊论文、学位论文、会议论文引用的届次分析

本书按照届次对四川社科获奖专著被期刊论文、学位论文、会议论文引用的著作数和次数进行统计并计算。

1. 被各种类型文献引用著作数的百分比分析

从历届的获奖专著被各种类型文献引用著作数的百分比看,获奖专著被学位论文引用著作数的百分比最高,被会议论文引用著作数的百分比偏低。

从获奖专著被期刊论文引用的著作数的百分比看,第 12、11、6、7、5届名列前五,百分比为 84.57%、77.97%、68.70%、68.64%、63.06%。

从获奖专著被中国博士学位论文引用的著作数的百分比看,第12、11、10、13、1 届名列前五,百分比为 71.28% 、65.54% 、60.71% 、59.15% 、58.21% 。

从获奖专著被中国优秀硕士学位论文引用的著作数的百分比看,第 12、13、11、10、14 届名列前五,百分比为 84.04% 、76.53% 、76.27% 、74.4% 、66.92% 。

从获奖专著被中国重要会议论文引用的著作数的百分比看,第12、11、1、6、7 届名列前五,百分比为 22.87% 、20.90% 、19.40% 、18.32% 、17.75% 。

从获奖专著被国际会议论文引用的著作数的百分比看,第 1 届最高,百分比 17.91% ,其余届次所占百分比都在 10% 以下。

详见表 6 – 31。

表 6 – 31 四川社科获奖专著被各种类型文献引用著作数百分比届次分布

届次		期刊论文 被引著作数	博士学位论文 被引著作数	优秀硕士学位论文 被引著作数	重要会议论文 被引著作数	国际会议论文 被引著作数	总著作数
1	数量	39	39	39	13	12	67
1	比例（%）	58.21	58.21	58.21	19.40	17.91	74.63
2	数量	32	24	28	9	5	52
2	比例（%）	61.54	46.15	53.85	17.31	9.62	63.46
3	数量	41	35	37	7	6	68
3	比例（%）	60.29	51.47	54.41	10.29	8.82	63.23

届次		期刊论文	博士学位论文	优秀硕士学位论文	重要会议论文	国际会议论文	总著作数
		被引著作数	被引著作数	被引著作数	被引著作数	被引著作数	
4	数量	52	42	58	13	7	88
	比例（%）	59.09	47.73	65.91	14.77	7.95	72.73
5	数量	70	60	74	15	5	111
	比例（%）	63.06	54.05	66.67	13.51	4.5	71.17
6	数量	90	69	85	24	12	131
	比例（%）	68.7	52.67	64.89	18.32	9.16	74.81
7	数量	116	82	105	30	15	169
	比例（%）	68.64	48.52	62.13	17.75	8.88	74.56
8	数量	78	66	82	14	5	135
	比例（%）	57.78	48.89	60.74	10.37	3.70	70.37
9	数量	89	78	92	23	9	148
	比例（%）	60.14	52.70	62.16	15.54	6.08	75.68
10	数量	96	102	125	25	12	168
	比例（%）	57.14	60.71	74.40	14.88	7.14	83.93

续表

届次		期刊论文	博士学位论文	优秀硕士学位论文	重要会议论文	国际会议论文	总著作数
		被引著作数	被引著作数	被引著作数	被引著作数	被引著作数	
11	数量	138	116	135	37	16	177
	比例（%）	77.97	65.54	76.27	20.90	9.04	83.62
12	数量	159	134	158	43	13	188
	比例（%）	84.57	71.28	84.04	22.87	6.91	92.02
13	数量	115	126	163	14	4	213
	比例（%）	53.99	59.15	76.53	6.57	1.88	87.32
14	数量	128	135	174	12	3	260
	比例（%）	49.23	51.92	66.92	4.62	1.15	82.31
15	数量	151	94	168	9	1	272
	比例（%）	55.51	34.56	61.76	3.31	0.37	75
16	数量	80	29	71	3	0	258
	比例（%）	31.01	11.24	27.52	1.16	0.00	47.67
总计	数量	1474	1231	1594	291	125	1889
	比例（%）	58.84	49.14	63.63	11.62	4.99	75.41

2. 被各种类型文献引用次数的百分比分析

从各个届次的获奖专著被各种类型文献引用次数的百分比看,获奖专著被学位论文引用次数的百分比偏高,被会议论文引用次数的百分比偏低。

从获奖专著被期刊论文引用次数的百分比看,第16、2、15、1、3届名列前五,百分比为56.48%、55.17%、46.14%、45.61%、44.62%。

从获奖专著被中国博士学位论文引用次数的百分比看,第10、14、13、6、5届名列前五,百分比为20.19%、18.88%、18.83%、16.47%、16.23%。

从获奖专著被中国优秀硕士学位论文引用次数的百分比看,第10、13、14、12、11届名列前五,百分比为58.97%、58.56%、54.74%、54.47%、51.78%。

详见表6－32。

表6－32 四川社科获奖专著被各种类型文献引用次数的百分比届次分布

届次		期刊论文	博士学位论文	优秀硕士学位论文	重要会议论文	国际会议论文	总被引用次数
		被引用次数	被引用次数	被引用次数	被引用次数	被引用次数	
1	数量	2668	921	2146	70	45	5850
	比例(%)	45.61	15.74	36.68	1.20	0.77	100
2	数量	1546	388	812	36	20	2802
	比例(%)	55.17	13.85	28.98	1.28	0.71	100
3	数量	891	288	793	15	10	1997
	比例(%)	44.62	14.42	39.71	0.75	0.50	100

续表

届次		期刊论文 被引用次数	博士学位论文 被引用次数	优秀硕士学位论文 被引用次数	重要会议论文 被引用次数	国际会议论文 被引用次数	总被引用次数
4	数量	922	348	1046	22	8	2346
	比例（%）	39.30	14.83	44.59	0.94	0.34	100
5	数量	1243	611	1876	27	7	3764
	比例（%）	33.02	16.23	49.84	0.72	0.19	100
6	数量	2330	1024	2780	60	24	6218
	比例（%）	37.47	16.47	44.71	0.96	0.39	100
7	数量	2812	1172	4094	109	23	8210
	比例（%）	34.25	14.28	49.87	1.33	0.28	100
8	数量	1699	617	2368	24	8	4716
	比例（%）	36.03	13.08	50.21	0.51	0.17	100
9	数量	1750	835	2516	35	19	5155
	比例（%）	33.95	16.20	48.81	0.68	0.37	100
10	数量	882	915	2673	38	25	4533
	比例（%）	19.46	20.19	58.97	0.84	0.55	100

续表

届次		期刊论文 被引用 次数	博士学位论文 被引用 次数	优秀硕士 学位论文 被引用 次数	重要会议论文 被引用 次数	国际会议论文 被引用 次数	总被引用 次数
11	数量	3205	1322	4963	71	23	9584
	比例 (%)	33.44	13.79	51.78	0.74	0.24	100
12	数量	2696	1060	4614	82	18	8470
	比例 (%)	31.83	12.51	54.47	0.97	0.21	100
13	数量	679	585	1819	17	6	3106
	比例 (%)	21.86	18.83	58.56	0.55	0.19	100
14	数量	567	420	1218	17	3	2225
	比例 (%)	25.48	18.88	54.74	0.76	0.13	100
15	数量	1010	192	973	13	1	2189
	比例 (%)	46.14	8.77	44.45	0.59	0.05	100
16	数量	327	43	206	3	0	579
	比例 (%)	56.48	7.43	35.58	0.52	0.00	100
总计	数量	25 227	10 741	34 897	639	240	71 744
	比例 (%)	35.16	14.97	48.64	0.89	0.33	100

从获奖专著被中国重要会议论文引用次数的百分比看，第7、2届较高，百分比分别为 1.33%、1.28%。其他届次所占百分比都在 1%以下，第8届最低，为 0.51%。

从获奖专著被国际会议论文引用次数的百分比看，第1、2届较高，百分比分别为 0.77%、0.71%，其余届次所占百分比更低，第16届的百分比甚至为 0。

二、获奖专著被期刊论文、学位论文、会议论文引用的获奖等级分析

本书按照获奖等级对四川社科获奖专著被期刊论文、学位论文、会议论文引用的著作数和次数进行统计并计算。

1. 被各种类型文献引用著作数的百分比分析

从各个获奖等级的获奖专著被各种类型文献引用著作数的百分比看，获奖专著被学位论文引用著作数的百分比偏高，被会议论文引用著作数的百分比偏低。

从获奖专著被期刊论文引用的著作数的百分比看，荣誉奖最高，百分比为 72.97%；位居第二的是一等奖，百分比为 69.61%；位居第三的是二等奖，百分比为 62.36%；位于最后的是三等奖和优秀奖（四等奖），百分比分别为 58.63% 和 52.36%。

从获奖专著被中国博士学位论文引用的著作数的百分比看，荣誉奖最高，百分比为 78.38%；位居第二的是一等奖，百分比为 64.71%；位居第三的是二等奖，百分比为 55.01%；位于最后的是三等奖和优秀奖（四等奖），百分比分别为 46.88% 和 44.72%。

从获奖专著被中国优秀硕士学位论文引用的著作数的百分比看，荣誉奖最高，百分比为 81.08%；位居第二的是一等奖，百分比为 66.67%；位居第三的是二等奖，百分比为 66.15%；位于最后的是三等奖和优秀奖（四等奖），百分比分别为 63.38% 和 59.78%。

从获奖专著被中国重要会议论文引用的著作数的百分比看，荣誉奖最高，百分比为 40.54%；位居第二的是一等奖，百分比为 21.57%；位居第三的是二等奖，百分比为 14.92%；位于最后的是三等奖和优秀

奖(四等奖),百分比分别为10.60%和6.97%。

从获奖专著被国际会议论文引用的著作数的百分比看,荣誉奖最高,百分比为10.81%;位居第二的是一等奖,百分比为10.78%;位居第三的是二等奖,百分比为6.24%;位于最后的是三等奖和优秀奖(四等奖),百分比分别为4.62%和3.15%。

详见表6-33。

表6-33 四川社科获奖专著被各种类型文献引用著作数百分比获奖等级分布

获奖等级		期刊论文	中国博士学位论文	中国优秀硕士学位论文	中国重要会议论文	国际会议论文	总著作数
荣誉奖	数量	27	29	30	15	4	37
	比例(%)	72.97	78.38	81.08	40.54	10.81	100
一等奖	数量	71	66	68	22	11	102
	比例(%)	69.61	64.71	66.67	21.57	10.78	100
二等奖	数量	280	247	297	67	28	449
	比例(%)	62.36	55.01	66.15	14.92	6.24	100
三等奖	数量	863	690	933	156	68	1472
	比例(%)	58.63	46.88	63.38	10.60	4.62	100
优秀奖(四等奖)	数量	233	199	266	31	14	445
	比例(%)	52.36	44.72	59.78	6.97	3.15	100
总计	数量	1474	1231	1594	291	125	2505
	比例(%)	58.84	49.14	63.63	11.62	4.99	100

2. 被各种类型文献引用次数的百分比分析

从各个获奖等级的获奖专著被各种类型文献引用次数的百分比看,获奖专著被学位论文引用次数的百分比偏高,被会议论文引用次数的百分比偏低。

从获奖专著被期刊论文引用的次数的百分比看,荣誉奖最高,百分比为43.75%;位居第二的是一等奖,百分比为39.75%;位居第三的是二等奖,百分比为33.19%;位于最后的是三等奖和优秀奖(四等奖),百分比分别为35.58%和30.76%。

从获奖专著被中国博士学位论文引用的次数的百分比看,一等奖最高,百分比为19.25%;位居第二的是荣誉奖,百分比为16.06%;位居第三的是二等奖,百分比为15.28%;位于最后的是三等奖和优秀奖(四等奖),百分比分别为14.29%和12.90%。

从获奖专著被中国优秀硕士学位论文引用的次数的百分比看,优秀奖(四等奖)最高,百分比为55.53%;位居第二的是二等奖,百分比为50.29%;位居第三的是三等奖,百分比为49.01%;位于最后的是一等奖和荣誉奖,百分比分别为39.18%和37.85%。

从获奖专著被中国重要会议论文引用的次数的百分比看,荣誉奖最高,百分比为1.75%;位居第二的是一等奖,百分比为1.17%;位居第三的是二等奖,百分比为1.03%;位于最后的是三等奖和优秀奖(四等奖),百分比分别为0.78%和0.56%。

从获奖专著被国际会议论文引用的次数的百分比看,一等奖的百分比仅仅为0.65%;其他获奖等级所占百分比很低,二等奖最低,百分比为0.21%。

详见表6-34。

表6-34　四川社科获奖专著被各种类型文献引用次数的百分比获奖等级分布

获奖等级		期刊论文	中国博士学位论文	中国优秀硕士学位论文	中国重要会议论文	国际会议论文	总被引用次数
荣誉奖	数量	823	302	712	33	11	1881
	比例(%)	43.75	16.06	37.85	1.75	0.58	100
一等奖	数量	2923	1416	2881	86	48	7354
	比例(%)	39.75	19.25	39.18	1.17	0.65	100
二等奖	数量	6137	2826	9300	191	38	18 492
	比例(%)	33.19	15.28	50.29	1.03	0.21	100
三等奖	数量	13 312	5345	18 335	292	126	37 410
	比例(%)	35.58	14.29	49.01	0.78	0.34	100
优秀奖(四等奖)	数量	2032	852	3669	37	17	6607
	比例(%)	30.76	12.90	55.53	0.56	0.26	100
总计	数量	25 227	10 741	34 897	639	240	71 744
	比例(%)	35.16	14.97	48.64	0.89	0.33	100

三、获奖专著被期刊论文、学位论文、会议论文引用的地区分析

本书按照地区对四川社科获奖专著被期刊论文、学位论文、会议论文引用的著作数和次数进行统计并计算。

1. 被各种类型文献引用著作数的百分比分析

从各个地区的获奖专著被各种类型文献引用著作数的百分比看,

获奖专著被学位论文、期刊论文引用的著作数的百分比较高,被会议论文引用的著作数的百分比偏低。

从获奖专著被期刊论文引用的著作数的百分比看,资阳市、内江市、重庆市、南充市、乐山市名列前五,百分比分别为100%、76.92%、74.86%、67.39%、63.64%。

从获奖专著被中国博士学位论文引用的著作数的百分比看,重庆市、阿坝州、南充市、成都市、雅安市名列前五,百分比分别为57.71%、57.14%、50.72%、50.52%、47.83%。

从获奖专著被中国优秀硕士学位论文引用的著作数的百分比看,重庆市、南充市、成都市、内江市、泸州市名列前五,百分比为70.86%、65.94%、65.62%、61.54%、60%。

从获奖专著被中国重要会议论文引用的著作数的百分比看,巴中市、重庆市、乐山市、阿坝州、遂宁市名列前五,百分比分别为25.00%、19.43%、15.15%、14.29%、12.50%。

从获奖专著被国际会议论文引用的著作数的百分比看,德阳市最高,百分比11.11%。其余地区均低。

详见表6-35。

表6-35　四川社科获奖专著被各种类型文献引用著作数的百分比地区分布①

地区		期刊论文	中国博士学位论文	中国优秀硕士学位论文	中国重要会议论文	国际会议论文	总著作数
成都市	数量	1106	964	1252	233	102	1908
	比例（%）	57.97	50.52	65.62	12.21	5.35	100

----

① 表中"其他"为北京市、云南省和上海市。

地区		期刊论文	中国博士学位论文	中国优秀硕士学位论文	中国重要会议论文	国际会议论文	总著作数
重庆市	数量	131	101	124	34	14	175
	比例(%)	74.86	57.71	70.86	19.43	8	100
南充市	数量	93	70	91	8	5	138
	比例(%)	67.39	50.72	65.94	5.80	3.62	100
绵阳市	数量	30	22	28	4	0	50
	比例(%)	60.00	44.00	56.00	8.00	0.00	100
乐山市	数量	21	11	14	5	2	33
	比例(%)	63.64	33.33	42.42	15.15	6.06	100
泸州市	数量	8	4	9	1	0	15
	比例(%)	53.33	26.67	60.00	6.67	0.00	100
达州市	数量	9	6	9	0	1	23
	比例(%)	39.13	26.09	39.13	0.00	4.35	100
阿坝州	数量	3	4	4	1	0	7
	比例(%)	42.86	57.14	57.14	14.29	0.00	100

续表

地区		期刊论文	中国博士学位论文	中国优秀硕士学位论文	中国重要会议论文	国际会议论文	总著作数
雅安市	数量	12	11	13	1	0	23
	比例（%）	52.17	47.83	56.52	4.35	0.00	100
内江市	数量	10	5	8	0	0	13
	比例（%）	76.92	38.46	61.54	0.00	0.00	100
自贡市	数量	11	7	10	2	0	19
	比例（%）	57.89	36.84	52.63	10.53	0.00	100
攀枝花市	数量	5	2	5	0	0	13
	比例（%）	38.46	15.38	38.46	0.00	0.00	100
凉山州	数量	6	5	4	0	0	18
	比例（%）	33.33	27.78	22.22	0.00	0.00	100
宜宾市	数量	10	5	6	0	0	23
	比例（%）	43.48	21.74	26.09	0.00	0.00	100
德阳市	数量	5	3	5	0	1	9
	比例（%）	55.56	33.33	55.56	0.00	11.11	100

续表

地区		期刊论文	中国博士学位论文	中国优秀硕士学位论文	中国重要会议论文	国际会议论文	总著作数
遂宁市	数量	2	2	4	1	0	8
	比例(%)	25.00	25.00	50.00	12.50	0.00	100
巴中市	数量	2	1	2	1	0	4
	比例(%)	50.00	25.00	50.00	25.00	0.00	100
甘孜州	数量	3	2	1	0	0	5
	比例(%)	60.00	40.00	20.00	0.00	0.00	100
广元市	数量	2	1	1	0	0	4
	比例(%)	50.00	25.00	25.00	0.00	0.00	100
眉山市	数量	0	2	1	0	0	9
	比例(%)	0.00	22.22	11.11	0.00	0.00	100
资阳市	数量	1	0	0	0	0	1
	比例(%)	100	0.00	0.00	0.00	0.00	100
广安市	数量	0	0	0	0	0	2
	比例(%)	0.00	0.00	0.00	0.00	0.00	100

续表

地区		期刊论文	中国博士学位论文	中国优秀硕士学位论文	中国重要会议论文	国际会议论文	总著作数
其他	数量	4	3	3	0	0	5
	比例（%）	80.00	60.00	60.00	0.00	0.00	100
总计	数量	1474	1231	1594	291	125	2505
	比例（%）	58.84	49.14	63.63	11.62	4.99	100

2. 被各种类型文献引用次数的百分比分析

从各个地区的获奖专著被各种类型文献引用次数的百分比看，获奖专著被学位论文和期刊论文引用次数的百分比较高，被会议论文引用次数的百分比偏低。

从获奖专著被期刊论文引用次数的百分比看，资阳市、宜宾市、攀枝花市、阿坝州、甘孜州名列前五，百分比分别为100%、69.49%、62.16%、61.54%、60%。

从获奖专著被中国博士学位论文引用次数的百分比看，眉山市、广元市、雅安市、甘孜州、达州市名列前五，百分比分别为66.67%、33.33%、31.03%、30%、22.75%。

从获奖专著被中国优秀硕士学位论文引用次数的百分比看，遂宁市、巴中市、凉山州、绵阳市、泸州市名列前五，百分比为76.92%、73.08%、67.78%、67.18%、63.06%。

从获奖专著被中国重要会议论文引用次数的百分比看，巴中市最高，百分比为3.85%，其他均低。

从获奖专著被国际会议论文引用的著作数的百分比看，德阳市最高，百分比为1.75%，其他市（州）均低。

详见表6-36。

表6－36 四川社科获奖专著被各种类型文献引用次数的百分比地区分布①

地区		期刊论文	中国博士学位论文	中国优秀硕士学位论文	中国重要会议论文	国际会议论文	总被引用次数
成都市	数量	19 811	8879	27 538	537	214	56 979
	比例(%)	34.77	15.58	48.33	0.94	0.38	100
重庆市	数量	3641	1220	4794	70	17	9742
	比例(%)	37.37	12.52	49.21	0.72	0.17	100
南充市	数量	869	261	1092	11	5	2238
	比例(%)	38.83	11.66	48.79	0.49	0.22	100
绵阳市	数量	146	64	438	4	0	652
	比例(%)	22.39	9.82	67.18	0.61	0.00	100
乐山市	数量	199	77	195	9	2	482
	比例(%)	41.29	15.98	40.46	1.87	0.41	100
泸州市	数量	69	12	140	1	0	222
	比例(%)	31.08	5.41	63.06	0.45	0.00	100
达州市	数量	45	43	100	0	1	189
	比例(%)	23.81	22.75	52.91	0.00	0.53	100

① 表中"其他"为北京市、云南省和上海市。

续表

地区		期刊论文	中国博士学位论文	中国优秀硕士学位论文	中国重要会议论文	国际会议论文	总被引用次数
阿坝州	数量	96	18	41	1	0	156
	比例（%）	61.54	11.54	26.28	0.64	0.00	100
雅安市	数量	17	45	82	1	0	145
	比例（%）	11.72	31.03	56.55	0.69	0.00	100
内江市	数量	44	25	73	0	0	142
	比例（%）	30.99	17.61	51.41	0.00	0.00	100
自贡市	数量	53	12	72	3	0	140
	比例（%）	37.86	8.57	51.43	2.14	0.00	100
攀枝花市	数量	69	9	33	0	0	111
	比例（%）	62.16	8.11	29.73	0.00	0.00	100
凉山州	数量	17	12	61	0	0	90
	比例（%）	18.89	13.33	67.78	0.00	0.00	100
宜宾市	数量	41	8	10	0	0	59
	比例（%）	69.49	13.56	16.95	0.00	0.00	100

地区		期刊论文	中国博士学位论文	中国优秀硕士学位论文	中国重要会议论文	国际会议论文	总被引用次数
德阳市	数量	19	10	27	0	1	57
	比例(%)	33.33	17.54	47.37	0.00	1.75	100
遂宁市	数量	2	6	30	1	0	39
	比例(%)	5.13	15.38	76.92	2.56	0.00	100
巴中市	数量	2	4	19	1	0	26
	比例(%)	7.69	15.38	73.08	3.85	0.00	100
甘孜州	数量	6	3	1	0	0	10
	比例(%)	60.00	30.00	10.00	0.00	0.00	100
广元市	数量	3	2	1	0	0	6
	比例(%)	50.00	33.33	16.67	0.00	0.00	100
眉山市	数量	0	2	1	0	0	3
	比例(%)	0.00	66.67	33.33	0.00	0.00	100
资阳市	数量	1	0	0	0	0	1
	比例(%)	100.00	0.00	0.00	0.00	0.00	100

续表

地区		期刊论文	中国博士学位论文	中国优秀硕士学位论文	中国重要会议论文	国际会议论文	总被引用次数
广安市	数量	0	0	0	0	0	0
	比例(%)	0.00	0.00	0.00	0.00	0.00	0
其他	数量	77	29	149	0	0	255
	比例(%)	30.20	11.37	58.43	0.00	0.00	100
总计	数量	25 227	10 741	34 897	639	240	71 744
	比例(%)	35.16	14.97	48.64	0.89	0.33	100

四、获奖专著被期刊论文、学位论文、会议论文引用的学科分析

本书按照学科对四川社科获奖专著被期刊论文、学位论文、会议论文引用的次数和著作数进行统计并计算。

1. 被各种类型文献引用著作数的百分比分析

从各个学科的获奖专著被各种类型文献引用著作数的百分比看，各个学科的获奖专著被学位论文和期刊论文引用的著作数的百分比较高，被会议论文引用著作数的百分比偏低。

从获奖专著被期刊论文引用的著作数的百分比看，世界历史、外国文学、考古学、中国历史、新闻学与传播学名列前五，百分比分别为85.71%、85.29%、78.57%、77.14%、76.60%。

从获奖专著被中国博士学位论文引用的著作数的百分比看，外国文学、世界历史、人口学、宗教学、中国历史名列前五，百分比分别是73.53%、71.43%、70.59%、68.09%、66.67%。

从获奖专著被中国优秀硕士学位论文引用次数的百分比看，世界历史、新闻学与传播学、宗教学、法学、外国文学名列前五，百分比分别

为85.71%、82.98%、78.72%、77.42%、76.47%。

从获奖专著被中国重要会议论文引用的著作数的百分比看,理论经济、考古学、民族问题研究、外国文学、法学名列前五,百分比分别为28.57%、21.43%、21.05%、20.59%、19.35%。

从获奖专著被国际会议论文引用的著作数的百分比看,世界历史、中国文学、宗教学、综合类、中国历史名列前五,百分比分别为14.29%、13.27%、12.77%、12.40%、10.48%。

详见表6-37。

表6-37　四川社科获奖专著被各种类型文献引用著作数的百分比学科分布

学科		期刊论文	中国博士学位论文	中国优秀硕士学位论文	中国重要会议论文	国际会议论文	总著作数
教育学	数量	146	97	164	0	6	260
	比例(%)	56.15	37.31	63.08	11.54	2.31	100
法学	数量	94	76	96	24	5	124
	比例(%)	75.81	61.29	77.42	19.35	4.03	100
应用经济	数量	216	213	263	52	10	411
	比例(%)	52.55	51.82	63.99	12.65	2.43	100
综合类	数量	72	67	72	15	15	121
	比例(%)	59.50	55.37	59.50	12.40	12.40	100
中国文学	数量	134	124	138	25	26	196
	比例(%)	68.37	63.27	70.41	12.76	13.27	100

续表

学科		期刊论文	中国博士学位论文	中国优秀硕士学位论文	中国重要会议论文	国际会议论文	总著作数
语言学	数量	67	52	63	12	8	88
	比例（%）	76.14	59.09	71.59	13.64	9.09	100
中国历史	数量	81	70	75	20	11	105
	比例（%）	77.14	66.67	71.43	19.05	10.48	100
社会学	数量	109	83	121	16	3	200
	比例（%）	54.50	41.50	60.50	8.00	1.50	100
管理学	数量	91	72	105	22	8	184
	比例（%）	49.46	39.13	57.07	11.96	4.35	100
宗教学	数量	34	32	37	6	6	47
	比例（%）	72.34	68.09	78.72	12.77	12.77	100
艺术学	数量	55	37	54	7	6	80
	比例（%）	68.75	46.25	67.50	8.75	7.50	100
民族问题研究	数量	56	42	54	16	7	76
	比例（%）	73.68	55.26	71.05	21.05	9.21	100

续表

学科		期刊论文	中国博士学位论文	中国优秀硕士学位论文	中国重要会议论文	国际会议论文	总著作数
外国文学	数量	29	25	26	7	3	34
	比例(%)	85.29	73.53	76.47	20.59	8.82	100
新闻学与传播学	数量	36	28	39	7	0	47
	比例(%)	76.60	59.57	82.98	14.89	0.00	100
哲学	数量	49	46	54	6	2	83
	比例(%)	59.04	55.42	65.06	7.23	2.41	100
政治学	数量	37	30	43	1	2	76
	比例(%)	48.68	39.47	56.58	1.32	2.63	100
体育学	数量	12	11	16	3	2	31
	比例(%)	38.71	35.48	51.61	9.68	6.45	100
考古学	数量	22	14	18	6	1	28
	比例(%)	78.57	50.00	64.29	21.43	3.57	100
理论经济	数量	8	6	6	4	0	14
	比例(%)	57.14	42.86	42.86	28.57	0.00	100

续表

学科		期刊论文	中国博士学位论文	中国优秀硕士学位论文	中国重要会议论文	国际会议论文	总著作数
马列·科社	数量	44	40	57	4	0	117
	比例（%）	37.61	34.19	48.72	3.42	0.00	100
宣传文化类	数量	23	18	26	3	2	46
	比例（%）	50.00	39.13	56.52	6.52	4.35	100
人口学	数量	8	12	10	2	1	17
	比例（%）	47.06	70.59	58.82	11.76	5.88	100
图书馆·情报与文献学	数量	10	2	10	2	0	22
	比例（%）	45.45	9.09	45.45	9.09	0.00	100
国际问题研究	数量	10	8	10	1	0	14
	比例（%）	71.43	57.14	71.43	7.14	0.00	100
党史·党建	数量	18	14	24	0	0	64
	比例（%）	28.125	21.875	37.5	0.00	0.00	100
世界历史	数量	6	5	6	0	1	7
	比例（%）	85.71	71.43	85.71	0.00	14.29	100

学科		期刊论文	中国博士学位论文	中国优秀硕士学位论文	中国重要会议论文	国际会议论文	总著作数
统计学	数量	4	5	6	0	0	8
	比例（%）	50.00	62.50	75.00	0.00	0.00	100
志书类	数量	3	2	1	0	0	5
	比例（%）	60.00	40.00	20.00	0.00	0.00	100
总计	数量	1474	1231	1594	291	125	2505
	比例（%）	58.84	49.14	63.63	11.62	4.99	100

2. 被各种类型文献引用次数的百分比分析

从各个学科的获奖专著被各种类型文献引用次数的百分比看，各个学科的获奖专著被学位论文和期刊论文引用次数的百分比偏高，被会议论文引用次数的百分比偏低。

从获奖专著被期刊论文引用次数的百分比看，图书馆·情报与文献学、考古学、体育学、民族问题研究、综合类名列前五，百分比分别为67.02%、65.08%、54.76%、53.02%、48.04%。

从获奖专著被中国博士学位论文引用次数的百分比看，理论经济、宗教学、统计学、哲学、志书类名列前五，百分比分别为28.81%、27.64%、24.27%、22.50%、19.30%。

从获奖专著被中国优秀硕士学位论文引用次数的百分比看，新闻学与传播学、法学、政治学、教育学、志书类名列前五，百分比分别为64.47%、62.00%、58.97%、56.69%、56.14%。

获奖专著被中国重要会议论文引用次数的百分比均低，社会学最高，百分比仅为2.08%。

各个学科的获奖专著被国际会议论文引用的次数均低，世界历史最高,百分比仅为0.93%。

详见表6-38。

表6-38 四川社科获奖专著被各种类型文献引用次数百分比学科分布

学科		期刊论文	中国博士学位论文	中国优秀硕士学位论文	中国重要会议论文	国际会议论文	总被引用次数
教育学	数量	3161	830	5291	46	6	9334
	比例(%)	33.87	8.89	56.69	0.49	0.06	100
法学	数量	2074	878	4927	57	11	7947
	比例(%)	26.1	11.05	62.00	0.72	0.14	100
应用经济	数量	2235	1500	4010	88	13	7846
	比例(%)	28.49	19.12	51.11	1.12	0.17	100
综合类	数量	3510	1139	2512	91	55	7307
	比例(%)	48.04	15.59	34.38	1.25	0.75	100
中国文学	数量	2552	1220	3197	41	58	7068
	比例(%)	36.11	17.26	45.23	0.58	0.82	100
语言学	数量	1953	843	2441	25	21	5283
	比例(%)	36.97	15.96	46.20	0.47	0.40	100
中国历史	数量	1479	637	1556	40	15	3727
	比例(%)	39.68	17.09	41.75	1.07	0.40	100

学科		期刊论文	中国博士学位论文	中国优秀硕士学位论文	中国重要会议论文	国际会议论文	总被引用次数
社会学	数量	1016	512	1898	73	4	3503
	比例(%)	29.00	14.62	54.18	2.08	0.11	100
管理学	数量	1171	485	1714	45	9	3424
	比例(%)	34.20	14.16	50.06	1.31	0.26	100
宗教学	数量	715	712	1129	9	11	2576
	比例(%)	27.76	27.64	43.83	0.35	0.43	100
艺术学	数量	654	279	963	14	6	1916
	比例(%)	34.13	14.56	50.26	0.73	0.31	100
民族问题研究	数量	939	261	527	30	14	1771
	比例(%)	53.02	14.74	29.76	1.69	0.79	100
外国文学	数量	751	225	763	8	4	1751
	比例(%)	42.89	12.85	43.58	0.46	0.23	100
新闻学与传播学	数量	382	175	1047	20	0	1624
	比例(%)	23.52	10.78	64.47	1.23	0.00	100

续表

学科		期刊论文	中国博士学位论文	中国优秀硕士学位论文	中国重要会议论文	国际会议论文	总被引用次数
哲学	数量	359	225	405	9	2	1000
	比例（％）	35.90	22.50	40.50	0.90	0.20	100
政治学	数量	207	139	503	1	3	853
	比例（％）	24.27	16.30	58.97	0.12	0.35	100
体育学	数量	420	32	305	7	3	767
	比例（％）	54.76	4.17	39.77	0.91	0.39	100
考古学	数量	477	92	150	13	1	733
	比例（％）	65.08	12.55	20.46	1.77	0.14	100
理论经济	数量	161	187	294	7	0	649
	比例（％）	24.81	28.81	45.3	1.08	0.00	100
马列.科社	数量	171	109	310	4	0	594
	比例（％）	28.79	18.35	52.19	0.67	0.00	100
宣传文化类	数量	223	56	296	6	2	583
	比例（％）	38.25	9.61	50.77	1.03	0.34	100

续表

学科		期刊论文	中国博士学位论文	中国优秀硕士学位论文	中国重要会议论文	国际会议论文	总被引用次数
人口学	数量	180	74	220	2	1	477
	比例(%)	37.74	15.51	46.12	0.42	0.21	100
党史·党建	数量	169	36	157	0	0	362
	比例(%)	46.69	9.94	43.37	0.00	0.00	100
图书馆·情报与文献学	数量	128	10	51	2	0	191
	比例(%)	67.02	5.24	26.70	1.05	0.00	100
国际问题研究	数量	72	33	84	1	0	190
	比例(%)	37.89	17.37	44.21	0.53	0.00	100
世界历史	数量	33	16	58	0	1	108
	比例(%)	30.56	14.81	53.70	0.00	0.93	100
统计学	数量	21	25	57	0	0	103
	比例(%)	20.39	24.27	55.34	0.00	0.00	100
志书类	数量	14	11	32	0	0	57
	比例(%)	24.56	19.30	56.14	0.00	0.00	100

续表

学科		期刊论文	中国博士学位论文	中国优秀硕士学位论文	中国重要会议论文	国际会议论文	总被引用次数
总计	数量	25 227	10 741	34 897	639	240	71 744
	比例（%）	35.16	14.97	48.64	0.89	0.33	100

五、获奖专著被期刊论文、学位论文、会议论文引用的出版社分析

本书按照出版社对四川社科获奖专著被期刊论文、学位论文、会议论文引用的著作数和次数进行统计并计算,列出了引用数量排名靠前的20家出版社名单。

1.被各种类型文献引用著作数的百分比分析

从被引用次数排名前20个出版社出版的获奖专著被各种类型文献引用著作数的百分比看,各个出版社的获奖专著被学位论文和期刊论文引用著作数的百分比较高,被会议论文引用著作数的百分比偏低。

从获奖专著被期刊论文引用的著作数的百分比看,广西教育出版社、华中科技大学出版社、上海人民出版社、北京大学出版社、高等教育出版社名列前五,百分比分别为100%、100%、86.67%、86.67%、83.33%。

从获奖专著被中国博士学位论文引用的著作数的百分比看,广西教育出版社、华中科技大学出版社、上海人民出版社、中华书局、法律出版社名列前五,百分比分别为100%、100%、80%、79.17%、72.73%。

从获奖专著被中国优秀硕士学位论文引用的著作数的百分比看,高等教育出版社、广西教育出版社、华中科技大学出版社、法律出版社、巴蜀书社名列前五,百分比分别为100%、100%、100%、87.88%、81.28%。

从获奖专著被中国重要会议论文引用的著作数的百分比看,广西教育出版社、华中科技大学出版社、上海人民出版社、上海古籍出版社、法律

出版社名列前五,百分比为 75.00%、50.00%、33.33%、28.57%、24.24%。

从获奖专著被国际会议论文引用的著作数的百分比看,华中科技大学出版社、上海古籍出版社、上海人民出版社、广西教育出版社、高等教育出版社名列前五,百分比分别为 50.00%、42.86%、33.33%、25.00%、25.00%。

详见表6-39。

表6-39　四川社科获奖专著被各种类型文献引用著作数的百分比出版社分布

出版社		期刊论文	中国博士学位论文	中国优秀硕士学位论文	中国重要会议论文	国际会议论文	总著作数
四川人民出版社	数量	206	176	230	46	22	385
	比例(%)	53.51	45.71	59.74	11.95	5.71	100
四川大学出版社	数量	166	128	179	29	6	293
	比例(%)	56.66	43.69	61.09	9.90	2.05	100
巴蜀书社	数量	143	136	152	21	18	187
	比例(%)	76.47	72.73	81.28	11.23	9.63	100
西南财经大学出版社	数量	85	93	105	24	5	153
	比例(%)	55.56	60.78	68.63	15.69	3.27	100
重庆出版社	数量	39	32	38	12	4	53
	比例(%)	73.58	60.38	71.70	22.64	7.55	100

续表

出版社		期刊论文	中国博士学位论文	中国优秀硕士学位论文	中国重要会议论文	国际会议论文	总著作数
西南大学出版社	数量	33	23	36	7	2	47
	比例(%)	70.21	48.94	76.60	14.89	4.26	100
上海古籍出版社	数量	5	5	5	2	3	7
	比例(%)	71.43	71.43	71.43	28.57	42.86	100
法律出版社	数量	24	24	29	8	2	33
	比例(%)	72.73	72.73	87.88	24.24	6.06	100
四川教育出版社	数量	40	31	44	12	3	56
	比例(%)	71.43	55.36	78.57	21.43	5.36	100
人民出版社	数量	63	48	59	10	3	83
	比例(%)	75.90	57.83	71.08	12.05	3.61	100
高等教育出版社	数量	10	7	12	2	3	12
	比例(%)	83.33	58.33	100.00	16.67	25.00	100
中国社会科学出版社	数量	48	49	61	7	4	82
	比例(%)	58.54	59.76	74.39	8.54	4.88	100

续表

出版社		期刊论文	中国博士学位论文	中国优秀硕士学位论文	中国重要会议论文	国际会议论文	总著作数
上海人民出版社	数量	13	12	11	5	5	15
	比例(%)	86.67	80.00	73.33	33.33	33.33	100
广西教育出版社	数量	4	4	4	3	1	4
	比例(%)	100.00	100.00	100.00	75.00	25.00	100
中华书局	数量	19	19	18	3	2	24
	比例(%)	79.17	79.17	75.00	12.50	8.33	100
华中科技大学出版社	数量	2	2	2	1	1	2
	比例(%)	100.00	100.00	100.00	50.00	50.00	100
科学出版社	数量	35	26	41	6	2	58
	比例(%)	60.34	44.83	70.69	10.34	3.45	100
中国政法大学出版社	数量	4	2	4	1	1	6
	比例(%)	66.67	33.33	66.67	16.67	16.67	100
四川民族出版社	数量	27	21	27	4	4	35
	比例(%)	77.14	60.00	77.14	11.43	11.43	100

续表

出版社		期刊论文	中国博士学位论文	中国优秀硕士学位论文	中国重要会议论文	国际会议论文	总著作数
北京大学出版社	数量	13	8	10	3	1	15
	比例（%）	86.67	53.33	66.67	20.00	6.67	100
总计	数量	979	846	1067	206	92	1550
	比例（%）	63.16	54.58	68.84	13.29	5.94	100

2. 被各种类型文献引用次数的百分比分析

从被引用次数排名前20个出版社出版的获奖专著被各种类型文献引用次数的百分比看,各个出版社的获奖专著被学位论文和期刊论文引用次数的百分比较高,被会议论文引用次数的百分比偏低。

从获奖专著被期刊论文引用次数的百分比看,四川民族出版社、上海古籍出版社、重庆出版社、巴蜀书社、四川人民出版社名列前五,百分比分别为54.37%、52.14%、42.31%、39.14%、37.38%。

从获奖专著被中国博士学位论文引用次数的百分比看,中华书局、巴蜀书社、上海人民出版社、西南财经大学出版社、人民出版社名列前五,百分比分别为22.11%、20.05%、19.92%、19.29%、18.75%。

从获奖专著被中国优秀硕士学位论文引用次数的百分比看,中国政法大学出版社、广西教育出版社、北京大学出版社、法律出版社、科学出版社名列前五,百分比分别为71.51%、65.66%、64.24%、57.07%、56.41%。

从获奖专著被中国重要会议论文引用次数的百分比看,上海古籍出版社、四川大学出版社、北京大学出版社、法律出版社、四川人民出版社名列前五,百分比为1.76%,1.57%,1.46%,1.03%,1.01%。

各个出版社的获奖专著被国际会议论文引用的次数都不高,最高的为上海古籍出版社,百分比仅为1.21%。

详见表6-40。

表6-40　四川社科获奖专著被各种类型文献引用次数的百分比出版社分布

出版社		期刊论文	中国博士学位论文	中国优秀硕士学位论文	中国重要会议论文	国际会议论文	总被引用次数
四川人民出版社	数量	3122	1387	3722	84	36	8351
	比例(%)	37.38	16.61	44.57	1.01	0.43	100
四川大学出版社	数量	2113	860	3049	96	6	6124
	比例(%)	34.5	14.04	49.79	1.57	0.10	100
巴蜀书社	数量	2124	1088	2137	41	36	5426
	比例(%)	39.14	20.05	39.38	0.76	0.66	100
西南财经大学出版社	数量	1129	816	2240	41	5	4231
	比例(%)	26.68	19.29	52.94	0.97	0.12	100
重庆出版社	数量	1288	400	1329	23	4	3044
	比例(%)	42.31	13.14	43.66	0.76	0.13	100
西南大学出版社	数量	917	293	1523	11	3	2747
	比例(%)	33.38	10.67	55.44	0.40	0.11	100
上海古籍出版社	数量	1426	367	861	48	33	2735
	比例(%)	52.14	13.42	31.48	1.76	1.21	100

续表

出版社		期刊论文	中国博士学位论文	中国优秀硕士学位论文	中国重要会议论文	国际会议论文	总被引用次数
法律出版社	数量	762	332	1494	27	3	2618
	比例（%）	29.11	12.68	57.07	1.03	0.11	100
四川教育出版社	数量	874	201	1342	19	3	2439
	比例（%）	35.83	8.24	55.02	0.78	0.12	100
人民出版社	数量	712	454	1230	22	3	2421
	比例（%）	29.41	18.75	50.81	0.91	0.12	100
高等教育出版社	数量	711	361	1028	10	11	2121
	比例（%）	33.52	17.02	48.47	0.47	0.52	100
中国社会科学出版社	数量	602	318	1009	12	5	1946
	比例（%）	30.94	16.34	51.85	0.62	0.26	100
上海人民出版社	数量	650	378	847	12	11	1898
	比例（%）	34.25	19.92	44.63	0.63	0.58	100
广西教育出版社	数量	482	92	1111	6	1	1692
	比例（%）	28.49	5.44	65.66	0.35	0.06	100

出版社		期刊论文	中国博士学位论文	中国优秀硕士学位论文	中国重要会议论文	国际会议论文	总被引用次数
中华书局	数量	491	321	618	6	16	1452
	比例(％)	33.82	22.11	42.56	0.41	1.10	100
华中科技大学出版社	数量	476	213	710	3	3	1405
	比例(％)	33.88	15.16	50.53	0.21	0.21	100
科学出版社	数量	329	121	594	6	3	1053
	比例(％)	31.24	11.49	56.41	0.57	0.28	100
中国政法大学出版社	数量	151	135	733	2	4	1025
	比例(％)	14.73	13.17	71.51	0.20	0.39	100
四川民族出版社	数量	529	127	297	9	11	973
	比例(％)	54.37	13.05	30.52	0.92	1.13	100
北京大学出版社	数量	227	78	573	13	1	892
	比例(％)	25.45	8.74	64.24	1.46	0.11	100
总计	数量	19 115	8342	26 447	491	198	54 593
	比例(％)	35.01	15.28	48.44	0.90	0.36	100

六、获奖专著被期刊论文、学位论文、会议论文引用的第一获奖单位分析

四川社科获奖专著涉及的第一获奖单位有 455 家。本书按照第一获奖单位对四川社科获奖专著被期刊论文、学位论文、会议论文引用的著作数和次数进行统计并计算。

1. 被各种类型文献引用著作数的百分比分析

从被引用次数排名前 20 家获奖单位的获奖专著被各种类型文献引用著作数的百分比看,各个单位的获奖专著被学位论文和期刊论文引用的著作数的百分比较高,被会议论文引用著作数的百分比偏低。

从获奖专著被期刊论文引用的著作数的百分比看,四川美术学院、重庆市博物馆、重庆师范大学、西南政法大学、四川省民族研究所名列前五,百分比分别为 100.00%、100.00%、91.67%、86.36%、83.33%。

从获奖专著被中国博士学位论文引用的著作数的百分比看,四川美术学院、西南政法大学、重庆市博物馆、四川省民族研究所、西南财经大学名列前五,百分比分别为 100.00%、77.27%、75.00%、75.00%、73.74%。

从获奖专著被中国优秀硕士学位论文引用的著作数的百分比看,四川美术学院、重庆市博物馆、西南政法大学、西南大学、西南交通大学名列前五,百分比分别为 100.00%、100.00%、81.82%、81.48%、79.59%。

从获奖专著被中国重要会议论文引用的著作数的百分比看,四川美术学院、重庆市博物馆、四川省民族研究所、四川旅游学院、西南政法大学名列前五,百分比分别为 50.00%、50.00%、41.67%、33.33%、31.82%。

从获奖专著被国际会议论文引用的著作数的百分比看,重庆市博物馆、四川旅游学院、重庆师范大学、西南大学、四川大学名列前五,百分比分别为 25.00%、16.67%、16.67%、11.11%、11.09%。

详见表 6 - 41。

表 6 - 41 四川社科获奖专著被各种类型文献
引用著作数的百分比第一获奖单位分布

第一获奖 单位		期刊 论文	中国博士 学位论文	中国优秀硕士 学位论文	中国重要 会议论文	国际会议 论文	总著 作数
四川大学	数量	348	304	366	85	52	469
	比例 (%)	74.2	64.82	78.04	18.12	11.09	100
四川省 社会 科学院	数量	113	95	123	26	14	203
	比例 (%)	55.67	46.80	60.59	12.81	6.90	100
西南财经 大学	数量	112	132	142	35	7	179
	比例 (%)	62.57	73.74	79.33	19.55	3.91	100
四川师范 大学	数量	146	132	175	22	9	235
	比例 (%)	62.13	56.17	74.47	9.36	3.83	100
西南大学	数量	66	57	66	22	9	81
	比例 (%)	81.48	70.37	81.48	27.16	11.11	100
西南政法 大学	数量	19	17	18	7	2	22
	比例 (%)	86.36	77.27	81.82	31.82	9.09	100
西南民族 大学	数量	80	67	87	13	6	129
	比例 (%)	62.02	51.94	67.44	10.08	4.65	100

续表

第一获奖单位		期刊论文	中国博士学位论文	中国优秀硕士学位论文	中国重要会议论文	国际会议论文	总著作数
西华师范大学	数量	61	47	55	5	3	84
	比例（%）	72.62	55.95	65.48	5.95	3.57	100
西南交通大学	数量	31	28	39	4	0	49
	比例（%）	63.27	57.14	79.59	8.16	0.00	100
成都大学	数量	12	8	15	2	1	23
	比例（%）	52.17	34.78	65.22	8.70	4.35	100
中共四川省委党校	数量	28	27	35	2	1	93
	比例（%）	30.11	29.03	37.63	2.15	1.08	100
成都体育学院	数量	10	10	15	3	2	25
	比例（%）	40.00	40.00	60.00	12.00	8.00	100
电子科技大学	数量	19	15	25	4	0	45
	比例（%）	42.22	33.33	55.56	8.89	0.00	100
重庆师范大学	数量	11	6	9	1	2	12
	比例（%）	91.67	50.00	75.00	8.33	16.67	100

第一获奖单位		期刊论文	中国博士学位论文	中国优秀硕士学位论文	中国重要会议论文	国际会议论文	总著作数
西南科技大学	数量	16	11	15	2	0	22
	比例(%)	72.73	50.00	68.18	9.09	0.00	100
成都理工大学	数量	9	5	10	2	1	16
	比例(%)	56.25	31.25	62.50	12.50	6.25	100
四川省民族研究所	数量	10	9	9	5	1	12
	比例(%)	83.33	75.00	75.00	41.67	8.33	100
四川旅游学院	数量	2	2	4	2	1	6
	比例(%)	33.33	33.33	66.67	33.33	16.67	100
四川美术学院	数量	2	2	2	1	0	2
	比例(%)	100.00	100.00	100.00	50.00	0.00	100
重庆市博物馆	数量	4	3	4	2	1	4
	比例(%)	100.00	75.00	100.00	50.00	25.00	100
总计	数量	1099	977	1214	245	112	1711
	比例(%)	64.23	57.10	70.95	14.32	6.55	100

2. 被各种类型文献引用次数的百分比分析

从被引用次数排名前20家获奖单位的获奖专著被各种类型文献

引用次数百分比看,各个单位的获奖专著被学位论文引用次数的百分比偏高,被会议论文引用次数的百分比偏低。

从获奖专著被期刊论文引用次数的百分比看,重庆市博物馆、成都体育学院、西华师范大学、四川省民族研究所、成都理工大学名列前五,百分比分别为71.54%、54.53%、48.93%、40.70%、39.23%。

从获奖专著被中国博士学位论文引用次数的百分比看,四川省民族研究所、西南财经大学、四川大学、西南交通大学、西南政法大学名列前五,百分比分别为26.16%、17.78%、17.44%、16.54%、15.49%。

从获奖专著被中国优秀硕士学位论文引用次数的百分比看,西南科技大学、四川美术学院、四川旅游学院、西南交通大学、中共四川省委党校名列前五,百分比分别为63.87%、62.55%、59.87%、58.43%、57.08%。

获奖专著被中国重要会议论文引用次数的百分比均低,四川省民族研究所最高,百分比仅为1.74%。

各个单位的获奖专著被国际会议论文引用的次数都不高,最高的为重庆师范大学,百分比仅为0.72%。

详见表6-42。

表6-42 四川社科获奖专著被各种类型文献引用次数百分比第一获奖单位分布

第一获奖单位		期刊论文	中国博士学位论文	中国优秀硕士学位论文	中国重要会议论文	国际会议论文	总被引用次数
四川大学	数量	8867	4218	10 763	238	106	24 192
	比例(%)	36.65	17.44	44.49	0.98	0.44	100
四川省社会科学院	数量	3028	942	3900	88	46	8004
	比例(%)	37.83	11.77	48.73	1.10	0.57	100

第一获奖单位		期刊论文	中国博士学位论文	中国优秀硕士学位论文	中国重要会议论文	国际会议论文	总被引用次数
西南财经大学	数量	2164	1352	3994	82	10	7602
	比例(%)	28.47	17.78	52.54	1.08	0.13	100
四川师范大学	数量	1938	986	3428	35	19	6406
	比例(%)	30.25	15.39	53.51	0.55	0.30	100
西南大学	数量	2349	775	3202	40	10	6376
	比例(%)	36.84	12.15	50.22	0.63	0.16	100
西南政法大学	数量	705	325	1044	21	3	2098
	比例(%)	33.60	15.49	49.76	1.00	0.14	100
西南民族大学	数量	702	272	875	19	13	1881
	比例(%)	37.32	14.46	46.52	1.01	0.69	100
西华师范大学	数量	505	140	376	8	3	1032
	比例(%)	48.93	13.57	36.43	0.78	0.29	100
西南交通大学	数量	226	152	537	4	0	919
	比例(%)	24.59	16.54	58.43	0.44	0.00	100

续表

第一获奖单位		期刊论文	中国博士学位论文	中国优秀硕士学位论文	中国重要会议论文	国际会议论文	总被引用次数
成都大学	数量	351	99	459	2	1	912
	比例（%）	38.49	10.86	50.33	0.22	0.11	100
中共四川省委党校	数量	247	120	496	4	2	869
	比例（%）	28.42	13.81	57.08	0.46	0.23	100
成都体育学院	数量	409	31	300	7	3	750
	比例（%）	54.53	4.13	40.00	0.93	0.40	100
电子科技大学	数量	204	68	340	5	0	617
	比例（%）	33.06	11.02	55.11	0.81	0.00	100
重庆师范大学	数量	157	40	215	1	3	416
	比例（%）	37.74	9.62	51.68	0.24	0.72	100
西南科技大学	数量	96	40	244	2	0	382
	比例（%）	25.13	10.47	63.87	0.52	0.00	100
成都理工大学	数量	142	23	193	2	2	362
	比例（%）	39.23	6.35	53.31	0.55	0.55	100

续表

第一获奖 单位		期刊 论文	中国博士 学位论文	中国优秀硕士 学位论文	中国重要 会议论文	国际会议 论文	总被引 用次数
四川省 民族 研究所	数量	140	90	106	6	2	344
	比例 (%)	40.70	26.16	30.81	1.74	0.58	100
四川旅游 学院	数量	85	37	188	3	1	314
	比例 (%)	27.07	11.78	59.87	0.96	0.32	100
四川美术 学院	数量	62	38	172	3	0	275
	比例 (%)	22.55	13.82	62.55	1.09	0.00	100
重庆市 博物馆	数量	191	15	57	3	1	267
	比例 (%)	71.54	5.62	21.35	1.12	0.37	100
总计	数量	22 568	9763	30 889	573	225	64 018
	比例 (%)	35.25	15.25	48.25	0.90	0.35	100

七、获奖专著被期刊论文、学位论文、会议论文引用的著作分析

本书按照著作对四川社科获奖专著被期刊论文、学位论文、会议论文引用的次数进行统计并计算,表6-43列出了被引用次数排名在前20位的获奖专著。

从被引用次数排名靠前的20本获奖专著被各种类型文献引用次数看,获奖专著被硕士学位论文引用次数的百分比较高,被会议论文引用次数的百分比偏低。

从获奖专著被期刊论文引用次数的百分比看,《外语教育学》《华阳国

志校注》《威廉·福克纳研究》《山海经校注》《当代认知心理学在教学中的应用》名列前五,百分比为73.98%、65.05%、54.78%、54.67%、41.93%。

从获奖专著被中国博士学位论文引用次数的百分比看,《中国道教史》《现代课程论》《中华民国教育史》《公正伦理与制度道德》《儒家法思想通论》名列前五,百分比分别为30.94%、23.37%、18.29%、18.22%、17.74%。

从获奖专著被中国优秀硕士学位论文引用次数的百分比看,《刑事庭审制度研究》《物理教学论》《中华民国教育史》《教育建模》《当代中国青年价值观与教育》名列前五,百分比分别为71.93%、69.06%、62.10%、60.46%、60.27%。

从获奖专著被中国重要会议论文引用次数的百分比看,《行业协会经济自治权研究》《山海经校注》《华阳国志校注》《儒家法思想通论》《公正伦理与制度道德》名列前五,百分比分别为1.94%、1.77%、1.49%、1.48%、1.37%。

获奖专著被国际会议论文引用的次数都不高,最高的为《宋人别集叙录》,百分比仅为1.49%。

详见表6-43。

表6-43 四川社科获奖专著被各种类型文献引用次数百分比单部著作分布

单部著作		期刊论文	中国博士学	中国优秀硕士学位论文	中国重要会议论文	国际会议论文	总计
山海经校注	数量	1300	300	709	42	27	2378
	比例(%)	54.67	12.62	29.81	1.77	1.14	100
简明汉语史	数量	571	264	842	9	8	1694
	比例(%)	33.71	15.58	49.70	0.53	0.47	100

续表

单部著作		期刊论文	中国博士学	中国优秀硕士学位论文	中国重要会议论文	国际会议论文	总计
词汇学简论	数量	414	180	636	3	3	1236
	比例（%）	33.49	14.56	51.46	0.24	0.24	100
华阳国志校注	数量	700	127	224	16	9	1076
	比例（%）	65.05	11.80	20.82	1.49	0.84	100
刑事庭审制度研究	数量	142	133	720	2	4	1001
	比例（%）	14.19	13.29	71.93	0.20	0.40	100
当代认知心理学在教学中的应用	数量	392	34	504	4	1	935
	比例（%）	41.93	3.64	53.90	0.43	0.11	100
当代中国青年价值观与教育	数量	295	53	537	5	1	891
	比例（%）	33.11	5.95	60.27	0.56	0.11	100
中国道教史	数量	182	246	363	1	3	795
	比例（%）	22.90	30.94	45.66	0.13	0.38	100
行业协会经济自治权研究	数量	219	88	451	15	0	773
	比例（%）	28.33	11.38	58.34	1.94	0.00	100

续表

单部著作		期刊论文	中国博士学	中国优秀硕士学位论文	中国重要会议论文	国际会议论文	总计
教育建模	数量	199	75	425	4	0	703
	比例（%）	28.31	10.67	60.46	0.57	0.00	100
物理教学论	数量	199	7	462	1	0	669
	比例（%）	29.75	1.05	69.06	0.15	0.00	100
现代课程论	数量	129	140	329	1	0	599
	比例（%）	21.54	23.37	54.92	0.17	0.00	100
经济法——国家干预经济的基本法律形式	数量	200	89	309	1	0	599
	比例（%）	33.39	14.86	51.59	0.17	0.00	100
儒家法思想通论	数量	216	96	219	8	2	541
	比例（%）	39.92	17.74	40.48	1.48	0.37	100
威廉·福克纳研究	数量	292	22	219	0	0	533
	比例（%）	54.78	4.13	41.09	0.00	0.00	100
中华民国教育史	数量	99	96	326	3	1	525
	比例（%）	18.86	18.29	62.10	0.57	0.19	100

续表

单部著作		期刊论文	中国博士学	中国优秀硕士学位论文	中国重要会议论文	国际会议论文	总计
区域产业结构调整与主导产业选择研究	数量	137	68	293	3	2	503
	比例(%)	27.24	13.52	58.25	0.60	0.40	100
宋人别集叙录	数量	164	82	216	2	7	471
	比例(%)	34.82	17.41	45.86	0.42	1.49	100
外语教育学	数量	327	18	96	1	0	442
	比例(%)	73.98	4.07	21.72	0.23	0.00	100
公正伦理与制度道德	数量	101	80	252	6	0	439
	比例(%)	23.01	18.22	57.40	1.37	0.00	100
总计	数量	6278	2198	8132	127	68	16 803
	比例(%)	37.35	13.08	48.40	0.76	0.40	100

八、获奖专著被期刊论文、学位论文、会议论文引用的第一获奖人分析

本书按照第一获奖人对四川社科获奖专著被期刊论文、学位论文、会议论文引用的著作数和引用次数进行统计并计算。

1. 被各种类型文献引用著作数的百分比分析

从被引用次数排名靠前的 20 位第一获奖人被各种类型文献引用著作数的百分比看,各个获奖人的专著被学位论文和期刊论文引用的

著作数的百分比偏高,被会议论文引用著作数的百分比偏低。

从获奖专著被期刊论文引用的著作数的百分比看,袁珂、向熹、张勇言、刘琳、周裕凯、张庆林、左卫民、郭复初、黄希庭、熊明安、鲁篱、谢桃坊、靳玉乐、李昌麒、肖明翰、查有梁最高,百分比都为100%。

从获奖专著被中国博士学位论文引用的著作数的百分比看,袁珂、向熹、张勇言、刘琳、张庆林、郭复初、黄希庭、熊明安、鲁篱、谢桃坊、靳玉乐、李昌麒、肖明翰最高,百分比都为100%。

从获奖专著被中国优秀硕士学位论文引用的著作数的百分比看,袁珂、向熹、张勇言、刘琳、周裕凯、张庆林、左卫民、郭复初、黄希庭、熊明安、鲁篱、谢桃坊、靳玉乐、李昌麒、肖明翰最高,百分比都为100%。

从获奖专著被中国重要会议论文引用的著作数的百分比看,袁珂、张庆林、黄希庭、鲁篱、靳玉乐、李昌麒最高,百分比都为100%。

从获奖专著被国际会议论文引用的著作数的百分比看,袁珂、张庆林、黄希庭、向熹、谢桃坊最高,百分比都为100%。

详见表6-44。

表6-44 四川社科获奖专著被各种类型文献引用著作数百分比的第一获奖人分布

第一获奖人		期刊论文	中国博士学位论文	中国优秀硕士学位论文	中国重要会议论文	国际会议论文	总著作数
袁 珂	数量	2	2	2	2	2	2
	比例(%)	100.00	100.00	100.00	100.00	100.00	100
向 熹	数量	2	2	2	1	2	2
	比例(%)	100.00	100.00	100.00	50.00	100.00	100
查有梁	数量	9	5	6	3	0	9
	比例(%)	100.00	55.56	66.67	33.33	0.00	100

续表

第一获奖人		期刊论文	中国博士学位论文	中国优秀硕士学位论文	中国重要会议论文	国际会议论文	总著作数
张永言	数量	2	2	2	1	1	2
	比例(%)	100.00	100.00	100.00	50.00	50.00	100
卿希泰	数量	5	5	5	2	2	6
	比例(%)	83.33	83.33	83.33	33.33	33.33	100
刘 琳	数量	2	2	2	1	1	2
	比例(%)	100.00	100.00	100.00	50.00	50.00	100
龙宗智	数量	3	3	3	2	1	4
	比例(%)	75.00	75.00	75.00	50.00	25.00	100
周裕锴	数量	4	3	4	2	3	4
	比例(%)	100.00	75.00	100.00	50.00	75.00	100
张庆林	数量	1	1	1	1	1	1
	比例(%)	100.00	100.00	100.00	100.00	100.00	100
左卫民	数量	7	5	7	2	0	7
	比例(%)	100.00	71.43	100.00	28.57	0.00	100

续表

第一获奖人		期刊论文	中国博士学位论文	中国优秀硕士学位论文	中国重要会议论文	国际会议论文	总著作数
郭复初	数量	7	7	7	3	3	7
	比例（%）	100.00	100.00	100.00	42.86	42.86	100
黄希庭	数量	1	1	1	1	1	1
	比例（%）	100.00	100.00	100.00	100.00	100.00	100
熊明安	数量	5	5	5	3	2	5
	比例（%）	100.00	100.00	100.00	60.00	40.00	100
鲁 篱	数量	2	2	2	2	0	2
	比例（%）	100.00	100.00	100.00	100.00	0.00	100
隗瀛涛	数量	4	4	5	3	1	7
	比例（%）	57.14	57.14	71.43	42.86	14.29	100
谢桃坊	数量	3	3	3	1	3	3
	比例（%）	100.00	100.00	100.00	33.33	100.00	100
江世银	数量	3	5	6	1	1	7
	比例（%）	42.86	71.43	85.71	14.29	14.29	100

续表

第一获奖人		期刊论文	中国博士学位论文	中国优秀硕士学位论文	中国重要会议论文	国际会议论文	总著作数
靳玉乐	数量	1	1	1	1	0	1
	比例(%)	100.00	100.00	100.00	100.00	0.00	100
李昌麒	数量	1	1	1	1	0	1
	比例(%)	100.00	100.00	100.00	100.00	0.00	100
肖明翰	数量	2	2	2	0	0	2
	比例(%)	100.00	100.00	100.00	0.00	0.00	100
总计	数量	66	61	67	33	24	75
	比例(%)	88.00	81.33	89.33	44.00	32.00	100

2. 被各种类型文献引用次数的百分比分析

从被引用次数排名靠前的 20 位第一获奖人被各种类型文献引用次数看,各个获奖人的获奖专著被学位论文和期刊论文引用的著作数的百分比偏高,被会议论文引用次数的百分比偏低。

从获奖专著被期刊论文引用次数的百分比看,刘琳、袁珂、肖明翰、张庆林、周裕锴名列前五,百分比分别为 63.70%、53.84%、53.08%、41.93%、39.34%。

从获奖专著被中国博士学位论文引用次数的百分比看,卿希泰、靳玉乐、周裕锴、谢桃坊、熊明安名列前五,百分比分别为 29.99%、23.37%、21.91%、21.12%、18.07%。

从获奖专著被中国优秀硕士学位论文引用次数的百分比看,龙宗智、查有梁、黄希庭、熊明安、鲁篱名列前五,百分比分别为 69.06%、

63.18%、60.27%、59.32%、59.22%。

从获奖专著被中国重要会议论文引用次数的百分比看,鲁篱、袁珂、隗瀛涛、刘琳、郭复初名列前五,百分比分别为1.89%、1.77%、1.58%、1.37%、1.34%。

各个获奖人的获奖专著被国际会议论文引用的次数都不高,最高的为袁珂,百分比为1.10%。

详见表6－45。

表6－45　四川社科获奖专著被各种类型文献引用次数百分比的第一获奖人分布

第一获奖人		期刊论文	中国博士学位论文	中国优秀硕士学位论文	中国重要会议论文	国际会议论文	总被引用次数
袁　珂	数量	1366	327	771	45	28	2537
	比例（％）	53.84	12.89	30.39	1.77	1.10	100
向　熹	数量	663	294	926	9	12	1904
	比例（％）	34.82	15.44	48.63	0.47	0.63	100
查有梁	数量	540	98	1105	6	0	1749
	比例（％）	30.87	5.60	63.18	0.34	0.00	100
张永言	数量	476	213	710	3	3	1405
	比例（％）	33.88	15.16	50.53	0.21	0.21	100
卿希泰	数量	305	392	603	3	4	1307
	比例（％）	23.34	29.99	46.14	0.23	0.31	100

续表

第一获奖人		期刊论文	中国博士学位论文	中国优秀硕士学位论文	中国重要会议论文	国际会议论文	总被引用次数
刘 琳	数量	744	136	263	16	9	1168
	比例(%)	63.70	11.64	22.52	1.37	0.77	100
龙宗智	数量	191	154	788	4	4	1141
	比例(%)	16.74	13.50	69.06	0.35	0.35	100
周裕锴	数量	395	220	375	7	7	1004
	比例(%)	39.34	21.91	37.35	0.70	0.70	100
张庆林	数量	392	34	504	4	1	935
	比例(%)	41.93	3.64	53.90	0.43	0.11	100
左卫民	数量	336	105	461	5	0	907
	比例(%)	37.05	11.58	50.83	0.55	0.00	100
郭复初	数量	351	159	368	12	4	894
	比例(%)	39.26	17.79	41.16	1.34	0.45	100
黄希庭	数量	295	53	537	5	1	891
	比例(%)	33.11	5.95	60.27	0.56	0.11	100

续表

第一获奖人		期刊论文	中国博士学位论文	中国优秀硕士学位论文	中国重要会议论文	国际会议论文	总被引用次数
熊明安	数量	191	159	522	6	2	880
	比例（％）	21.70	18.07	59.32	0.68	0.23	100
鲁篱	数量	232	97	501	16	0	846
	比例（％）	27.42	11.47	59.22	1.89	0.00	100
隗瀛涛	数量	285	128	331	12	2	758
	比例（％）	37.60	16.89	43.67	1.58	0.26	100
谢桃坊	数量	168	154	400	1	6	729
	比例（％）	23.05	21.12	54.87	0.14	0.82	100
江世银	数量	175	85	336	3	2	601
	比例（％）	29.12	14.14	55.91	0.50	0.33	100
靳玉乐	数量	129	140	329	1	0	599
	比例（％）	21.54	23.37	54.92	0.17	0.00	100
李昌麒	数量	200	89	309	1	0	599
	比例（％）	33.39	14.86	51.59	0.17	0.00	100

续表

第一获奖人		期刊论文	中国博士学位论文	中国优秀硕士学位论文	中国重要会议论文	国际会议论文	总被引用次数
肖明翰	数量	310	29	245	0	0	584
	比例(%)	53.08	4.97	41.95	0.00	0.00	100
总计	数量	7744	3066	10 384	159	85	21 438
	比例(%)	36.12	14.30	48.44	0.74	0.40	100

第三节　四川社科获奖专著影响力分析结论

四川社科获奖专著经过专家层层评审,获得了荣誉奖、特定奖、一等奖、二等奖、三等奖、优秀奖(四等奖)等荣誉,代表了四川省哲学社会科学领域的学术著作的最高水平。

一、获奖专著概况

四川社科获奖专著随着届次的增加,获奖专著数量呈递增趋势,第14、15、16届专著几乎是第1届的4倍。

在奖项设置方面,四川省哲学社会科学优秀成果评奖设有荣誉奖、一等奖、二等奖、三等奖和优秀奖(四等奖)。获得荣誉奖的专著有37本,一等奖专著102本,二等奖专著449本,三等奖专著1472本,优秀奖(四等奖)专著445本,所占比例分别为1.48%、4.07%、17.92%、58.76%、17.76%。除优秀奖(四等奖)以外,随着等级的递减,获奖专著数量呈递增趋势。获得三等奖的专著最多,几乎是荣誉奖的40倍。

四川社科获奖专著覆盖了四川省21个市(州),此外还有重庆和其他省份。获奖专著集中分布在成都市(1908本,76.17%)、重庆市

（175 本,6.99%）、南充市（138 本,5.51%）、绵阳市（50 本,2.00%）、乐山市（33 本,1.32%）。

从学科结构上看,四川社科获奖专著覆盖的一级学科有马列·科社、党史·党建、政治学、国际问题研究、哲学、宗教学、理论经济、应用经济、统计学、管理学、法学、社会学、人口学、民族问题研究、中国历史、世界历史、考古学、中国文学、外国文学、语言学、体育学、教育学、新闻学与传播学、图书馆·情报与文献学、艺术学、宣传文化类、志书类、综合类。从学科分布来看,名列前五的学科是应用经济（411 本,16.41%）、教育学（260 本,10.38%）、社会学（200 本,7.98%）、中国文学（196 本,7.82%）、管理学（184 本,7.35%）。

四川社科获奖专著涉及的出版社有 265 家。其中,有 4 家出版社出版获奖专著 100 本以上,有 14 家出版获奖专著在 50—100 本之间,有 81 家出版获奖专著在 10—50 本之间,其余的出版获奖专著在 10 本以下。名列前五的出版社是四川人民出版社（385 本,15.37%）、四川大学出版社（293 本,11.70%）、巴蜀书社（187 本,7.47%）、西南财经大学出版社（153 本,6.11%）、电子科技大学出版社（84 本,3.35%）

四川社科获奖专著涉及的第一获奖单位有 455 家。其中,有 5 家第一获奖单位的获奖专著在 100 本以上,有 3 家获奖专著在 50—100 本之间,有 20 家获奖专著在 10—50 本之间,其余的获奖专著在 10 本以下。名列前五的第一获奖单位是四川大学（469 本,18.72%）、四川师范大学（235 本,9.38%）、四川省社会科学院（203 本,8.10%）、西南财经大学（179 本,7.15%）、西南民族大学（129 本,5.15%）。

二、获奖专著总体被引结论

四川社科获奖专著中,被引用次数大于 0 的获奖专著是 1889 本,所占比例为 75.41%,也就是 75.41% 的获奖专著产生了学术影响力。

四川社科获奖专著的总被引用次数为 71 744 次,平均每本被引用次数为 28.64 次,年均被引用次数为 1.87 次。

从被引用著作数及著作被引用的文献类型看,获奖专著被学位论文引用的数量最多(获奖专著被中国优秀硕士学位论文引用的数量为1594本,所占比例为63.63%;获奖专著被中国博士学位论文引用的数量为1231本,所占比例为49.14%)。其次是期刊论文,为1474本,所占比例为58.84%。最后是会议论文(获奖专著被中国重要会议论文引用的数量为291本,所占比例为11.62%,获奖专著被国际会议论文引用的数量为125本,所占比例为4.99%)。

从被引用次数及著作被引用的文献类型看,获奖专著被学位论文引用的次数最多,为45 638次,所占比例为63.61%(其中中国优秀硕士学位论文为34 897次,所占比例为48.64%;中国博士学位论文为10 741次,所占比例为14.97%)。其次是期刊论文,为25 227次,所占比例为35.16%。最后是会议论文,为879次,所占比例为1.22%(其中中国重要会议论文为639次,占比0.89%,国际会议论文为240次,占比0.33%)。

从获奖专著被引的起始时间看,获奖专著在出版1年后,有7.41%被引;3年后有58.97%被引;5年后有77.39%被引;10年后91.36%被引;15年后有96.02%被引;20年后有98.45%被引。

从获奖专著被引用次数达到总被引用次数1/4的时间看,获奖专著在出版1年后,有1.32%达到;3年后有32.28%达到;5年后58.48%达到;10年后有78.49%达到;15年后有89.50%达到;20年后有96.33%达到。

从获奖专著被引用次数达到总被引用次数1/2的时间看,获奖专著在出版2年后,有6.99%达到;3年后有32.14%达到;5年后43.47%达到,10年后有71.53%达到,15年后有83.38%达到,20年后大约有91.00%达到。

从获奖专著被引用次数达到总被引用次数3/4的时间看,获奖专著在出版2年后,有4.08%达到;3年后有11.76%达到;5年后31.30%达到,10年后有63.32%达到,15年后有76.83%达到,20年后大约有88.54%达到。

从获奖专著被引用次数达到最大数的时间看,获奖专著在出版2

年后,有 10.06% 达到;3 年后有 26.05% 达到;5 年后有 51.14% 达到,10 年后有 72.68% 达到,15 年后有 84.00% 达到,20 年后大约有 91.00% 达到。

从获奖专著被引的最后时间看,有 3.60% 的获奖专著在出版后 2 年是其被引的最后时间;有 9.95% 是出版后第 3 年;有 25.62% 是出版后第 5 年,有 51.67% 是出版后 10 年,有 70.51% 是出版后 15 年,有 82.00% 是出版后 20 年。

三、基于届次分析的结论

从被引用次数看,名列前五的是第 11 届(9584 次,13.36%)、第 12 届(8470 次,11.81%)、第 7 届(8210 次,11.44%)、第 6 届(6218 次,8.67%)、第 1 届(5850 次,8.15%)。

从被引专著数看,名列前五的是第 14 届(214 本,11.33%)、第 15 届(204 本,20.80%)、第 13 届(186 本,9.85%)、第 12 届(173 本,9.16%)、第 11 届(148 本,7.83%)。

从平均被引用次数看,名列前五的是第 1 届(87.31 次)、第 11 届(54.15 次)、第 2 届(53.88 次)、第 7 届(48.58 次)、第 6 届(47.47 次)。

从年均被引用次数看,名列前五的是第 11 届(4.06 次/年·本)、第 12 届(3.93 次/年·本)、第 1 届(2.50 次/年·本)、第 7 届(2.27 次/年·本)、第 6 届(2.03 次/年·本)。

从四川社科获奖专著被期刊论文、学位论文、会议论文引用的数的百分比看,各个届次获奖专著被学位论文引用数百分比最高,被会议论文引用数百分比偏低。就被中国优秀硕士学位论文引用而言,第 12 届最高(84.04%),其次是第 13 届(76.53%),其三是第 11 届(76.27%)。就被中国博士学位论文引用而言,第 12 届最高(71.28%),其次是第 11 届(65.54%),其三是第 10 届(60.71%)。就被期刊论文引用而言,第 12 届最高(84.57%),其次是第 11 届(77.97%),其三是第 6 届(68.70%)。就被中国重要会议论文引用而言,第 12 届最高(22.87%),其次是第 11 届(20.90%),其三是第 1 届(19.40%)。就被国际会议论文引用而言,第 1 届最高(17.91%),其余届次所占百分比都在 10%以下。

从四川社科获奖专著被期刊论文、学位论文、会议论文引用次数的百分比看,各个届次的获奖专著被学位论文引用次数的百分比偏高,被会议论文引用次数的百分比偏低。就被中国优秀硕士学位论文引用而言,第 10 届最高(58.97%),其次是第 13 届(58.56%),其三是第 14 届(54.74%)。就被中国博士学位论文引用次数的百分比看,第 10 届最高(20.19%),其次是第 14 届(18.88%)、其三是第 13 届(18.83%)。就被期刊论文引用而言,第 16 届最高(56.48%),其次是第 2 届(55.17%),其三是第 15 届(46.14%)。就被中国重要会议论文引用而言,第 7 届最高(1.33%),其次是第 2 届(1.28%)。其他届次所占百分比都在 1%以下。就被国际会议论文引用而言,第 1 届最高,百分比 0.77%。其余届次所占百分比皆低。

四、基于获奖等级分析的结论

从被引用次数看,三等奖的被引用次数最多,为 37 410 次(52.14%),二等奖为 18 492 次(25.77%),一等奖为 7354 次(10.25%),优秀奖(四等奖)为 6607 次(9.21%),荣誉奖为 1881 次(2.62%)。

从被引专著数看,三等奖的被引专著数最多,为 1101 本(58.28%);二等奖为 349 本(18.48%);优秀奖(四等奖)为 324 本(17.15%);一等奖为 83 本(4.39%);荣誉奖为 32 本(1.69%)。

从平均被引用次数看,一等奖的平均被引用次数最多,为 72.10次;荣誉奖为 50.84 次;二等奖为 41.18 次;三等奖为 25.41 次;优秀奖(四等奖)为 14.85 次。

从年均被引用次数看,一等奖的年均被引用次数最高,为 3.79次;二等奖为 2.73 次;荣誉奖为 2.39 次;三等奖为 1.67 次;优秀奖(四等奖)为 1.19 次。

从四川社科获奖专著被期刊论文、学位论文、会议论文引用数的百分比看,各个获奖等级的获奖专著被学位论文引用数的百分比较高,被会议论文引用数的百分比较低。就被中国优秀硕士学位论文引用而言,荣誉奖最高(81.08%),其次是一等奖(66.67%),其三是二等奖(55.01%),位于最后的是三等奖和优秀奖(四等奖),百分比分别为63.38%和59.78%。就被中国博士学位论文引用而言,荣誉奖最高(78.38%),其次是一等奖(64.71%),其三是二等奖(55.01%),位于最后的是三等奖和优秀奖(四等奖),百分比分别为46.88%和44.72%。就被期刊论文引用而言,荣誉奖最高(72.97%),其次是一等奖(69.61%),其三是二等奖(62.36%),位于最后的是三等奖和优秀奖(四等奖),百分比分别为58.63%和52.36%。就被中国重要会议论文引用而言,荣誉奖最高(40.54%),其次是一等奖(21.57%),其三是二等奖(14.92%),位于最后的是三等奖和优秀奖(四等奖),百分比分别为10.06%和6.97%。就被国际会议论文引用而言,荣誉奖最高(10.81%),其次是一等奖(10.78%),其三是二等奖(6.24%),位于最后的是三等奖和优秀奖(四等奖),百分比分别为4.62%和3.15%。

从四川社科获奖专著被期刊论文、学位论文、会议论文引用次数的百分比看,各个获奖等级的获奖专著被学位论文引用次数的百分比偏高,被会议论文引用次数的百分比偏低。就被中国优秀硕士学位论文引用而言,优秀奖(四等奖)最高(55.53%),其次是二等奖(50.29%),其三是三等奖(49.01%),位于最后的是一等奖和荣誉奖,百分比分别为39.18%和37.85%。就被中国博士学位论文引用而言,一等奖最高(19.25%),其次是荣誉奖(16.06%),其三是二等奖(15.28%),位于最后的是三等奖和优秀奖(四等奖),百分比分别为14.29%和12.90%。就被期刊论文引用而言,荣誉奖最高(43.75%),其次是一等奖(39.75%),其三是二等奖(33.19%),位于最后的是三等奖和优秀奖(四等奖),百分比分别为35.58%和30.76%。就被中国重要会议论文引用而言,荣誉奖最高(1.75%),其次是一等奖(1.17%),其三是二等奖(1.03%),位于最后的是三等奖和优秀奖(四等奖),百分比分别为0.78%和0.56%。就被国际会议论文引用而言,一等奖的百分比仅仅为0.65%,其他获奖等级所占百分比很低。

五、基于地区分析的结论

从被引用次数看,名列前五的地区是成都市(56 979次,79.42%)、重庆市(9742次,13.58%)、南充市(2238次,3.12%)、绵阳市(652次,0.91%)、乐山市(482次,0.67%)。

从被引专著数看,名列前五的地区是成都市(1453本,76.92%)、重庆市(142本,7.52%)、南充市(112本,5.93%)、绵阳市(35本,1.85%)、乐山市(25本,1.32%)。

从平均被引用次数看,名列前五的地区是重庆市(55.67次)、成都市(29.86次)、阿坝州(22.29次)、南充市(16.22次)、泸州市(14.80次)。

从年均被引用次数看,名列前五的地区是重庆市(2.32次)、阿坝州(2.12次)、成都市(2.03次)、泸州市(1.29次)、南充市(1.21次)。

从四川社科获奖专著被期刊论文、学位论文、会议论文引用数的百分比看,各个地区的获奖专著被学位论文、期刊论文引用数的百分比较高,被会议论文引用数的百分比较低。就被中国优秀硕士学位论文引用而言,重庆市最高,百分比为70.86%;其次是南充市(65.94%);其三是成都市(65.62%)。就被中国博士学位论文引用而言,同样重庆市最高,百分比为57.71%;其次是阿坝州(57.14%);其三是南充市(50.72%)。就被期刊论文引用而言,资阳市最高,百分比为100.00%;其次是内江市(76.92%);其三是重庆市(74.86%)。就被中国重要会议论文引用而言,巴中市最高,百分比为25.00%;其次是重庆市(19.43%);其三是乐山市(15.15%)。就被国际会议论文引用的著作数的百分比看,德阳市最高,百分比为11.11%,其余地区都低。

从四川社科获奖专著被期刊论文、学位论文、会议论文引用次数的百分比看,各个地区的获奖专著被学位论文和期刊论文引用次数的百分比较高,被会议论文引用次数的百分比偏低。就被中国优秀硕士学位论文引用次数的百分比看,遂宁市最高,百分比为 76.92%;其次是巴中市(73.08%);其三是凉山州(67.78%)。就被中国博士学位论文引用而言,眉山市最高,百分比为 66.67%;其次广元市(33.33%);其三是雅安市(31.03%)。就被期刊论文引用而言,资阳市最高,百分比为 100%;其次是宜宾市(69.49%);其三是攀枝花市(62.16%)。就被中国重要会议论文引用而言,巴中市最高,百分比为3.85%;其他均低。就被国际会议论文引用而言,各个地区的获奖著作被国际论文引用的比例都较低。

六、基于学科分析的结论

从被引用次数看,名列前五的学科是教育学(9334 次,13.01%)、法学(7947 次,11.08%)、应用经济(7846 次,10.94%)、综合类(7307次,10.18%)、中国文学(7068 次,9.85%)。

从有被引专著数看,名列前五的学科是应用经济(309 本,16.36%)、教育学(190 本,10.06%)、中国文学(162 本、8.58%)、社会学(145 本,7.68%)、管理学(127 本,6.72%)。

从平均被引用次数看,名列前五的学科是法学(64.09 次)、综合类(60.39 次)、语言学(60.03 次)、宗教学(54.81 次)、外国文学(51.50 次)。

从年均被引用次数看,名列前五的学科是法学(5.01 次)、外国文学(3.76 次)、宗教学(3.32 次)、新闻学与传播学(3.25 次)、语言学(3.05 次)。

从四川社科获奖专著被期刊论文、学位论文、会议论文引用数的百分比看,各个学科的获奖专著被学位论文和期刊论文引用数的百分比较高,被会议论文引用数的百分比较低。就被中国优秀硕士学位论文引用而言,世界历史(85.71%)最高,其次是新闻学与传播学

(82.98%),其三是宗教学(78.72%)。就被中国博士学位论文引用而言,首先是外国文学(73.53%),其次是世界历史(71.43%),其三是人口学(70.59%)。就被期刊论文引用而言,首先是世界历史(85.71%),其次是外国文学(85.29%),其三是考古学(78.57%)。就被中国重要会议论文引用而言,理论经济(28.57%)最高,其次是考古学(21.43%),其三是民族问题研究(21.05%)。就被国际会议论文引用的著作数的百分比看,世界历史(14.29%)最高,其次是中国文学(13.27%),其三是宗教学(12.77%)。

从四川社科获奖专著被期刊论文、学位论文、会议论文引用次数的百分比看,各个学科的获奖专著被学位论文和期刊论文引用次数的百分比偏高,被会议论文引用次数的百分比偏低。就被中国优秀硕士学位论文引用而言,新闻学与传播学(64.47%)最高,其次是法学(62.00%),其三是政治学(58.97%)。就被中国博士学位论文引用而言,理论经济(28.81%)最高,其次是宗教学(27.64%),其三是统计学(24.27%)。就被期刊论文引用而言,图书馆·情报与文献学(67.02%)最高,其次是考古学(65.08%),其三是党史(62.41%)。各个学科的获奖专著被中国重要会议论文引用次数的百分比都不高,较高的是社会学(2.08%)。各个学科的获奖专著被国际会议论文引用的次数都不高,较高的为世界历史(0.93%)。

七、基于出版社分析的结论

从被引用次数看,名列前五的出版社是四川人民出版社(8351次11.64%)、四川大学出版社(6124次,8.54%)、巴蜀书社(5426次,占7.56%)、西南财经大学出版社(4231次,5.90%)、重庆出版社(3044次,4.24%)。

从被引专著数看,名列前五的出版社是四川人民出版社(276本,14.61%)、四川大学出版社(189本,10.01%)、巴蜀书社(168本,8.89%)、西南财经大学出版社(122本,6.46%)、人民出版社(73本,3.86%)。

从平均被引用次数看,名列前五的出版社是华中科技大学出版社(702.50 次)、广西教育出版社(423.00 次)、上海古籍出版社(390.71次)、高等教育出版社(176.75 次)、中国政法大学出版社(170.83次)。

从年均被引用次数看,名列前五的出版社是广西教育出版社(23.44 次)、华中科技大学出版社(20.90 次)、中国政法大学出版社(12.09 次)、上海古籍出版社(11.86 次)、高等教育出版社(8.95 次)。

从四川社科获奖专著被期刊论文、学位论文、会议论文引用数的百分比看,各个出版社的获奖专著被学位论文和期刊论文引用数的百分比较高,被会议论文引用数的百分比较低。就被中国优秀硕士学位论文引用而言,高等教育出版社、广西教育出版社、华中科技大学出版社最高,百分比都为100%;其次是法律出版社(87.88%);其三是巴蜀书社(81.28)。就被中国博士学位论文引用而言,广西教育出版社、华中科技大学出版社最高,都为100%;其次是上海人民出版社(80%);其三是中华书局(79.17%)。就被期刊论文引用而言,广西教育出版社、华中科技大学出版社最高,百分比都为100%;其次是上海人民出版社(86.67%)和北京大学出版社(86.67%)。就被中国重要会议论文引用而言,广西教育出版社(75.00%)最高;其次是华中科技大学出版社(50.00%);其三是上海人民出版社(33.33%)。就被国际会议论文引用而言,华中科技大学出版社(50.00%)最高,其次是上海古籍出版社(42.86%),其三是上海人民出版社(33.33%)。

从四川社科获奖专著被期刊论文、学位论文、会议论文引用次数的百分比看,各个出版社的获奖专著被学位论文和期刊论文引用次数的百分比较高,被会议论文引用次数的百分比偏低。就被中国优秀硕士学位论文引用而言,中国政法大学出版社(71.51%)最高,其次是广西教育出版社(65.66%),其三是北京大学出版社(64.24%)。就被中国博士学位论文引用而言,中华书局(22.11%)最高,其次是巴蜀书社(20.05%),其三是上海人民出版社(19.92%)。就被期刊论文引用而言,四川民族出版社(54.37%)最高,其次是上海古籍出版社(52.14%),

其三是重庆出版社(42.31%)。就被中国重要会议论文引用而言,上海古籍出版社(1.76%)最高,其次是四川大学出版社(1.57%),其三是北京大学出版社(1.46%)。就被国际会议论文引用而言,较高的是上海古籍出版社(1.21%),其他均低。

八、基于第一获奖单位分析的结论

从被引用次数看,名列前五的第一获奖单位是四川大学(24 192次,33.72%)、四川省社会科学院(8004 次,11.16%)、西南财经大学(7602 次,10.60%)、四川师范大学(6406 次,8.93%)、西南大学(6376次,8.89%)。

从有被引专著数看,名列前五的第一获奖单位是四川大学(405本,21.44%)、四川师范大学(192 本,10.16%)、西南财经大学(157本,8.31%)、四川省社会科学院(146 本,7.73%)、西南民族大学(102本,5.40%)。

从平均被引用次数看,名列前五的第一获奖单位是四川美术学院(137.50 次)、西南政法大学(95.36 次)、西南大学(78.72 次)、重庆市博物馆(66.75 次)、四川旅游学院(52.33 次)。

从年均被引用次数看,名列前五的第一获奖单位是四川美术学院(5.05 次)、西南政法大学(4.11 次)、四川旅游学院(4.03 次)、西南大学(3.30 次)、四川大学(3.25 次)。

从四川社科获奖专著被期刊论文、学位论文、会议论文引用数的百分比看,各获奖单位的获奖专著被学位论文和期刊论文引用数的百分比较高,被会议论文引用数的百分比较低。就被中国优秀硕士学位论文引用而言,四川美术学院、重庆市博物馆最高,百分比都为100%;其次是西南政法大学(81.82%);其三是西南大学(81.48%)。就被中国博士学位论文引用而言,四川美术学院最高,为100%;其次是西南政法大学(77.27%);其三是重庆市博物馆(75.00%)、四川省民族研究所(75.00%)。就被期刊论文引用而言,四川美术学院、重庆市博物馆最高,百分比都为100%;其次是重庆师范大学(91.67%);其三是西南政法大学(86.36%)。就被中国重要会议论文引用而言,四川美术学院、重庆市博物馆最高,百分比都为50.00%;其次是四川省民族研究所(41.67%);其三是四川旅游学院(33.33%)。就被国际会议论文引用而言,重庆市博物馆最高,百分比25.00%。其余的都低于20%。

从四川社科获奖专著被期刊论文、学位论文、会议论文引用次数的百分比看,各获奖单位的获奖专著被学位论文引用次数的百分比偏高,被会议论文引用次数的百分比偏低。就被中国优秀硕士学位论文引用次数的百分比看,西南科技大学(63.87%)最高,其次是四川美术学院(62.55%),其三是四川旅游学院(59.87%)。就被中国博士学位论文引用次数的百分比看,四川省民族研究所最高,百分比为26.16%;其次是西南财经大学(17.78%);其三是四川大学(17.44%)。就被期刊论文引用次数的百分比看,重庆市博物馆最高,百分比为71.54%;其次是成都体育学院(54.53%);其三是西华师范大学(48.93%)。就被中国重要会议论文引用而言,四川省民族研究所最高,百分比仅为1.74%。各个单位的获奖专著被国际会议论文引用的次数都不高,最高的为重庆师范大学,百分比仅为0.72%。

九、基于第一获奖人分析的结论

从被引用次数看,名列前五的第一获奖人是被引用次数最多的作者是袁珂(2537次,3.54%)、向熹(1904次,2.65%)、查有梁(1749次,2.44%)、张永言(1405次,1.96%)、卿希泰(1307次,1.82%)。

从有被引专著数看,名列前五的第一获奖人是查有梁(9本,0.48%);左卫民和郭复初(7本,0.37%);江世银(6本,0.32%)。卿希泰、熊明安、隗瀛涛(5本,0.26%);周裕锴(4本,0.21%)。

从平均被引用次数看,名列前五的第一获奖人是袁珂(1268.50次)、向熹(952次)、张庆林(935次)、黄希庭(891.00次)、张永言(702.50次)。

从年均被引用次数看,名列前五的第一获奖人是张庆林(44.52

次/年·本)、黄希庭(40.50次/年·本)、向熹(40.45次/年·本)、袁珂(36.49次/年·本)、鲁篱(33.05次/年·本)。

从四川社科获奖专著被期刊论文、学位论文、会议论文引用数的百分比看,各个获奖人的专著被学位论文和期刊论文引用数的百分比偏高,被会议论文引用数的百分比较低。就被中国优秀硕士学位论文引用而言,袁珂、向熹、张勇言、刘琳、周裕凯、张庆林、左卫民、郭复初、黄希庭、熊明安、鲁篱、谢桃坊、靳玉乐、李昌麒、肖明翰最高,百分比都为100%。就被中国博士学位论文引用而言,袁珂、向熹、张勇言、刘琳、张庆林、郭复初、黄希庭、熊明安、鲁篱、谢桃坊、靳玉乐、李昌麒、肖明翰最高,百分比都为100%。就被期刊论文引用而言,袁珂、向熹、张勇言、刘琳、周裕凯、张庆林、左卫民、郭复初、黄希庭、熊明安、鲁篱、谢桃坊、靳玉乐、李昌麒、肖明翰、查有梁最高,百分比都为100%。就被中国重要会议论文引用而言,袁珂、张庆林、黄希庭、鲁篱、靳玉乐、李昌麒最高,百分比都为100%。就被国际会议论文引用而言,袁珂、张庆林、黄希庭、向熹、谢桃坊最高,百分比都为100%。

从四川社科获奖专著被期刊论文、学位论文、会议论文引用次数的百分比看,各个获奖人的获奖专著被学位论文和期刊论文引用的著作数的百分比偏高,被会议论文引用次数的百分比偏低。就被中国优秀硕士学位论文引用而言,龙宗智(69.06%)最高,其次是查有梁(63.18%),其三是黄希庭(60.27%)。就被中国博士学位论文引用而言,卿希泰(29.99%)最高,其次是靳玉乐(23.37%),其三是周裕锴(21.91%)。就被期刊论文引用而言,刘琳(63.70%)最高,其次是袁珂(53.84%),其三是肖明翰(53.08%)。就被中国重要会议论文引用而言,鲁篱最高,百分比为1.89%。各个获奖人的获奖专著被国际会议论文引用的次数都不高,最高的为袁珂,百分比为1.10%。其余的都在1%以下。

十、基于著作分析的结论

从被引用次数看,名列前五的著作是《山海经校注》(2378次,占比3.31%）、《简明汉语史》（1694次，2.36%）、《词汇学简论》（1236次，占比1.72%）、《华阳国志校注》（1076次，占比1.50%）、《刑事庭审制度研究》（1001次，占比1.4%）。

从年均被引用次数看，名列前五的著作是《符号学：原理与推演》（80.4次）、《简明汉语史》（73.65次）、《刑事庭审制度研究》（66.73次）、《山海经校注》（66.06次）、《行业协会经济自治权研究》（59.46次）。

从四川社科获奖专著被期刊论文、学位论文、会议论文引用次数的百分比看，各获奖专著被硕士学位论文引用次数的百分比较高，被会议论文引用次数的百分比较低。就被中国优秀硕士学位论文引用次数的百分比看，《刑事庭审制度研究》最高，百分比为71.93%。其次是《物理教学论》（69.06%），其三是《中华民国教育史》（62.10%）。就被中国博士学位论文引用次数的百分比看，《中国道教史》（30.94%）最高，其次是《现代课程论》（23.37%）。其三是《中华民国教育史》（18.29%）。就被期刊论文引用次数的百分比看，《外语教育学》（73.98%）最高，第二是《华阳国志校注》（65.05%），其三是《威廉·福克纳研究》（54.78）。就被中国重要会议论文引用而言，《行业协会经济自治权研究》（1.94%）最高，其次是《山海经校注》（1.77%），其三是《华阳国志校注》（1.49%）。各获奖专著被国际会议论文引用的次数都不高，较高的为《宋人别集叙录》《山海经校注》，百分比为1.49%，其余均低。

第七章　提高四川社科成果影响力的对策

四川哲学社会科学成果主要是四川学者在完成哲学社会科学研究课题与项目及解决社会重大问题中形成的,具有学术意义和实用价值的创造性研究成果。进一步提高四川哲学社会科学成果影响力,关乎四川经济建设、政治建设、文化建设、社会建设、生态文明建设发展,关乎具有巴蜀风格的中国特色的哲学社会科学学科体系、学术体系、话语体系的构建,需要四川哲学社会科学界所有研究者、管理者、信息服务者等共同努力。

第一节　助力一流哲学社会科学学科建设

一、四川省世界一流大学和一流学科建设情况

建设一流大学和一流学科,是党中央、国务院做出的重大战略决策。2015 年 10 月,国务院印发《统筹推进世界一流大学和一流学科建设总体方案》(国发〔2015〕64 号)。2017 年 1 月,教育部、财政部、国家发展改革委印发《统筹推进世界一流大学和一流学科建设实施办法(暂行)》(教研〔2017〕2 号),"双一流"建设进入实施操作阶段。

2017 年 9 月,教育部、财政部、国家发展改革委发布《三部门关于公布世界一流大学和一流学科建设高校及建设学科名单的通知》(教研函〔2017〕2 号),公布了世界一流大学和一流学科(简称"双一流")建设高校及建设学科名单。我省四川大学、电子科技大学上榜一流大学建设名单;西南交通大学、西南财经大学、西南石油大学、成都理工大学、四川农业大学和成都中医药大学上榜一流学科建设名单。这 8 所高校的一流学科建设名单包括:四川大学的数学、化学、材料科学与

工程、基础医学、口腔医学、护理学;西南交通大学的交通运输工程;电子科技大学的电子科学与技术、信息与通信工程;西南石油大学的石油与天然气工程;成都理工大学的地质学;四川农业大学的作物学(自定);成都中医药大学的中药学;西南财经大学的应用经济学(自定)。

从国家公布的世界一流大学和一流学科建设高校及建设学科名单看,四川全省列入国家"双一流"建设的哲学社会科学学科仅有西南财经大学的应用经济学。由此可见,四川哲学社会科学"双一流"建设,任重道远。

为加快推进四川省"双一流"建设,2016 年 10 月 8 日,四川省政府与四川大学、电子科技大学、西南交通大学、西南财经大学、西南民族大学、中国民用航空飞行学院等 6 所部委属高校在成都签署战略合作协议,支持"双一流"建设。2017 年 2 月 17 日,四川省教育厅对接国家实施办法,制定形成了《四川省统筹推进一流大学和一流学科建设的实施意见(征求意见稿)》(川府发〔2017〕58 号),提出拟重点建设 15 所左右一流大学,300 个"四川省一流学科、优势特色学科",指出一流目标包括世界一流、全国一流、区域一流、同类一流等。2017 年 9 月,四川省财政下拨了 2017 年四川高校"双一流"建设资金 2 亿元(比 2016 年增加 1 亿元,增幅达 50%),对四川大学等 4 所在川部属高校、四川农业大学等 11 所省属高校的 32 个一流学科给予了财政支持。2017 年 11 月 7 日,四川省出台了《四川省人民政府关于统筹推进一流大学和一流学科建设的实施意见》(以下简称《意见》),提出到 2030 年,重点建设高水平大学 15 所左右,30 个以上学科进入世界一流学科行列,100 个左右优势学科具有全国影响力和竞争力,120 个左右特色学科紧密契合并重点支撑四川产业结构升级、创新发展重大需求。

目前,四川省"双一流"建设的高校名单及拟重点建设的各学科名单尚未正式公布,但从四川省财政下拨的 2017 年四川省属高校"双一流"建设资金资助的部分项目看,四川师范大学受资助的学科是巴蜀文化研究与传承学科(群)、数学学科,西南科技大学是材料与环境学科(群)、信息与控制学科(群),西华大学是动力工程与工程热物理、食品科学与工程,西南医科大学是临床医学、药学,成都信息工程大学是大气科学、网络空间安全,西南石油大学是机械工程学,成都理工大学是环境科学与生态学,成都体育学院是体育学、运动医学,西华师范大学是生态学与生态治理学科(群)、政治学与社会治理学科(群)。由此可见,2017年列入省"双一流"建设的哲学社会科学学科占比依旧很低。

二、在项目、评奖、基地、高水平团队建设等方面给予一流学科重点支持

根据本书对四川历届获奖专著学科分布及被引的统计分析,四川除应用经济、巴蜀文化、体育学、政治与社会学外,民族学、教育学、法学、理论经济、管理学、语言文学、党史·党建、新闻与传播学、宗教学、外国文学、考古学、图书馆·情报与文献学、人口学、国际问题研究、理论经济、统计学、世界历史、志书类等学科,在国内省内均具有一定优势、特色,也应在适当时候纳入"双一流"学科建设项目中。

综上,本书特别建议:

①四川省政府在实施"双一流"战略决策中,应较全面地建设四川相关高校、科研院(所)的具有特色优势的哲学社会科学学科,分别形成世界、全国、区域、同类一流的四川哲学社会科学学科体系。

②四川省教育厅、财政厅在确立四川"双一流"项目时,要适当提高哲学社会科学占比。

③四川省各级各类社科管理部门,特别是四川省社科规划办,要重点支持四川省哲学社会科学的"双一流"建设,在社科规划项目、社科优秀成果评奖、社科重点研究基地、社科高水平研究团队等方面,大幅度向拟重点建设的一流学科倾斜。

本书相信,随着四川省哲学社会科学"双一流"建设的不断推进,越来越多的高质量研究成果将会不断产生,与之相随,四川哲学社会科学成果的影响力亦会不断提高。

第二节 优化四川省哲学社会科学优秀成果评奖制度

一、适当增加四川省哲学社会科学优秀成果评奖专著数量

本书利用四川社科成果服务系统,通过 CNKI 采集了四川社科获奖专著被期刊论文、学位论文、会议论文引用的数据并计算其平均被引用次数,可知:一等奖专著的平均被引量最高,为 72.10 次/部;荣誉奖专著位居第二,为 50.84 次/部;二等奖专著位居第三,为 41.18 次/部;三等奖专著位居第四,为 25.41 次/部;优秀奖或四等奖专著最低,为 14.85 次/部。

本书作者又利用四川社科成果服务系统,通过超星数字图书馆采集了四川社科获奖专著被图书、期刊论文、学位论文、会议论文引用情况,并计算其平均被引用次数,可知:荣誉奖专著的平均被引量最高,为 150 次/部;一等奖专著位居第二,为 145 次/部;二等奖专著位居第三,为 73 次/部;三等奖专著位居第四,为 45 次/部;优秀奖或四等奖专著最低,为 27 次/部。

由此可见,四川社科获奖专著的获奖等级与平均被引用次数高度正相关,同时也说明四川省哲学社会科学优秀成果评奖科学公平,结果公正,获奖成果学术质量高,影响力大①。

基于此,本书建议增加四川省哲学社会科学优秀成果评奖获奖数量,并参考四川省科技成果评奖办法,将每两年一届的评奖改为每年一届评奖。这样更有利于激励高质量学术成果产出及推广利用。

二、评奖时应支持优长学科并适当兼顾其他学科的发展

四川省哲学社会科学优秀成果几乎覆盖了社会科学领域的所有

---

① 吕先竞.中文图书获奖等级与被引用的关联程度——基于四川省社科优秀成果评奖获奖图书[J].西华大学学报(哲学社会科学版),2018(1):86.

一级学科。获奖专著最多的学科是应用经济、教育学、社会学、中国文学、管理学、法学等，这些学科的获奖专著在被引用次数、有被引专著数方面表现出较高的影响力。

从本书的研究数据看出，四川在巴蜀文化、民族学、教育学、法学、经济学、管理学、语言文学等方面具有特长及优势。建议开展四川省哲学社会科学优秀成果评奖时，继续重点支持这些优长学科，以此为基础构建具有巴蜀风格的中国特色哲学社会科学体系，重点支持这些学科向我国乃至世界一流学科迈进。

值得一提的是，从平均被引用次数看，宗教学、外国文学、理论经济、新闻与传播学表现出较高影响力。从年均被引用次数看，外国文学、宗教学、新闻与传播学、体育学表现出较高影响力。从有被引专著数的百分比看，在人才培养方面，世界历史、新闻与传播学、宗教学、外国文学、统计学、国际问题研究、人口学表现出较高影响力；在学术创新方面，世界历史、外国文学、考古学、新闻与传播学、宗教学表现出较高影响力。从被引用次数的百分比看，在人才培养方面，新闻与传播学、志书类、统计学、世界历史、党史·党建、宗教学表现出较高影响力；在学术创新方面，图书馆·情报与文献学、考古学、体育学、外国文学表现出较高影响力。因此，建议开展四川省哲学社会科学优秀成果评奖时，增加党史·党建、新闻与传播学、宗教学、外国文学、体育学、考古学、图书馆·情报与文献学、人口学、国际问题研究、理论经济、统计学、世界历史、志书类等学科的获奖专著数量，促进这些学科领域重大热点问题的研究。

三、在综合分析评估成果学术质量及影响力基础上进行评奖

四川社科获奖专著中，有 58.97% 在出版 3 年后被引用，有 77.39% 在出版 5 年后被引用；有 32.14% 在出版 3 年后达到总被引用次数的一半，有 43.47% 在出版 5 年后达到总被引用次数的一半；有 26.05% 在出版 3 年后被引用次数达到最大数，有 51.14% 在出版 5 年后达到被引最大数。

相较国外的学术评选,如诺贝尔奖的评定有两个特点,第一有历史间隔,即要在成果问世之后若干年再来进行评价;第二,注重理论体系而不是单项成果,避免肯定或否定一个尚在发展中的不成熟的理论。

因此,本书建议,在综合分析评估成果学术质量及影响力基础上,进一步科学地进行成果评奖。成果评奖参评时间可延长到成果发表后3年,在分析的过程中,我们发现在评价发表后3年内的成果时,成果的各项指标仍处在上升期。同时,社会科学成果也需要接受大量的、较长时间的社会实践检验。

第三节　全面推进四川社科成果信息资源开放共享

一、在现有四川社科成果服务系统基础上构建全省社科成果信息资源保障体系

四川社科成果不仅包含四川社科获奖成果、四川社科规划项目成果、国家社科基金四川项目成果,还包括四川省社科院、四川省教育厅及市(州)教育局、四川省市(州)社科联、四川省委党校及成都市委党校、普通高校等机构收集的社科成果。

截至目前,本书构建的四川社科成果服务系统仅包括四川社科获奖成果、四川社科规划项目成果、国家社科基金四川项目成果。今后应当在此基础上,加强四川各级各类社科研究成果数据库的建设工作。为此,特建议在四川社科成果服务系统的后期建设工作中,构建四川社科成果信息资源保障体系。

四川社科成果信息资源保障体系建设可采取"省级中心＋市(州)级中心"或"省级中心＋社科联成果中心、社科院成果中心、教育厅成果中心、其他成果中心模式",以保障该系统全面收集四川省各级各类学术成果信息,并实现可持续发展。

"省级中心＋市(州)级中心"模式,如图7-1所示。

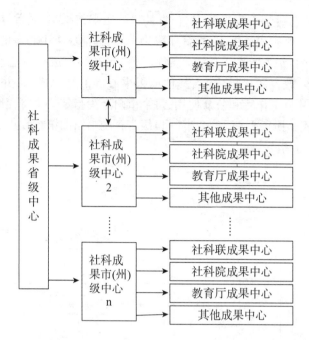

图7-1 "省级中心+市(州)级中心"模式

"省级中心+社科联成果中心、社科院成果中心、教育厅成果中心、其他成果中心"模式,如图7-2所示。

二、建立四川社科成果信息资源寄存图书馆制度

目前,我国政府指定中国科学技术信息研究所收藏全国自然科学领域博、硕士学位论文,指定中国社会科学院收藏全国社会科学领域博、硕士学位论文,指定国家图书馆收藏全国博士论文。本书建议借鉴学位论文的寄存制度,在我省试行以寄存图书馆模式开发利用各种渠道传播的社科成果信息资源。

寄存图书馆的成员可以有省社会科学馆、省社科院图书馆、公共图书馆、高校图书馆、专业图书馆。寄存图书馆按其职能可分设两种,即省级和市(州)级寄存图书馆和选择性寄存图书馆。省级寄存图书馆由省社会科学馆或省图书馆、省社科院图书馆承担,收藏社科联成果中心、社科院成果中心、教育厅成果中心、其他成果中心等的社科成果。市(州)级寄存图书馆需收藏市(州)级社科联成果中心、社科院成果中心、教育厅成果中心、其他成果中心等的社科成果,并永久保存,以供社科工作者和公众使用,每个市州至少指定一个寄存图书馆。省级寄存图书馆要协调整个市(州)级寄存图书馆的馆藏收集、馆际互借以及业务指导。

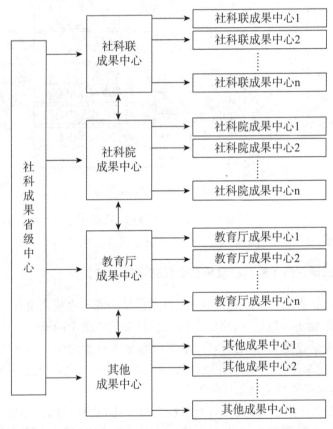

图7-2 "省级中心+社科联成果中心、社科院成果中心、
教育厅信息中心、其他成果中心"模式

选择性寄存图书馆收集本馆用户需求的社科成果，保存期限至少5年。市（州）级寄存图书馆的选择原则上可由市（州）级图书馆承担，但若市（州）级图书馆没有能力承担，可以通过招投标的方式另选优秀的高校图书馆或专业图书馆承担。

三、以"公益免费服务"与"公益有偿服务"相结合的模式开展社科成果信息资源服务

社科成果是公共信息的组成部分。社科成果数据库建设属于公共信息资源的公益性开发利用的范畴。

按用户是否需要对社科成果服务付费，社科成果服务模式可分为"公益免费服务模式"和"公益有偿服务模式"。采用公益免费服务模式，实行"政府支付"全部社科成果服务费用，有利于社科成果的社会效益最大化；采用"公益有偿服务模式"，实行"用户支付"部分社科成果服务费用，有利于激励信息服务机构开发高附加值社科成果服务产品并开展深层次社科成果情报与知识服务。

社科成果数据库建设的最终目的是提供社科成果服务，一类属社科成果基础（基本）服务，例如社科成果借阅服务、社科成果复制服务、社科成果检索与参考咨询服务等；另一类属于社科成果深层次（增值）服务，例如社科成果定题服务、社科成果主动推送与个性化服务、社科成果知识与情报服务等。

受人、财、务等多种因素影响，我省社科成果服务可以采用"公益免费服务"与"公益有偿服务"相结合的模式，为法定范围内的读者，免费提供社科成果基本服务，有偿提供社科成果增值服务。

采用该模式，有两个问题需要解决：有偿与免费项目的界定及公益有偿服务产品定价。本书的基本观点是：为法定范围内的读者提供的社科成果基础服务应属于免费项目；为用户提供的社科成果增值服务项目可按成本有偿收费。

社科成果增值服务产品的成本 ＝（人力总成本－国家财政已支付人力成本）＋耗材成本＋设备折旧费＋各种资源使用费＋其他费用。

其他费用包括印制费、邮费等。

社科成果增值服务产品的价格＝社科成果增值服务产品的成本＋社科成果增值服务产品的成本×信息服务行业平均利润率×追求社会效益系数。追求社会效益系数取值范围在 0 至 1 间，如追求社会效益系数可取靠近 0 的值；反之则取靠近 1 的值。

四、解决知识产权问题，构建四川省高影响力学术著作库、社科成果研究数据及研究报告数据库，全面实现社科成果开放共享

哲学社会科学学术成果的主要表现形式包含学者们在研究过程中收集产生的数据，以及根据研究成果撰写、递交、出版、发表的学术著作、学术论文、研究报告等。构建四川省高影响力学术著作库、社科成果研究数据及研究报告数据库，对于提升四川社科研究成果质量及影响力，促进四川社科学术研究与创新、实现学术成果科学化管理等，均具有重要意义。

全国哲学社会科学规划办高度重视学术成果数据库的建设。2012 年 3 月，为了推进哲学社会科学创新体系建设，全国哲学社会科学规划办特别设立委托项目——国家哲学社会科学学术期刊数据库建设。该库经全国哲学社会科学规划领导小组批准，由中国社会科学院调查与数据信息中心承担。国家哲学社会科学学术期刊数据库项目以"公益、开放、协同、权威"为定位，计划全面完成学术期刊数据库的建设工作，建成一个国家级、公益性、开放型的国家哲学社会科学期刊论文数据库。该建设项目的实施，对于整合学术期刊数据资源，推进学术资源的公益使用、开放共享等具有重要意义。但遗憾的是，该数据库收录的学术成果仅限学术期刊论文，尚未涵盖研究数据、学术著作、研究报告等，也未涵盖各省社科规划项目成果。

目前，四川省委、省政府高度重视四川哲学社会科学的繁荣发展，高度重视四川哲学社会科学学术成果的应用。为推动四川由哲学社会科学研究大省转变为哲学社会科学研究强省，特批准四川社会科学馆立项建设。四川省社科联的领导高度重视四川社会科学馆建设，高

度重视学术成果应用及科学化管理,明确提出要把四川社会科学馆建设成四川社科工作者之家,要通过社会科学馆建设,为我省哲学社会科学打造新的平台,注入新的内涵,实现四川各类社科成果数字化及科研管理信息化,满足我省社科研究人员查阅下载各类学术成果全文、获取各类成果研究数据与统计数据需求,满足社科管理部门科学立项、结题、评奖、规划、决策、咨询等对学术成果各种统计数据的需求。基于此,本书特别建议,借鉴国家哲学社会科学学术期刊数据库建设经验,由四川省社科规划办牵头,以专项经费资助学术成果开放出版,积极解决知识产权问题,并在此基础上构建四川省高影响力学术著作库、社科成果研究数据及研究报告数据库,全面实现社科成果开放共享。

五、构建四川社科成果 ALTMETRICS 评价数据库,及时全面追踪各类成果影响力,为学者及科研管理者服务

四川哲学社会科学学术成果全文数据库建设,满足了社科工作者对四川各类社科成果全文阅读下载的需求。但要满足社科研究与管理者全面获取学术成果分析数据的需要,还需建设相应的引文数据库及 Altmetrics 评价库。

因此,特建议加快建设中文图书、中文期刊论文、研究数据、研究报告等社科成果的引文数据库及 Altmetrics 评价库,以便全面追踪各类成果影响力,为学者及科研管理者提供及时服务。

主要参考文献

［1］Dublin Core Metadata Element Set, Version 1. 1［EB/OL］.［2017 – 10 – 21］. http://dublincore. org/documents/dces/.

［2］GB/T 13745 – 2009 中华人民共和国学科分类与代码国家标准［S/OL］.［2017 – 10 – 21］. http://www. zwbk. org/MyLemmaShow. aspx? lid = 117222.

［3］Metadata Encoding and Transmission Standard（METS）Official Web Site［EB/OL］.［2017 – 10 – 21］. http://www. loc. gov/standards/mets/.

［4］Metadata Object Description Schema：MODS（Library of Congress）［EB/OL］.［2017 – 10 – 21］. http://www. loc. gov/standards/mods/.

［5］Outline of Elements and Attributes in MODS Version 3. 5［EB/OL］.［2017 – 10 – 21］. http://www. loc. gov/standards/mods/mods-outline-3-5. html.

［6］RDA 翻译工作组. 资源描述与检索（RDA）［M］. 北京：国家图书馆出版社,2014.

［7］卜卫. 社会科学成果价值评估［M］. 北京：社会科学文献出版社,1999.

［8］曹植友. 试谈社会科学的科研成果及其分类［J］. 科学与管理,1986(4).

［9］陈开先. 论哲学社会科学学术成果的前沿性特征［J］. 当代法学,2007(5).

［10］陈宇翔. 马克思主义与社会科学方法论［M］. 长沙：湖南大学出版社,2012.

［11］辞海编辑委员会. 辞海：1979 年版［M］. 缩印本. 上海：上海辞书出版社,1989.

［12］崔宇红. 大学图书馆学术成果评价研究［J］. 图书馆论坛,2011(2).

［13］代根兴,周晓燕. 出版社与图书馆图书评价标准比较研究［J］. 大学图书馆学报,2013(5).

［14］邓惟佳,中国哲学社会科学成果对外传播：现状与发展［M］. 广州：世界图书出版广东有限公司,2015.

［15］第七届高等学校科学研究优秀成果奖（人文社会科学）实施办法［EB/OL］.［2017 – 10 – 21］. https://wenku. baidu. com/view/2092f263a76e58fafab003e2. html.

［16］范园园. 档案开放利用研究——以中山市档案馆为例［D］. 广州：中山大学,2010.

［17］国际图联规范记录的功能需求与编号工作组. 规范数据的功能需求［M］. 海

牙:国际图书馆协会和机构联合会,2009.

[18] 国际图联书目记录的功能需求研究组.书目记录的功能需求[M].王绍平,等,译.慕尼黑:绍尔出版公司,1998.

[19] 国家图书馆.新版中国机读目录格式使用手册[M].北京:北京图书馆出版社,2004.

[20] 郝玉龙,冯铂.国内科技类图书评价机制构建研究[J].科技与出版,2015(2).

[21] 何峻.我国图书评价现状分析[J].大学图书馆学报,2012(3).

[22] 何明星.从中华书局海外馆藏看中国学术图书的世界影响力[J].出版发行研究,2012(12).

[23] 何畏,何云峰.社会科学研究成果定量评价二议[J].社会科学管理,1991(4).

[24] 侯小云.东北地区省立图书馆学术成果评价[J].图书馆工作与研究,2011(5).

[25] 胡敏中,宋淑英.CSSCI与社科成果评价标准[J].学术界,2005(2).

[26] 胡燕.关注利用者——接受理论及其对档案利用工作的启示[J].档案学通讯,2012(6).

[27] 基本元数据标准[EB/OL].[2017-10-21].http://cdls.nstl.gov.cn/mt/blogs/2nd/archives/docs/CDLS-S05-002.pdf.

[28] 纪慧梅.论档案信息资源开发的基本规律[D].上海:上海大学,2007.

[29] 江亮.2011—2015年国内外元数据研究现状和宏观分析[J].图书馆杂志,2016(9).

[30] 姜颖.地方高校人文社科成果评价研究——以宁波大学为例[D].上海:华东师范大学,2008.

[31] 蒋玲,施立红,苗林.大数据对人文社科成果评价的价值研究[J].新世纪图书馆,2016(3).

[32] 蒋玲,杨红艳.大数据时代人文社科成果评价变革探析[J].情报资料工作,2015(3).

[33] 教育部 财政部关于印发《高等学校哲学社会科学繁荣计划(2011—2020年)》的通知[EB/OL].[2017-10-21].http://www.moe.gov.cn/srcsite/A13/s7061/201111/t20111107_126304.html.

[34] 教育部关于进一步改进高等学校哲学社会科学研究评价的意见 [EB/OL].

[2017 – 10 – 21]. http://old. moe. gov. cn//publicfiles/business/htmlfiles/moe/A13_zcwj/201111/126301. html.

[35] 教育部关于印发《高等学校科学研究优秀成果奖(人文社会科学)奖励办法》的通知[EB/OL]. [2017 – 10 – 21]. http://www. moe. edu. cn/s78/A13/sks_left/moe_2557/moe_2558/tnull_45350. html.

[36] 景婷. 基于灰色聚类方法的社会科学学术成果评价研究[D]. 大连:辽宁师范大学,2014.

[37] 科学数据共享工程技术标准:数据模式描述规则和方法[EB/OL]. [2017 – 10 – 21]. https://wenku. baidu. com/view/c4092feef8c75fbfc77db213. html.

[38] 科学数据共享工程技术标准:元数据标准化基本原则和方法[EB/OL]. [2017 – 10 – 21]. https://wenku. baidu. com/view/8a22d082551810a6f5248690. html.

[39] 李明珍,曲长生,马克芬. 中文图书采购招标评价指标体系权重的设置[J]. 大学图书馆学报,2007(6).

[40] 李修波. 高校图书馆学术成果客观性评价的特点及对策[J]. 图书馆界,2010(2).

[41] 李雁翎,孙晓慧,陈玖冰. 五维图书评价体系及分析模型的建构[J]. 情报科学,2013(8).

[42] 刘大椿. 人文社会科学研究成果评价体系研究[M]. 北京:经济科学出版社,2009.

[43] 刘刚,牛改芳,李亚红. 林业高校学术成果与学术影响力比较分析[C]. IntelligentInformationTechnologyApplicationAssociation. Proceedingsofthe2011Second ETP/IITAConferenceonTelecommunicationandInformation(TEIN2011V2),2011.

[44] 刘嘉. 元数据:理念与应用[J]. 中国图书馆学报,2001(5).

[45] 刘建辉. 社会科学学术成果评价方法探析[J]. 湖南大学学报(社会科学版),2007(3).

[46] 刘俊. 高校社科成果评价对高校社科发展的影响研究[D]. 湘潭:湘潭大学,2011.

[47] 龙海明,王志鹏,文情. 社科研究成果综合绩效评价方法体系研究[J]. 湖南社会科学,2015(6).

[48] 龙海明. 社科研究成果的评价维度与执行机制[J]. 求索,2015(9).

[49] 娄策群. 社会科学评价的文献计量理论与方法[M]. 武汉:华中师范大学出

版社,1999.

[50] 娄策群.文摘法应用于社会科学评价的探讨[J].图书情报知识,1997(1).

[51] 卢渝.社会科学研究成果分类标准及其量化途径[J].社会科学,1992(4).

[52] 陆怡洲.试析图书质量评价的客观要素——兼论构建图书采访技术体系
[J].图书馆杂志,2012(6).

[53] 路永和,曹利朝.基于关联规则综合评价的图书推荐模型[J].现代图书情报
技术,2011(2).

[54] 吕秋培,解素芳,李新利,等.关于元数据及其应用[J].档案学通讯,2003
(3).

[55] 吕先竞.中文图书获奖等级与被引用的关联程度——基于四川省社科优秀
成果评奖获奖图书[J].西华大学学报(哲学社会科学版),2018(1).

[56] 毛晓燕.中文馆藏图书价值评价的影响因素研究[J].图书馆学研究,2013
(13).

[57] 么大中.关于社会科学优秀成果评选标准问题[J].科研管理,1986(1).

[58] 么大中.社会科学成果管理[M].哈尔滨:黑龙江人民出版社,1995.

[59] 庞秀平,赵宇.高校人文社科学术成果评价方法的新思维[J].学术论坛,
2010(1).

[60] 彭陶.网络图书排行榜评价指标探析——以当当网图书畅销榜为例[J].图
书馆学研究,2012(14).

[61] 乔强,彭国莉.四川省哲学社会科学优秀成果获奖专著学术影响力分析[J].
四川图书馆学报,2017(3).

[62] 邱均平,谭春辉,任全娥.人文社会科学评价理论与实践[M].武汉:武汉大
学出版社,2012.

[63] 曲长生,李明珍,刘凡儒.中文图书采购招标评价指标体系的建立[J].大学
图书馆学报,2007(3).

[64] 全国哲学社会科学规划办公室.全国社科基金项目成果选介汇编[M].北
京:社会科学文献出版社,2011.

[65] 任全娥.人文社会科学成果评价研究[M].北京:中国社会科学出版
社,2010.

[66] 史新奎.一种科学评价图书发行水平的新指标[J].图书情报知识,1999
(1).

[67] 思萌.对国内公共关系类图书的初步评价[J].中国图书评论,1992(2).

[68] 四川省社会科学优秀成果评奖实施细则[EB/OL].[2017 - 10 - 21].http:// www. scskl. cn/News/NewsDetails. aspx? ClassID = 30201&NEWSID = 24765.

[69] 苏新宁.中国人文社会科学图书学术影响力报告[M].北京:中国社会科学出版社,2011.

[70] 孙红玉.元数据的研究及发展[J].山东教育学院学报,2003(6).

[71] 孙树松,林人.中国现代编辑学辞典[M].哈尔滨:黑龙江人民出版社,1991.

[72] 孙宇.获奖图书的学术评价研究[J].出版科学,2008(3).

[73] 唐德章.社会科研成果的界定、分类及其关系[J].西南民族学院学报(哲学社会科学版),1990(2).

[74] 田建平.编辑评价图书的八大值素[J].编辑之友,2003(5).

[75] 汪跃春.基于实际利用的馆藏图书定量评估方法研究[J].国家图书馆学刊,2010(3).

[76] 王红霞,苏新宁.基于元数据的电子政务信息资源组织模式[J].情报理论与实践,2007(1).

[77] 王兰敬,叶继元.中文人文社会科学学术图书评价的瓶颈因素及对策研究[J].图书与情报,2014(6).

[78] 王晓明.社会科学科研管理概论[M].北京:中国展望出版社,1989.

[79] 王星,袁卫.人文社会科学学术成果跨界影响力研究[J].中国人民大学学报,2012(4).

[80] 王永斌,康淑琴.高校马克思主义理论研究学术影响力分析——以教育部高校人文社科优秀成果奖为中心[J].马克思主义研究,2016(11).

[81] 王永斌.高校人文社会科学研究学术影响力报告——基于第四届中国高校人文社会科学研究优秀成果奖的实证分析[J].中国地质大学学报(社会科学版),2007(6).

[82] 王瑜.中国高校人文社科研究成果评价新探[J].技术与创新管理,2009(4).

[83] 王知津,孙鑫.近年来我国信息组织研究述评[J].高校图书馆工作,2004(5).

[84] 温晋,闻捷.精品图书及其评价原则[J].科技与出版,2003(0).

[85] 吴万晔.论书目元数据的变革与发展[J].文献信息论坛,2006(1).

[86] 伍振华,关小川,郭鹏.案卷是档案的典型微观存在形态——档案整理理论框架重构初探[J].档案学通讯,2007(6).

[87] 习近平:在哲学社会科学工作座谈会上的讲话(全文)[EB/OL].[2017－10－21]. http://politics. people. com. cn/n1/2016/0518/c1024－28361421－2. html.

[88] 夏禹龙. 社会科学学[M]. 武汉:湖北人民出版社,1989.

[89] 向长艳. 2015 年"复印报刊资料"转载指数成果发布会暨人文社科成果评价论坛在北京召开[J]. 学习论坛,2016(4).

[90] 肖珑,陈凌,冯项云,等. 中文元数据标准框架及其应用[J]. 大学图书馆学报,2001(5).

[91] 徐贵水,孙莹莹. 我国百年学术发展特点初探:基于读秀中文图书被引用报告的分析[J]. 情报杂志,2011(11).

[92] 徐拥军. 我国图书情报档案界元数据研究现状综述[J]. 四川图书馆学报,2002(2).

[93] 学术著作的特征[J]. 武警技术学院学报,1995(3).

[94] 闫增强. 论改进我国社科成果评价制度[D]. 天津:天津大学,2006.

[95] 杨红艳. 不同评价角色对人文社科成果评价的认识差异——基于问卷调查的分析[J]. 甘肃社会科学,2016(1).

[96] 杨红艳. 人文社科成果评价管控机制的理论思考——以创新和质量为导向[J]. 重庆大学学报(社会科学版),2014(6).

[97] 杨力,刘俊,王肖. 试论高校社科成果评价的"三结合"[J]. 科技管理研究,2009(12).

[98] 杨思洛,曹慧,李慧玲. 基于引文分析的档案学领域图书影响力研究[J]. 档案与建设,2014(5).

[99] 杨小民. 图书评论应当重视对书籍装帧艺术的评价[J]. 中国图书评论,1995(10).

[100] 杨云香. 社会科学研究管理导论[M]. 郑州:河南人民出版社,2009.

[101] 姚乐野,王阿陶. 我国高校人文社会科学学术成果的国际影响力分析——基于"985"高校在 Web of Science 期刊发文引文的研究[J]. 四川大学学报(哲学社会科学版),2015(1).

[102] 叶继元. 人文社会科学学术期刊及研究成果评价的调查分析[J]. 学术界,2007(4).

[103] 叶继元.《中文图书引文索引·人文社会科学》示范数据库研制过程、意义及其启示[J]. 大学图书馆学报,2013(1).

[104] 叶青,彭辉. 人文社科领域学术成果认定与评价方法的研究进展[J]. 社会

科学,2013(3).

[105] 虞文,周亚霆.网络环境下社科成果转化评价体系研究[J].科技管理研究,
2008(1).

[106] 虞文.社科成果评价与社科成果转化评价比较研究[J].科技管理研究,
2009(11).

[107] 喻承久,张勇.论社会科学成果及其划分[J].空军雷达学院学报,2005
(1).

[108] 曾驿涵.谈档案的整理工作[J].赤子,2012(8).

[109] 张必兰,俞集辉.基于证据理论的遴选图书综合优先度评价模型[J].现代
图书情报技术,2006(7).

[110] 张春景.信息系统元数据规范应用研究——上图名人手稿馆信息系统元数
据方案设计[D].上海:华东师范大学,2004.

[111] 张国春.社会科学科研成果的界定和分类[J].社会科学管理与评论,2003
(4).

[112] 张海藩.软件工程导论[M].北京:清华大学出版社,2008.

[113] 张海营.基于RFM模型的图书馆图书评价系统研究[J].图书馆,2012(3).

[114] 张慧颖,张卫滨,张颖春.哲学社会科学学术成果评价方法的比较研究[J].
理论与现代化,2007(1).

[115] 张娟,李加才.事由原则与来源原则在本质理念上的统一——工程项目档
案整理引发的思考[J].档案学通讯,2011(2).

[116] 张沛泓.图书的社会效益及其评价初探[J].中国出版,2001(10).

[117] 张书晔,余学军,史玉成.论学术腐败治理与科研成果评价机制的完善[J].
西北师大学报(社会科学版),2009(6).

[118] 张天文.艺术院校专业教师学术成果评价方式研究——以四川艺术职业学
院为例[D].成都:四川师范大学,2013.

[119] 张武.社会科学管理理论与实践[M].武汉:湖北人民出版社,1993.

[120] 张晓林.开放元数据机制:理念与原则[J].中国图书馆学报,2003(3).

[121] 张晓林.元数据开发应用的标准化框架[J].现代图书情报技术,2001(2).

[122] 张晓林.元数据研究与应用[M].北京:北京图书馆出版社,2002.

[123] 张艳丽,蔡继辉.学术图书评价实证研究——以应用性研究成果皮书内容
评价为例[J].出版广角,2016(14).

[124] 郑琼.中国人民大学人文社科成果评价发布论坛暨学术评价与学科发展研

讨会在北京召开[J].中州学刊,2017(4).

[125] 中国标准出版社.中国国家标准汇编:2011年修订-34[M].北京:中国标准出版社,2012.

[126] 中国大百科全书出版社编辑部.中国大百科全书:简明版[M].北京:中国大百科全书出版社,1996.

[127] 周春雷,曹玲静.河南省社会科学优秀成果奖学术影响力研究[J].中国科技期刊研究,2017(8).

[128] 周建新.探索和建立图书质量评估体系——访上海市新闻出版局局长徐福生[J].编辑之友,1995(2).

[129] 周伟,黄穗,朱蔚恒,等.一种基于集体智慧的图书评价推荐方法[J].计算机工程与科学,2011(09).

[130] 周源.中国《世界大学学术排行榜》国际影响力的研究——网络信息计量学评价中国研究成果实证分析[J].中国制造业信息化,2009(3).

[131] 朱惠灵.馆藏质量评价方法之比较——以心理学类学术图书为例[J].图书馆杂志,2013(4).

[132] 朱静雯.论健全中国图书评价系统[J].图书情报知识,1997(2).

[133] 朱孔来.新世纪统计与经济热点问题研究[M].济南:山东省地图出版社,2002.